WELTKUNST
Antiquitäten-Führer

Art déco

Der Stil der 20er und 30er Jahre

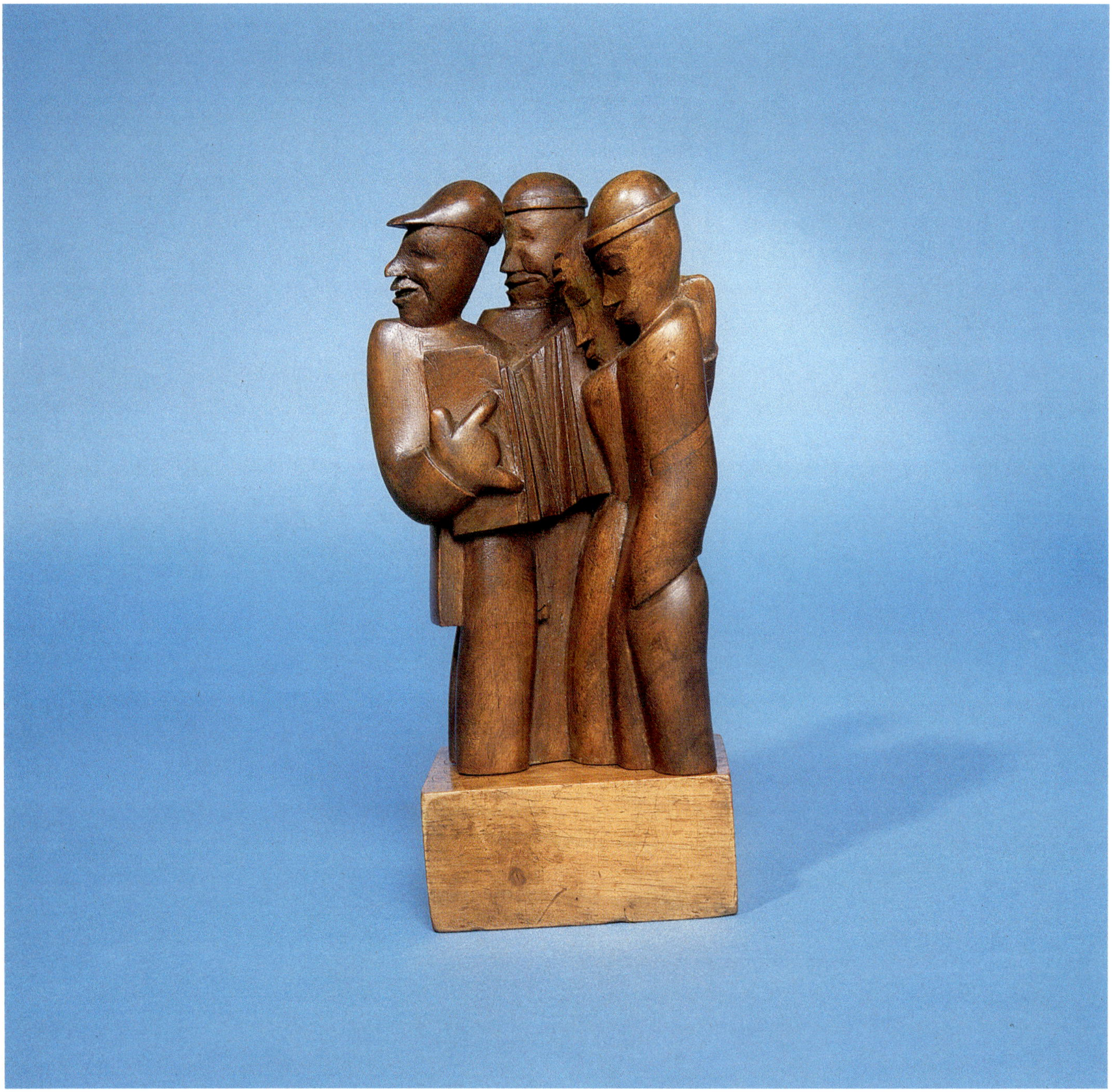

WELTKUNST
Antiquitäten-Führer

Dieter Weidmann

Art déco

Der Stil der 20er und 30er Jahre

Deutscher Kunstverlag

WELTKUNST
Antiquitäten-Führer

Herausgeberin: Dr. Renate Möller

Titelbild: Gerdago (Gerda Iro), Tänzerin, um 1930
(Foto: Neumeister, München)

Umschlagrückseite: Coiffeuse, Paris, ca. 1926 (siehe Abb. Nr. 12)
(Foto: Galerie Claude, Köln)

Frontispiz: Jean Lambert-Rucki, Akkordeonspieler, um 1925
(Foto: Galerie Claude, Köln)

Die Deutsche Bibliothek – CIP-Einheitsaufnahme
Art déco : der Stil der 20er und 30er Jahre / Dieter Weidmann.
– München ; Berlin : Dt. Kunstverl., 1995
(Weltkunst Antiquitäten-Führer)
ISBN 3-422-06151-7
NE: Weidmann, Dieter

Konzeption: Dr. Renate Möller
Grafik: Atelier Höpfner-Thoma, München
Umschlaggestaltung und Layout: Gabriela Pohl
Lektorat: Elisabeth Motz
Herstellung: Rudolf Winterstein
Litho und Druck: Foto-Lito Longo, Frangart (Südtirol)

ISBN 3-422-06151-7

Inhalt

Vorwort

Mit vorliegendem Nachschlagewerk und Bildband in einem möchten wir Ihnen eine aktuelle Buchform vorlegen, die den Bedürfnissen von Sammlern, Fachleuten und Liebhabern von Kunst und Antiquitäten gleichermaßen entgegenkommt.

Großen Wert haben wir auf eine sinnvolle und pointierte Bildauswahl gelegt. Alle Einzelbilder werden durch den direkt beigefügten Text in den Gesamtkontext eingeordnet. So erspart man sich umständliches Hin- und Herblättern.

Präsentiert wird die gesamte Bandbreite des Art déco, angefangen von den ganz schlichten, aber für das Art déco sehr typischen Stücken, die man durchaus auch noch auf dem Trödel finden kann, bis hin zu Beispielen hochkarätiger Museumsobjekte von extremer Extravaganz und Kostbarkeit.

Im Einleitungsteil erfahren Sie die Informationen in knapper und übersichtlicher Form, die nötig sind, um sich ein solides und praxisbezogenes Wissen anzueignen. Auf allzuviel graue Theorie wurde bewußt verzichtet. Neben einer Einstimmung in die Welt des Art déco und seiner Objekte finden sich handfeste Tips für alle diejenigen, die sich auf dem – manchmal auch glatten – Parkett des Kunst- und Antiquitätenhandels sowie des Auktionswesens sicher und mit ungetrübter Freude bewegen wollen.

Großer Dank gebührt den vielen Händlern und Auktionshäusern, die nicht nur ihre kostbaren Dias und Ektachrome zur Verfügung stellten, sondern auch ihre nicht minder kostbare Zeit für Fragen und Auskünfte. Dies gilt ebenso für jene Art déco-Händler in München, die vertrauensvoll ihre Objekte zum Fotografieren zur Verfügung stellten und mit Rat und Tat wertvolle Hilfe boten. Hier nur einige zu nennen, wäre willkürlich, aber alle sind im Fotonachweis auf Seite 34 aufgeführt.

Überhaupt: Sie sind herzlich eingeladen, sich die Originale vor Ort in aller Muße anzusehen.

Meiner Frau Dr. Renate Möller danke ich für ihre nimmermüde Unterstützung, für zahllose Anregungen und Korrekturen.

Aber all dies wäre nicht möglich gewesen ohne das Entgegenkommen und das Engagement des Deutschen Kunstverlags, eine so aufwendige und zukunftsweisende Antiquitäten-Führer-Reihe zu initiieren. Ihm und seinen Mitarbeitern soll hier besonders gedankt werden.

München, im Sommer 1995
Dr. Dieter Weidmann

Einführung

Ein Stil macht Furore!

Zum zweiten Mal in diesem Jahrhundert macht ein Einrichtungsstil Furore, der wie kaum ein anderer schon zu seiner Entstehungszeit kontrovers diskutiert wurde. Nach seiner triumphalen Reise um die Welt vor dem Zweiten Weltkrieg sank er danach mausetot in ein schwarzes Loch der Ächtung und des Vergessens. Spätestens seit den 70er Jahren aber meldete er sich wieder quicklebendig auf der Bildfläche zurück und schickt sich nun an, zu einem echten Evergreen zu werden: das Art déco.

An kaum einem anderen Stil kann man das Auf und Ab der Wertschätzung, dem Stile im Laufe der Geschichte unterworfen sind, so deutlich studieren, und an kaum einer Geschmacksrichtung wird der Pendelschlag der Generationsfolge so exakt vorexerziert. Das Art déco war zusammen mit seinen Vorläufern eine ca. 30jährige Zeitgeistphase des frivolen, in die Zukunft gerichteten Nonkonformismus, dem nach einer etwa ebensolangen Phase der konservativen Rückbesinnung ein erneuter rebellischer Aufbruch der Jugend folgte. Nach etwa 60 Jahren kehrt also das Pendel, abgesehen von einer kontinuierlichen Fortentwicklung der Geschichte, an seinen Ausgangspunkt zurück.

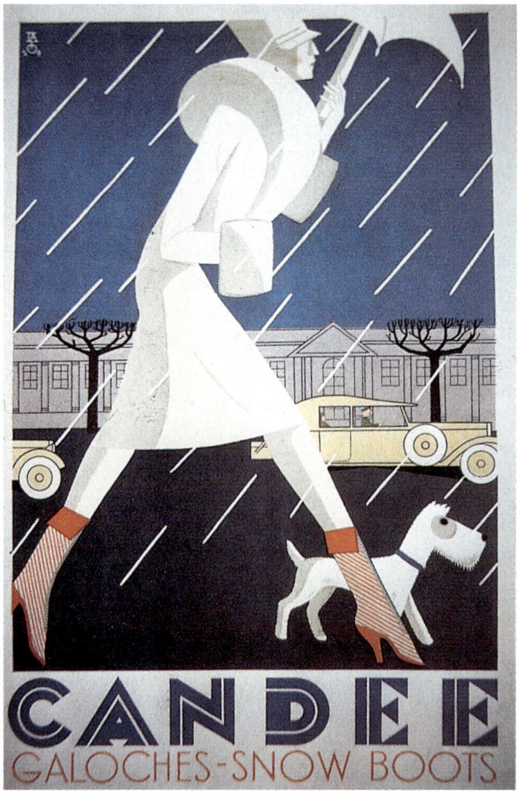

Schnelligkeit und Veränderung waren wichtige Devisen des Art déco-Zeitalters, die nach den konservativen 50ern wieder an Bedeutung gewannen.

Nach der Überwindung des Historismus und der vergangenen Stilepochen ist die Moderne selbst zur Geschichte geworden. Auf die Moderne folgte die Postmoderne. Die funktionalistische Ablehnung von Dekor und Ornament hatte sich als trostlose Sackgasse erwiesen. So wurde das Art déco urplötzlich von einem dekorativ entarteten Fossil der Vergangenheit zu einem strahlend aktuellen Wegweiser in die Zukunft und ein echter Klassiker des modernen Dekors. Aus ungeliebtem Sperrmüll wurden urplötzlich begehrte Sammlerobjekte, deren Preise in die Höhe schossen. Heute ist das Art déco beides: exklusive Antiquität für die wenigen Betuchten und niedrigpreisiges Eldorado für Leute mit weniger Geld als Geschmack. Wegen der modernen Massenproduktion muß das Schöne in diesem Jahrhundert nicht teuer sein. Man muß sich nur die Zeit und die Muße nehmen, es für sich zu entdecken!

Dieses Buch will anhand ausgewählter Stücke nicht nur einen historischen Rückblick ermöglichen, sondern auch den Zugriff auf den aktuellen Markt. Vieles ist dort inzwischen immer noch überraschend billig, anderes aber auch schon ziemlich teuer geworden. Die Auswahl beschränkt sich dabei keineswegs, wie in üblichen Stilführern, auf museale Objekte, sondern bietet auch eine Fülle bisher unpublizierter, einfacherer und bezahlbarer Stücke, die aber deshalb nicht weniger schön und begehrenswert zu sein brauchen. Gerade jenseits der kunsthistorischen Trampelpfade läßt sich noch vieles Faszinierende und Originelle für praktisch jeden Geldbeutel entdecken.

Der Begriff des »Art déco«

Der Begriff »Art déco« leitet sich von »art décoratif« ab und besitzt eine eigene Geschichte. Er ist noch keine 30 Jahre alt und hat sich erst seit Ende der 60er Jahre eingebürgert. Seine Schreibweise ist noch nicht fest etabliert und selbst sein Geschlecht umstritten. Man findet der, die oder das Art déco, groß, klein, zusammengeschrieben, mit oder ohne Bindestrich oder Akzent versehen. Der Duden schreibt »Art déco«, und daran wollen wir uns – allerdings dem sächlichen Geschlecht den Vorzug gebend – im folgenden halten.

Früher wurde der Stil anders bezeichnet, man sprach von »Style Moderne«, »Jazz-Style«, Zig-Zag-Style«, »Ocean-Liner-Style«, »Pueblo-Style«, »Gotham-Style« usw.

Die große Ausstellung ...

Im Grunde ist die Bezeichnung »Art déco« nichts anderes als die Abkürzung für die »Exposition internationale des Arts décoratifs et industriels modernes« im Jahre 1925, mitten im Herzen von Paris, an den Ufern der Seine und unter dem mit Zwanzigtausenden von Glühbirnen geschmückten Eiffelturm.

In der Tat stellte diese Ausstellung der angewandten Künste alles in den Schatten, was es diesbezüglich je gegeben hatte, und wirkte stilbildend bis über den Großen Teich.

Dabei handelte es sich nicht um eine Ausstellung mit provisorischen Bretterbuden oder verschraubten Teilen, sondern um ein Ensemble von über 140 architektonischen Meisterwerken aus Holz und Stahlbeton (vergleichbar etwa mit der Biennale in Venedig), die aber leider am Ende der knapp halbjährigen Ausstellung wieder abgerissen wurden.

Ausgestattet waren diese Bauten von den besten Kunsthandwerkern, Entwerfern und Designern, die Frankreich und der Rest der Welt zu bieten hatte. Nur Deutschland durfte nicht und Amerika wollte nicht teilnehmen.

Angestrebt war eine Einheit von Architektur und Einrichtung, von Möbel und Ausstattung, das Zusammenwirken der einzelnen Künste zu einheitlichen Ensembles, zu einer einzigen extravaganten und luxuriösen Gesamtwirkung. Nach dem übereinstimmenden Urteil aller wurde Ruhlmann diesem Ziel am besten gerecht: Sein »Pavillon eines reichen Sammlers« war einer der gefeierten Höhepunkte der gesamten Schau.

An der staatlich geförderten »Ambassade Française« arbeiteten ausgewählte Entwerfer an einer imaginären Botschaft des guten französischen Geschmacks zusammen.

Die Ausstellung, die bereits vor dem Krieg – eigentlich schon kurz nach der Jahrhundertweltausstellung von 1900 – geplant worden war, machte sich zum Ziel, den historistischen Leerlauf der Nachahmung vergangener Stilformen zu beenden. Sie wollte einen neuen, den modernen Zeiten angepaßten, einheitlichen Ausstattungsstil – möglichst in der Hand eines Entwerfers – schaffen. Dabei versuchte Frankreich an Deutschland und Italien verlorenes Terrain wieder gutzumachen und die alte Spitzenposition möglichst triumphal zu demonstrieren.

Neben den berühmten Ensembliers und Entwerfern wie Ruhlmann, Süe, Mare oder Frank waren es großartige Künstler und Kunsthandwerker wie der Glashersteller Lalique, der Juwelier Cartier, der Lackkünstler Dunand oder der Kunstschmied Rateau, die der Ausstellung ihren Stempel aufdrückten und für die Highlights sorgten.

Insgesamt war – nicht zuletzt wegen des Fehlens Deutschlands mit dem Bauhaus oder der holländischen De Stijl-Gruppe – die stilistische Ausrichtung zwar an moderne Kunstformen angelehnt, doch gleichzeitig fest in der Tradition verankert. Nur ein einziger Pavillon, der des Schweizers Charles-Édouard Jeanneret, genannt Le Corbusier, hielt das Fähnlein des Modernismus hoch. Obwohl er kaum Beachtung fand, ja zeitweise sogar angeblich absichtlich hinter einem Bretterverschlag vor den Blicken der Besucher verborgen wurde, gehörte ihm nicht nur die ferne Zukunft, denn schon unmittelbar nach der Ausstellung begann der Siegeszug der modernistischen Formen und des Stahlrohrmöbels.

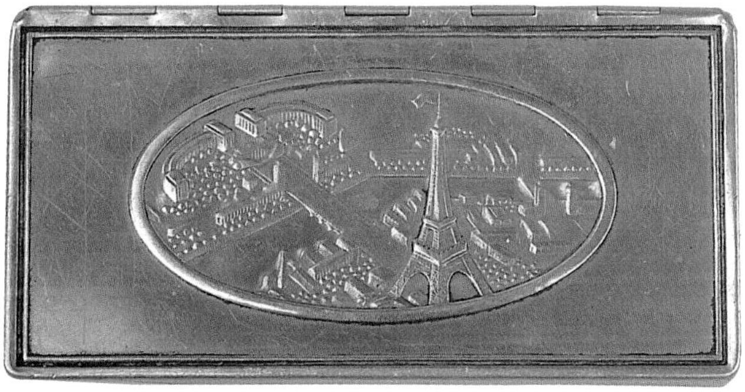

Ansicht des Zentrums von Paris auf einer zeitgenössischen Alu-Dose.

Die Ausstellung von 1925 wurde zu einer triumphalen Demonstration, aber zugleich auch zu einem Abgesang auf die traditionsverhaftete Variante des Art déco. Die Zukunft steuerte zielstrebig auf die vereinfachten, geometrisierten und stromlinienförmigen Designs der 30er Jahre zu, in der sich eine neue und junge Entwerfergeneration manifestierte, während viele der Stars der Ausstellung von 1925 diese sowohl physisch wie auch beruflich nicht allzulange überlebten.

Geschichte und Zeitgeist

Der Historismus beherrschte sowohl die Architektur als auch die Ausstattung des ausgehenden 19. Jahrhunderts. Man deklinierte alle Stile durch: von Neugotik über Neurenaissance zu Neobarock, zurück zu Neobyzantinismus und Neoromanik und am Ende alles durcheinander.

In Frankreich dominierte in der Einrichtung das Rokoko und das bereits etwas strengere Louis Seize. Obwohl ein enormer Aufwand an Dekoration und Ausstattung betrieben wurde, erschöpfte sich das ganze in Wiederholungen, und im Grunde gab es keine eigenständigen neuen Formen und Entwerfer.

Arts-and-Crafts-Bewegung

Gegen diese in ganz Europa grundlegend ähnliche Situation hatte sich in England schon früh die Arts-and-Crafts-Bewegung des William Morris erhoben – zusätzlich inspiriert durch sozialistische Ideen –, die die alte Handwerkskunst wiedererwecken wollte. Ähnliche Ideen bewegten auch die Wiener Werkstätten und noch das frühe Bauhaus.

Jugendstil

Der Jugendstil hatte dem Historismus den Kampf angesagt. Statt ständiger Stilwiederholung sollte ein neuer, eigenständiger, an der Natur ausgerichteter Stil entstehen, der so wuchs und wucherte wie diese: mit organischen Linien, floralen Themen und einer weiblichen Anmutung. Der Jugendstil hatte um 1900 einen enormen Erfolg und wurde maschinell popularisiert und verbreitet. Dadurch war man seiner Übertreibungen und Extravaganzen schnell müde, und so kam er rasch wieder aus der Mode.

Versachlichung

Die Formverwindungen des Jugendstil wurden ab etwa 1905 gemäßigter und strenger geometrisch stilisiert. Der Wiener Jugendstil und Mackintosh in Glasgow hatten bereits um 1900 eine geometrische Spielart des Jugendstil entwickelt und Josef Hoffmann und Koloman Moser die Wiener Werkstätten mit ihrer quadratischen Formenwelt gegründet.

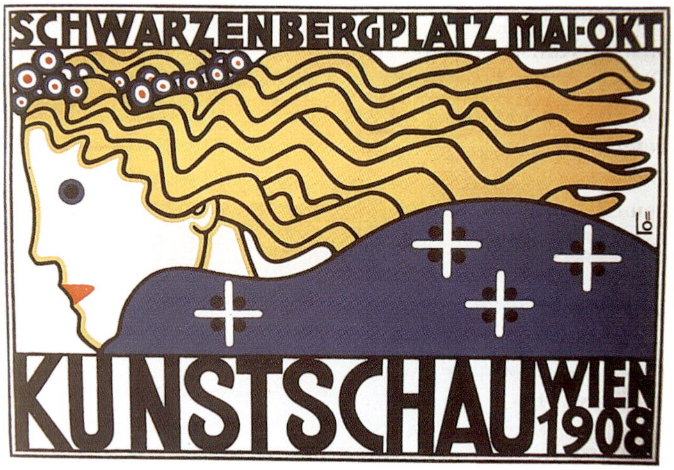

In diesem Ausstellungsplakat des Jahres 1908 zeigen die Wellenlinien des Jugendstil bereits deutliche Anzeichen einer geometrischen Verkantung.

Auch in Deutschland gab es Bestrebungen nach einer Versachlichung und Vereinheitlichung der Einrichtung und der Produktion, die im Jahr 1907 in die Gründung des Werkbundes mündeten.

Noch vor dem Ersten Weltkrieg bildete sich in Frankreich ein Einrichtungsstil heraus, der zwar grundsätzlich auf den tradierten Möbelformen aufbaute, doch diese in modernisierte Schmuckformen kleidete, die Ornamente stilisierte und modern überformte. Dieser Stil war eine geometrische gemäßigte Reduktion des Jugendstil mit Anleihen an einfachen, klassischen Formen, in die nun zunehmend die Stilmerkmale der avantgardistischen Kunst einflossen.

»Wahnsinn, heute noch Walzer zu tanzen!« – »Picasso soll auch nicht mehr kubistisch malen« – »Einstein hält fest an seiner Formel« – »Aber den Arbeitern sollte man helfen, Vorträge halten und so« – »Übrigens, waren Sie bei Rudolf Steiner?« – »Aber Kinder, zu Dombrowski müßt ihr gehen! Die neuen Sommermodelle blendend!« – Karl Arnold in »Berliner Bilder«

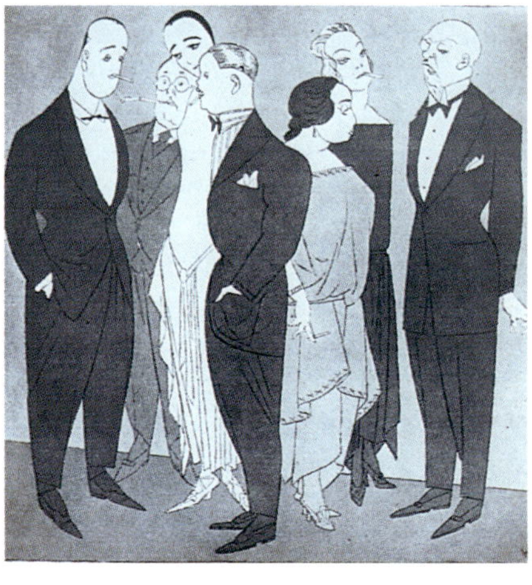

Die moderne Kunst

1905 hatten die Fauvisten ihren großen Skandalerfolg gefeiert und waren zu ihrem Ehrentitel »Die Wilden Tiere« gelangt.

Picasso hatte 1909 mit seinen »Demoiselles d'Avignon«, den »Huren von Avignon«, in Paris den Kubismus aus der Taufe gehoben, und 1910 hatten die Futuristen in wichtigtuerischem Pathos die Zukunft im allgemeinen und die Schönheit eines Rennautos im besonderen für sich reklamiert.

Den entscheidenden Kick aber bekam diese zunächst nur in Insiderkreisen bekannte avantgardistische Kunst durch ein zugereistes Ballettensemble. Das berühmte »Ballet russe« beauftragte ab 1910 unter dem großen russischen Impresario

Diaghilew bedeutende avantgardistische Künstler, angefangen von Picasso über Léger und Matisse, mit der Bühnendekoration seiner gefeierten und vieldiskutierten Ballette. Dadurch wurden jene allgemein bekannt und kamen regelrecht in Mode.

Art déco

Das Art déco war mondän, schick, exklusiv, elitär, futuristisch, modern und zunächst, vor allem in Frankreich, in festen Händen der Adeligen, Reichen und Eleganten. Besonders der Eleganten. Modemacher wie Poiret, der 1911 eine Zeichenschule für junge Mädchen gründete, und Doucet, der die besten Kunstwerke der Avantgarde zusammentrug – darunter Picassos »Demoiselles« und Rousseaus »Schlangenbeschwörerin«, das berühmteste Werk der naiven Kunst überhaupt –, waren die führenden Trendsetter nicht nur im Bereich der Mode, sondern auch der Inneneinrichtung. Sie beriefen die »angesagten« Einrichter und traten als Mäzene der aufregend neuen und schicken Künstler auf. Ihre Einrichtungen wurden in allen Magazinen abgebildet und wirkten in ganz Europa stilbildend.

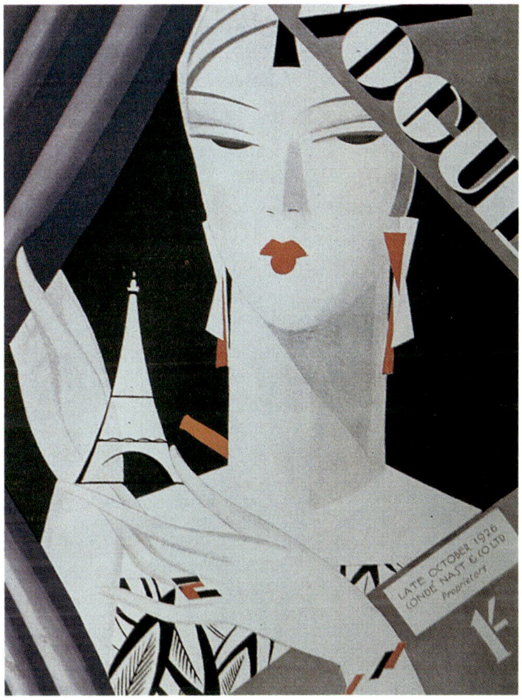

Vogue-Cover von Benito

Der Siegeszug des Art déco

Bei der Ausstellung von 1925 hatte noch deutlich die traditionelle, rückwärtsgewandte Grundhaltung dominiert. Doch in den folgenden Jahren setzten sich die modernen Formen und Materialien, vor allem die Stahlrohrmöbel, unaufhaltsam durch. Aus einem Art déco für wenige Reiche mit handwerklich ausgefallen gefertigten Stücken wurde ein Stil für die breite Masse – maschinell und in hohen Auflagen hergestellt.

Dabei spielte auch der Börsenkrach des Jahres 1929, der die gesamte Weltwirtschaft erschütterte und eine der schwersten Wirtschaftskrisen auslöste, eine wichtige Rolle. Während viele Luxusausstatter Pleite gingen, boomten billige Erzeugnisse aus Chrom und Bakelit.

Statt eckigen, geometrischen Formen wurden nun stromlinienförmige bevorzugt, so daß selbst Bügeleisen oder Radios bald so aussahen, »als wollten sie jeden Moment davonrasen«, wie Paul Maenz witzig formulierte.

Die Ausstellung von 1925 war bereits mit den führenden französischen Kaufhäusern angetreten, und Amerika und England öffneten sich dem neuen Stil bereitwillig. Nun war der Siegeszug des Art déco von Wolkenkratzer und Wohnungseinrichtungen bis in die Andenken- und Ramschläden nicht mehr aufzuhalten.

Während sich in Europa die Nazis nach ihrer Machtergreifung 1933 gegen das angeblich dekadente Treiben wandten und eine Rückkehr zur heimatverbundenen Spießigkeit diktierten, wurde das Art déco in den USA vor allem nach dem Kriegsbeginn 1939 durch sachlichere Formen ersetzt. Der Stil, dem immer schon etwas Schrilles und Marktschreierisches angehaftet hatte, erlebte nun noch in Kinos, Vergnügungsetablissements und Touristenorten eine letzte Blüte.

Nach dem Krieg breiteten sich der »Internationale Stil« und eine neue Sachlichkeit weltweit aus, die sich, in ihr Extrem entwickelt, in den 50er und 60er Jahren als Zuviel der Sachlichkeit, des brutalistischen Funktionalismus und dogmatischen Purismus herausstellte und die Reaktion der Postmoderne und ein Revival des Art déco in den 70ern und 80ern heraufbeschwor.

Eines der größten erhaltenen Art déco-Ensembles, vor nicht allzuvielen Jahren vor den Abrißbirnen ignoranter Bauplatzspekulanten gerettet und heute Hintergrund unzähliger Fotos und Kulisse berühmter Filme und Fernsehserien, besitzt Miami.

Der Zeitgeist

Nicht nur der Stil des Art déco war extravagant und überspannt, auch die Zeiten waren es. Sie sind als die »Roaring Twenties« oder »Die wilden Zwanziger« in die Geschichte eingegangen. Kaum jemals konnte man sich an Zeiten erinnern, in der es so turbulent, so aufgedreht, so tanz- und vergnügungssüchtig, so respektlos gegenüber Tradition und etablierten Werten hergegangen war wie in jenen Jahren. Die Spießer rieben sich die Augen und erkannten die Welt nicht wieder.

Die Frauen warfen das Korsett über Bord, trugen kurze Hängekleidchen, schnitten sich die Haare ab, die sie à la Garçonne, oder zu deutsch als »Bubikopf«, trugen, erkämpften sich das Wahlrecht, rauchten Zigaretten und fuhren Auto, ergriffen einen Beruf und gingen, vorher alleiniges Vorrecht von Prostituierten, unbegleitet in Tanzetablissements.

Jazz war modern, der Charleston trieb ganze Heerscharen zu konvulsivischen Zuckungen, Charlie Chaplin war der Held aller Kinder und Erwachsenen, Valentino der erklärte Schwarm aller Frauen und Marlene Dietrich mit ihrem Evergreen »Ich bin von Kopf bis Fuß auf Liebe eingestellt« aus dem »Blauen Engel« auf dem Sprung zum Weltstar.

Die riesigen Ozeanriesen dampften in immer neuen Geschwindigkeitsrekorden über den Atlantik, ausgestattet wie Paläste, wobei sie an Überladenheit nur noch mit den Kinos wetteiferten. Ein junger Mann mit lustigem Haarschopf versetzte die Welt in einen wahren Taumel der Begeisterung, weil er als erster Mensch allein den Ozean überflogen hatte, während eine junge Frau – begleitet von vielen Fotografen und Betreuern – zum ersten Mal den Ärmelkanal durchschwamm. Sportler waren die Helden der Nationen, und Susanne Lengle – die ungekrönte Königin des Tenniscourts – initiierte ganze Modetrends.

Die Kosmetikbranche stieg zu einem boomenden Industriezweig auf, und der Verbrauch des neuentwickelten Lippenstiftes erreichte ständig neue Rekordmarken. Der Film zog weltweit wöchentlich mehr als 200 Millionen Zuschauer in seinen Bann. Hollywood stand auf dem Zenit seiner furiosen Entwicklung, und die Ufa versuchte mit Großproduktionen wie »Metropolis« dagegenzuhalten. Dieser Film, der die Technik dämonisieren wollte, erzeugte ganz gegen seinen Willen eine futuristische Begeisterung, die noch heute nachklingt.

Alles schien möglich, alles erreichbar, nichts würde jemals wieder so sein, wie es einmal gewesen war. Die Welt änderte sich gründlich, ja stündlich. Man ging mit der Zeit, war modern, schnell, sonnengebräunt, sportgestählt, vergnügungssüchtig, immer optimistisch und stürmte von Gipfel zu Gipfel.

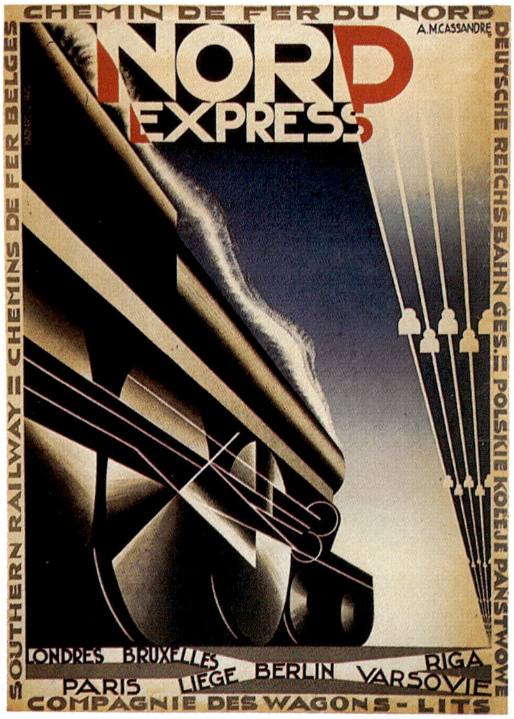

»Nord Express« von Cassandre.

Doch es gab eine Kehrseite der Medaille. Der unselige, im nachhinein unbegreiflich dumme Krieg hatte tiefe Wunden gerissen. Es herrschten Massenarbeitslosigkeit, Elend, in Deutschland eine verheerende Inflation. Ganze Bevölkerungsgruppen wurden aus ihren angestammten Berufen verdrängt, das Handwerk teilweise entwurzelt. Für all die Wunder der Modernisierung mußte auch ein Preis gezahlt werden, und nicht wenige glaubten, daß sie dabei die Hauptlast zu tragen hatten. So regte sich allenthalben Widerstand. Soziale Unruhen waren an der Tagesordnung. Der Optimismus lief sich schließlich tot, der Zukunftsglaube wurde allmählich schal, die Welle überschlug sich, bevor sie sich brach und versandete.

Zeit der gewaltigen Veränderungen

Zu keiner Zeit innerhalb unserer Entwicklung hatte es eine so radikale Veränderung der menschlichen Kultur und Lebensweise, eine so durchgreifende Änderung in vielen Lebensgewohnheiten und so vielfältige neue Möglichkeiten gegeben. In diesen Jahrzehnten vollendete sich der grundlegende Wandel von der traditionellen zur modernen Lebensweise, wurden viele der radikalen technischen und ästhetischen Entwicklungen vollzogen, die unser Leben heute so selbstverständlich bestimmen. Es änderte sich praktisch alles.

Schockierenderweise für die vertrottelten Veranwortungsträger des Militärs hatte sich zunächst die Kriegsführung radikal gewandelt. Aus den sportlich ausgerichteten Ritterspielen der Vergangenheit, die eher zünftigen Fuchsjagden ähnelten, war unvermittelt der moderne Massenvernichtungskrieg mit seinen Millionen von Toten und unübersehbaren Schäden an Leben, Gesundheit und Material geworden: die Katastrophe des Ersten Weltkriegs.

Verändert hatte sich das Verkehrswesen. Die Entfernungen begannen zu schrumpfen, die Kontinente rückten nahe zusammen, das Automobil entfesselte den Individualverkehr und verdrängte die Kutschen und Fuhrwerke. Zeppeline und Flugzeuge eroberten die Lüfte und gaben dem Begriff Geschwindigkeit eine neue Bedeutung.

Das Telefon trat seinen weltweiten Siegeszug an. Das Radio nahm Einfluß auf das Freizeitverhalten von Millionen und wurde zu einer politischen Macht.

Der Film etablierte sich als die neue Kunst, die die Massen wirklich erreichte und ihre Sehgewohnheiten, Bedürfnisse und Träume grundlegend prägte.

Die Elektrizität war aus dem täglichen Leben bald nicht mehr wegzudenken, und die Mechanisierung des Haushalts begann.

Das Handwerk geriet immer mehr in die Defensive, und die maschinelle Produktion bestimmte zunehmend das Aussehen der Alltagswelt. Es war das Zeitalter der Erfindungen und der Beginn des Industrie-Design.

Die Ingenieurskunst trieb Bauwerke in schwindelerregende Höhen, verband bisher Getrenntes mit riesigen Brücken. Keine Aufgabe schien zu schwierig, kein Problem zu gewaltig, keine Utopie zu verwegen, als daß man sie nicht für realisierbar erachtet hätte.

Das Leben der Menschen änderte sich, der Rhythmus änderte sich, das Tempo änderte sich.

Und diese Änderungen trafen auf einen Zeitgeist, der wild entschlossen war, alle diese Veränderungen in positivem Lichte zu sehen, zu feiern und optimistisch in die Zukunft zu blicken.

Das Art déco wurde dazu benutzt, dieser Stimmung Ausdruck zu verleihen: Luxus, Vergnügen, Repräsentation, Überschwang, so wie es Scott Fitzgerald in seinen Romanen – am berühmtesten in »Der große Gatsby« – beschrieb, wo ein junger Emporkömmling gigantische Partys feiert, um seiner Angebeteten aus reichem Hause zu imponieren.

Besondere Kopfschmerzen aber bereitete einem Großteil der Bevölkerung die Revolution der modernen Kunst. Es war ein wirklich einschneidender Paradigmenwechsel, der am Anfang dieses Jahrhunderts stattgefunden hat. Das seit Jahrhunderten und Jahrtausenden gültige Postulat, daß die bildende Kunst die Außenwelt so weit und so gut wie möglich abzubilden und nachzuformen habe, war innerhalb weniger Jahre außer Kraft gesetzt worden.

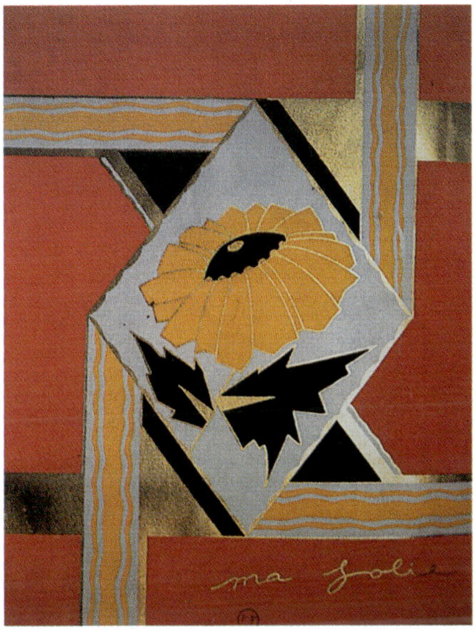

»Ma jolie«.

Die Impressionisten hatten die Gegenständlichkeit aufgelöst, die Expressionisten deformiert, der Fauvismus ließ die Farben explodieren, der Kubismus die Formen. Der Futurismus dynamisierte die Bruchstücke, der Konstruktivismus baute sie wieder geometrisch zusammen. Die abstrakte Kunst gestaltete gegenstandslos, während der Dadaismus die Kunst selbst in Frage stellte. Marcel Duchamp gab folgerichtig das Malen auf und wandte sich dem Schachspiel als kreativer Aufgabe zu.

> **Art déco im erweiterten Sinne – und so wird der Begriff heute nicht selten verwandt – meint im Grunde alle angewandte Kunst der 20er und 30er Jahre, mit zeitlich fließenden Rändern.**

Der Stil und seine Themen

Der Stil des Art déco kann unterschiedlich eng definiert werden und wird in schillernden Bedeutungen gebraucht. Das macht es vor allem für den Laien und Einsteiger schwierig, nachzuvollziehen, was der Begriff eigentlich meint, und was so unterschiedliche Künstlerpersönlichkeiten wie Chiparus, Gray, Cassandre oder Desky eigentlich gemeinsam haben.

Gerade in den ersten Jahrzehnten des Jahrhunderts war die Kunst so turbulent und vielgestaltig, so verwirrend und heterogen, daß es verwundert, wie sich überhaupt so etwas wie ein einheitlicher Dekorstil herausbilden konnte.

Im engeren Sinne aber steht der Begriff für mehrere verschiedene, jedoch zeitlich ineinander übergehende und deshalb schwer zu trennende Stilausprägungen, die oft ziemlich verschiedenartig aussehen.

Das Problem erweitert sich durch die Vielzahl der tangierten Bereiche, Techniken und Länder, in denen sich der Stil jeweils in verschiedener Weise ausprägt. Oft wird bereits dann, wenn überhaupt nur ein Anflug der Stiltendenzen ahnbar wird, der Stempel »Art déco« aufgedrückt.

So ist etwa auf den ersten Blick nicht unbedingt eine direkte Beziehung in Bereichen wie Möbel und Glaskunst erkennbar. Dennoch gibt es so etwas wie ein Paradigma des Art déco, eine visuelle Vorstellung, die jeder mit dem Begriff automatisch verbindet, und an der all jene Objekte des weiten Bereichs gemessen und mit dem sie verglichen werden.

Am ausgeprägtesten finden wir diese Art déco-Stilformen einerseits in den Dekorformen von Flächen (z. B. Lackdosen), andererseits in kubisch konstruktiven Formgebilden. Hier werden die im Kubismus, Futurismus, Konstruktivismus bezüglich der geometrischen und kubischen Konstruktion und vom Fauvismus bezüglich der Farbigkeit gemachten Erfahrungen zu einem Dekorstil vermischt, der folgende Eigenschaften aufweist:

Stilmerkmale des Art déco

1. Alle Formen werden tendenziell geometrisch stilisiert. Vieles wirkt dabei mutwillig deformiert und verzerrt. Schriften werden an die Grenze der Lesbarkeit verfremdet.

2. Die Flächenkonstruktion dominiert über die räumliche Darstellung.

3. Nicht selten sind die Formen in eine Art geometrisches Raster eingespannt, wodurch eine spezifische Spannung entsteht. Vieles wirkt – bzw. wurde tatsächlich – mit Zirkel und Lineal konstruiert und nach geometrischen Gesichtspunkten geformt.

4. Im Gegensatz zum forcierten Rasterstil der 50er bis 70er Jahre (besonders in der Architektur) herrscht im Art déco noch eine spielerische Note, in der die Einzelform kontrastierend die Strenge des Gesamtrasters sprengt bzw. abschwächt.

5. Grundlegende Form- und Materialkontraste spielen eine große Rolle: Gerade steht gegen rund, groß gegen klein, schmal gegen breit, senkrecht/waagrecht gegen diagonal, spitz gegen stumpf, scharf konturiert gegen allmählichen Verlauf, Linien gegen Flächen, filigrane gegen plakative, dichtgedrängte gegen leere Flächen, schwarz gegen weiß, bunt gegen monochrom, Lack gegen Elfenbein, Metall gegen Holz, Haifisch- gegen Schlangenhaut.

6. Die Formen werden in linearer Schärfe konturiert und stoßen oft spitz und scharfkantig gegeneinander. Malerisches oder impressionistisches Flair fehlt fast vollständig. Die Formen strahlen energische Entschlossenheit und spielerische Turbulenz aus.

7. Analog zum Kubismus und Futurismus treten prismatische, facettierte Formdurchdringungen auf, wobei der Gegensatz von scharfkantigen Geraden und davon diffus auslaufenden Farbverläufen (»Facetten und Passagen«) eine tragende Rolle spielt.

8. Bevorzugt tauchen Treppenmotive, Zick-Zack-Formen, prismatische Formzersplitterungen, Strahlenmotive usw. auf.

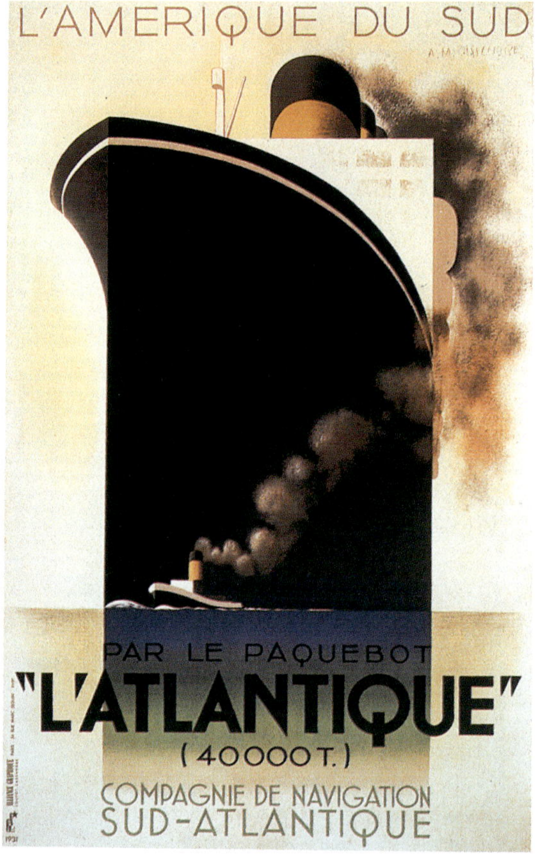

Cassandre schafft es hier, einen ganzen Ozeandampfer in ein exaktes Rechteck zu packen.

9. Stilanleihen aus der afrikanischen, altägyptischen, archaisch-antiken, fernöstlichen und der naiven Kunst sind an der Tagesordnung.

10. Nachgeahmt werden die glatten, exakten Formen der Maschinen und der Technik.

11. Die Gesamtform kann bei Verzicht auf alle Detailverzierung selbst zu einer geometrischen bzw. kubischen Komposition werden.

12. Die Formen bemühen sich insgesamt um Brillanz, Sauberkeit, Eleganz und Exklusivität.

Stilphasen

Während an vielen, vor allem auch anonymen, Werken diese Kriterien mehr oder weniger deutlich verwirklicht werden, gibt es andere, wo sie allenfalls ahnbar sind und sich erst vor dem Hintergrund anderer Stile, etwa des Jugendstil, als datierbare Stiltendenz zu erkennen geben.

Zusätzlich zerfällt das Art déco in zwei ineinander übergehende Entwicklungsphasen:

1. Der kleinteiligere Stil der 20er Jahre: Hier gibt es noch überwiegend eine klare Trennung von Gesamt- und Ornamentform. Bei den Ornamenten bleiben bei aller Stilisierung gegenständliche Bezüge spürbar. Die Kontraste fallen kleinteiliger und weniger grundsätzlich aus.

2. Der abstraktere und kompaktere Stil der 30er Jahre, der bis zur sog. Stromlinienform ausartet: Einfache geometrische und kubische Formen werden gegeneinandergesetzt, das Kleinteilig-Splitterige verschwindet, die Formen entwickeln sich strenger und monumentaler. Das amerikanische und englische Art déco zeigt beispielsweise überwiegend diese sachlichere und vereinfachte Spätform.

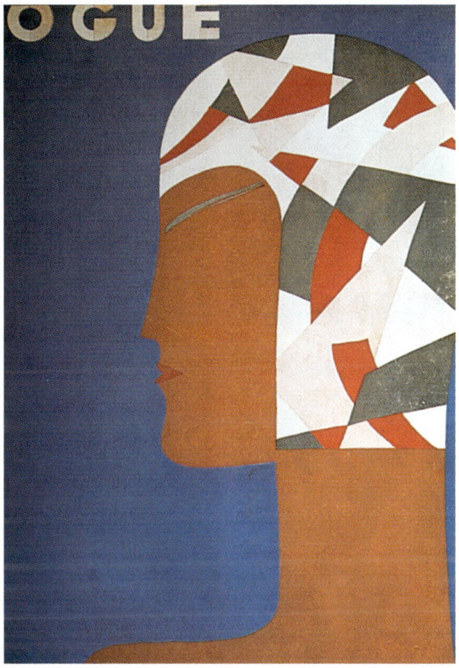

Mit diesem Vogue-Titel erweist sich Benito als der Repräsentant des reduzierten Stils der 30er Jahre.

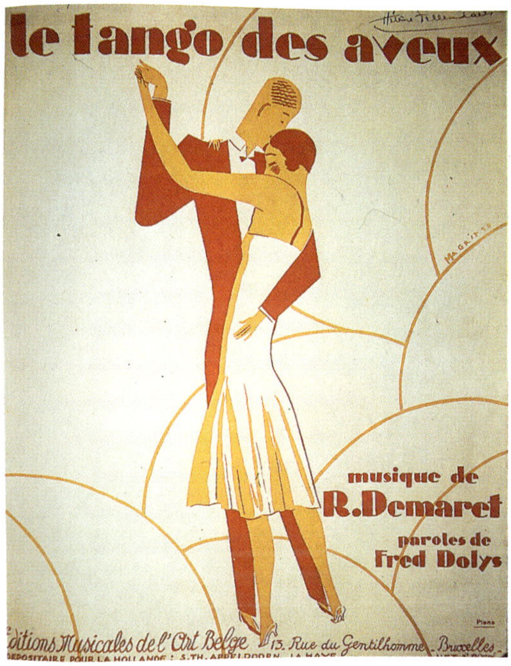

Tango tanzen – engumschlungen ... Verantwortlich für diese bezaubernde Illustration (um 1925) zeichnet René Magritte, der später berühmte Maler des Surrealismus.

Die Themen des Art déco

Bei den Themen des Art déco spielen die jeweils aktuelle Mode, der Zeitgeist des Neuen und Aufregenden, die Verherrlichung der Geschwindigkeit und der Technik, das Interesse für alles Exotische, eine keß-ungenierte Erotik, der Sport, der Tanz und der Jazz eine dominierende Rolle.

1. Die weibliche Mode wirft Korsett, Haarschopf und Tradition über Bord und gibt sich betont einfach, jungenhaft und frivol. Zeitgenössische Darstellungen mit aktueller Mode tauchen in den unterschiedlichsten Gattungen auf.

2. Geschwindigkeit und Technik: Neben zackig-forschen Personifikationen der Geschwindigkeit wie Laliques »Spirit of the Wind« sind Flugzeuge, Zeppeline, Autos (besonders mit einer schönen Frau am Steuer) und Eisenbahnen beliebte Darstellungsobjekte. Ozeandampfer werden in überraschenden Perspektiven und dramatischen Blickwinkeln ins Bild bzw. Plakat gerückt.

3. Sport, auch – oder gerade – für Frauen, ist groß in Mode. Statt fülliger Matronen dominiert der knabenhafte, sportlich gestählte Körper. Besonders häufig dargestellte Sportarten sind Schwimmen, Tennis, Skilaufen und Golf. Speerwerfen und Bogenschießen betonen eine amazonenhafte Attitüde.

4. Das Tanzfieber grassiert. Dargestellt werden gerne engumschlungen tangotanzende Pärchen. Schlanke Tänzerinnen treten nackt oder in orientalisch inspirierten, körperbetonenden Kostümen in allen Variationen auf. Dazu bieten Tanzmusiker und Jazzkapellen einen heißen Beat.

5. Exotik: Mit der Entdeckung afrikanischer und primitiver Kunst werden auch entsprechende folkloristische Themen Mode. Die Entdeckung des Grabes von Tutanchamun im Jahre 1922 führt zu einer regelrechten Ägyptomanie. In Amerika werden Themen und Motive des alten Inkarciches und der Ureinwohner Nordamerikas durchgespielt.

6. Tiere: Neben exotischen Themen im allgemeinen sind es auch Tiere ferner Länder, die die Darstellungen beherrschen. Bevorzugt werden dabei Elefanten, Schlangen, Antilopen, Panther, Tiger und Eisbären, auch aus stilistischen Gründen. Des weiteren treten Rehe, Hirschkühe und Pferde häufig auf.

7. Erotik: Erotische Darstellungen und Themen sind von frivoler Freizügigkeit. Nackttanz-Aufführungen sind große Mode sowohl in Wirklichkeit wie als Darstellungen. Berühmtheiten wie Josephine Baker und Anita Berber finden sich in den verschiedensten Darstellungsmedien. Auffällig ist ein gesteigertes Interesse an den Spielarten der lesbischen Liebe. Desgleichen zu sado-masochistischen Darstellungen mit kessen Dominas.

8. Die Entwicklung einer blühenden Bar- und Cocktailkultur spiegelt sich auch in den entsprechenden Darstellungen wider.

9. Bei vielen Motiven ist nicht eindeutig zu entscheiden, inwieweit rein inhaltliche oder eher formal-stilistische Gründe den Ausschlag bei ihrer Wahl gaben, wie etwa bei den Zick-

Zack-Formen von Blitzen, zackigen Sonnenstrahlen oder in bizarren Posen erstarrten Tänzerinnen usw.

Die Rolle der einzelnen Länder

Deutschland

In Deutschland hatte man trotz aller gründerzeitlichen Bildungsbeflissenheit nie ein wirkliches Verhältnis zu Schönheit und Eleganz um ihrer selbst willen gefunden. Die sachliche Form (etwa im Biedermeier), die bisweilen in expressive Extravaganzen umschlagen konnte, liegt der deutschen Seele näher als die verfeinerte Raffinesse, wie die Franzosen sie pflegen. Auch sind die Deutschen seit Urbeginn ein Volk der treuen Vasallen, nicht eines elitärer Führungsschichten. Elitäre Kultur ist in Deutschland bis heute suspekt geblieben. Technik, Fleiß und Gleichmacherei sind dagegen populär. Anstrengungen zur Verbreitung von Kultur, sachliche billige Möbel usw. sind etwas typisch Deutsches und führten in Werkbund und Bauhaus zu Bewegungen, die dieses Jahrhundert international prägen sollten.

Das eigentliche Art déco mit seinem mondänen Lebensstil fand in Deutschland nie eine wirkliche Basis und zeigte allenfalls in der schnellebigen internationalen Frauenmode einen durchdringenden Einfluß. Lediglich im traditionell elitären und extravaganten Porzellanbereich entstanden originäre Stücke von bestrickender Eleganz. Gegenstände des täglichen Gebrauchs traten zeitspezifisch in französisch oder russisch beeinflußten Mustern auf.

Frankreich

Ganz anders lagen die Verhältnisse in Frankreich. Hier war Kultur seit vielen Jahrhunderten zentralistisch gepolt und von einer kleinen, verfeinerten Elite dominiert. Der Franzose ist weniger ein arbeitsames Pflicht- und Herdentier wie der Deutsche, als vielmehr ein genußorientierter Individualist.

Entsprechend war das individualistische, mondäne, elitäre Art déco eine zutiefst gallische Angelegenheit und die letzte Stilphase, in der Frankreich nach Gotik und Rokoko die Welt in ihren stilistischen Bann zu schlagen verstand.

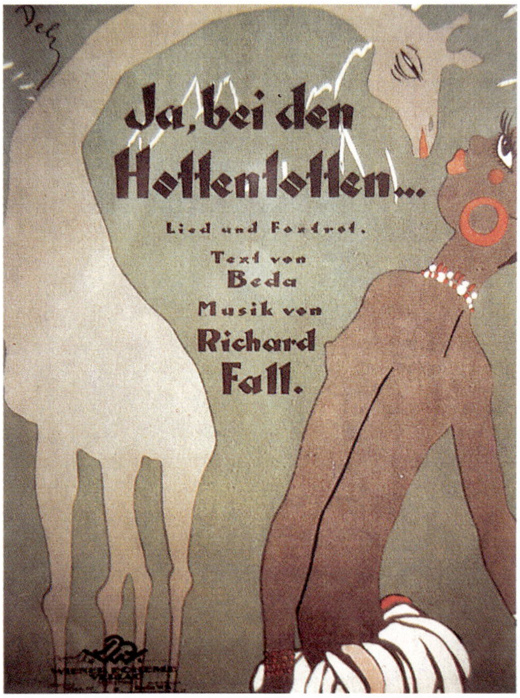

Wäre heute nicht »politically correct«!

Ausgehend von der Welt der Mode und der Haute Couture eines Poiret, Doucet oder einer Madame Vionnet, die alle eine wichtige Rolle bei der Ausbildung des Art déco-Stils spielten, entwickelte sich in Paris, das damals noch die Welthauptstadt der Kunst war, inspiriert von den Errungenschaften der Avantgarde, die durch die »Ballets russes« popularisiert und verbreitet worden war, ein neuer, ungemein eleganter und französischer Stil, der in der Ausstellung von 1925 seinen Triumph und Abgesang feierte. Dabei waren gerade auch die herausragendsten Meister letztendlich doch rückwärts gewandt, und die Zukunft des modernen Design sollte nicht in Frankreich liegen, auch wenn hier noch weiterhin bezaubende Stücke entstanden.

Art déco »Made in Japan«.

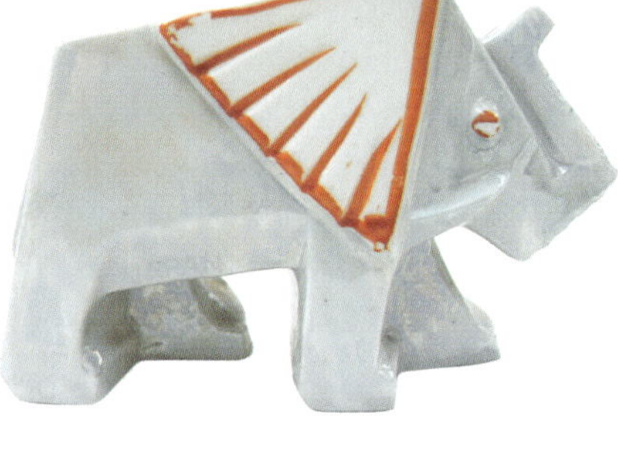

Skandinavien

Abgesehen von Deutschland war es das skandinavische Design, dem in seiner betont sachlichen und vereinfacht schlichten Note die nächsten Jahrzehnte gehören sollten. Herausragende Bedeutung in den 20er und 30er Jahren besaßen die skandinavischen Länder bereits auf dem Gebiet der Goldschmiedekunst, dem Glas und dem Porzellan.

Italien

Italien stand zur Zeit des Art déco etwas abseits, denn Italien ist ein Land, das sich stilistischen Moden zu allen Zeiten gegenüber sehr spröde gezeigt hatte. So war es bereits bei der Gotik gewesen, die hier kaum Wurzeln schlagen konnte. Stilistischer Überschwang und modische Exzesse sind den auf klassischen Ruinen lebenden Italienern weitgehend fremd.

Auch in den 20er und 30er Jahren blieb ihre Formensprache eher zurückhaltend, so daß sie weniger als andere Länder aus der Mode kamen und schon auf die 50er und 60er Jahre vorauswiesen, die dann in betont klassischer und vereinfachter Formensprache von italienischem Design dominiert wurden.

Österreich

Sogar einen Hang zur Perversität finden wir dagegen in Österreich (der im Wiener Aktionismus wieder aufbricht, eine Spielart der Kunst, die etwa in Italien völlig unvorstellbar wäre), vor allem bei dem Bildhauer anzüglicher Kleinskulpturen Bruno Zach.

Dabei stand Österreich unter dem alles beherrschenden, vom Biedermeier inspirierten Einfluß der Wiener Werkstätten, bei denen die Entwicklung gerade umgekehrt zur sonstigen europäischen oder französischen verlief: Als sich die anderen Länder den Linienorgien des Jugendstil verschrieben, wurde von Hoffmann der »Kastelstil« mit seiner strengen Geometrie kreiert. Und als man sich in den andern Ländern dem Konstruktivismus und der neuen Sachlichkeit zuwandte, wurde der Wiener Stil zunehmend bizarrer und verspielter, wobei das ornamentale Genie Dagobert Peches eine treibende Rolle spielte.

England

England öffnete sich dem Art déco spät. Hier haben vor allem seine skurrilen Züge, wie in der Keramik der Clarice Cliff einerseits, und seine praktischen Seiten, etwa beim Stahlrohrmöbel andererseits, Anklang gefunden. Nachdrücklich wirkte sich der Einfluß emigrierter Bauhauskünstler aus, die hier Station machten.

Voller Engagement widmete man sich dem zeitgenössischen Porzellan, das eine sehr eigenständige Note entwickelte. Gegenüber den französischen Formen sind die englischen zurückhaltend und spröder im Charakter. Im Figürlichen fehlt die französische Frivolität.

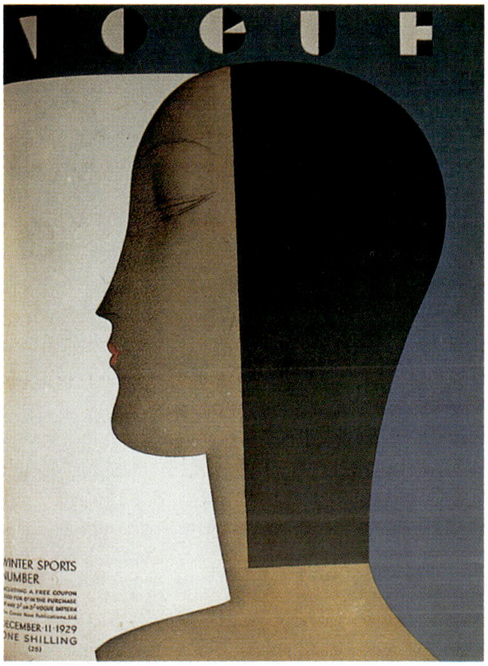

Benito dominierte in den 30er Jahren die Covers der führenden Modemagazine.

Buchillustration des französischen Kubisten Fernand Léger aus dem Jahre 1919.

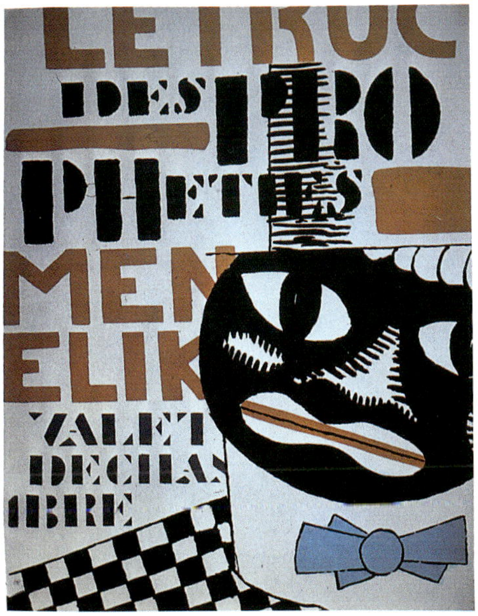

USA

Daß moderne Formgebung nicht von der Technik abgeleitet werden kann – oder zumindest nicht zwingend von ihr initiiert –, dafür bieten die USA in den 20er Jahren einen ernstzunehmenden Hinweis. Obwohl die damals industriell und technisch fortschrittlichste Nation der Welt, war sie doch stilistisch zutiefst konservativ und rückschrittlich.

Erst die massiv vorgetragene Kunde von der Pariser Ausstellung von 1925 machte auch das Art déco in den Staaten bekannt. Dann aber öffnete man sich sehr schnell der modernen Form, empfing die vertriebenen Meister des Bauhauses mit offenen Armen und entwickelte nun seinerseits eine progressive Formgebung, die schließlich in den »Internationalen Stil« mündete.

Rußland

In Rußland wurden Gebrauchsgegenstände wie Tassen mit suprematistischem und konstruktivistischem Dekor angeboten, der eine Facette des Art déco darstellt.

Überhaupt gibt es zwischen dem Konstruktivismus und dem Art déco zahlreiche stilistische Ähnlichkeiten, und entsprechend wurden auch viele Anregungen aus Rußland in anderen Ländern, etwa in Deutschland, aufgegriffen. Als Anfang der 20er Jahre unzählige russische Künstler vor der kommunistischen Diktatur flohen, fanden viele in Deutschland eine neue Heimat, und das Bauhaus wurde nachdrücklich von russischen Künstlern geprägt. Zehn Jahre später löste die Nazi-Diktatur eine zweite Emigrationswelle aus, die die Errungenschaften auch des russischen Konstruktivismus in die Welt hinaus trugen.

Wichtige Namen und Begriffe alphabetisch

Art et Décoration
Führende französische Zeitschrift für die dekorativen Künste.

Baker, Josephine (1906–1975)
Amerikanische Tänzerin und Sängerin, die 1925 mit ihrem Bananenröckchen Geschichte machte.

Bakst, Leon (1866–1924)
Russischer Graphiker und Bühnenbildner. Er beeinflußte ab 1910 mit seinen Ballettentwürfen für Diaghilews »Ballets russes« den französischen Geschmack.

Bauhaus
1919 von Walter Gropius in der Nachfolge der Staatlichen Kunstschule Henry van de Veldes in Weimar gegründete Kunstschule, die durch ihr zukunftsweisendes Konzept moderne Architektur und Design nachhaltig beeinflußte. 1925 Umzug nach Dessau. 1933 von den Nazis geschlossen.

Die Lehrer emigrierten vor allem in die USA und bewirkten dort die Verbreitung der Bauhausideen und initiierten den sog. Internationalen Stil.

Benito, Edouard Garcia (geb. 1892)
Spanischer Grafiker und Modezeichner, der für die führenden Modezeitschriften arbeitete und eine Vielzahl streng stilisierter Titelbilder für Vogue schuf.

Brandt, Edgar (1880–1960)
Führender französischer Kunstschmied. Fertigte mit seiner Werkstatt und der jeweils neuesten technischen Ausstattung zahlreiche Gitter, Lampengestelle usw. und unterhielt auch eine Dependence in New York.

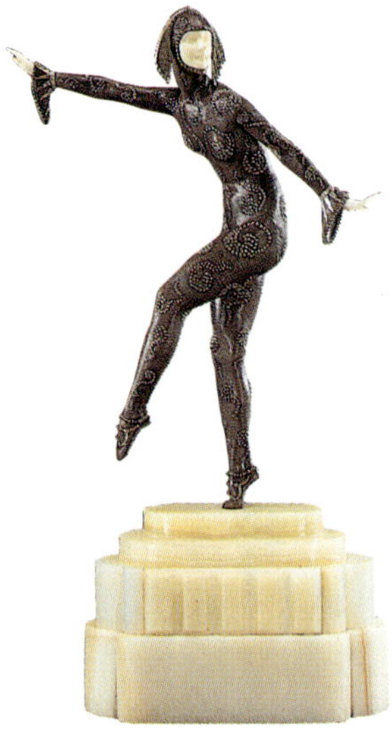

Für Chiparus' extravagante Tänzerinnen werden heute Traumpreise bezahlt.

Cartier
Legendäres französisches Juwelierunternehmen, das sich in den 20er Jahren dem Art déco öffnete und bedeutende Schmuckstücke und Kunstobjekte in diesem Stil produzierte.

Cassandre, eigentlich Adolphe Mouron (1901–1968)
Bedeutendster französischer Plakatkünstler und Schriftentwerfer. Schuf seine berühmten, oft stark kubistisch stilisierten und mit dramatischen perspektivischen Effekten ausgestatteten Plakate von 1924 bis ca. 1934. Danach wandte er sich u. a. dem Bühnenbild zu.

Chareau, Pierre (1883–1950)
Pionier der modernen französischen Architektur und des Möbeldesign.

Chiparus, Demetre (1888–1950)
Rumänischstämmiger Bildhauer, der in Paris u. a. für Etlinger Statuen vor allem von exotisch gekleideten Tänzerinnen schuf, darunter auch solche in sog. Chryselephantin-Technik.

Chryselephantin-Technik
Kombination von Bronze und Elfenbeinschnitzerei, wobei die Fleischteile aus Elfenbein bestehen. Ursprünglich antike Technik für Gold und Elfenbein.

Compagnie des Arts Français
1919 von André Mare und Louis Süe gegründete Vereinigung von Kunsthandwerkern im gemäßigt modernen Stil, dem sog. »Style Moderne«.

Daum, Gebrüder
Wichtige Glasmanufaktur in Nancy, die auch nach ihrer Glanzzeit im Jugendstil noch hervorragende Glaswaren produzierte.

Dufrêne, Maurice (1876–1955)
Bedeutender, vielseitiger französischer Inneneinrichter. Übernahm 1921 die Leitung der neugegründeten Einrichtungsabteilung »La Maîtrise« des Kaufhauses »Galeries Lafayette«, dessen Pavillon er auf der Ausstellung von 1925 entwarf.

Dufy, Raoul (1877–1953)
Französischer Maler und führender Stoffdesigner aus dem Kreis der Fauves. Mitarbeiter Paul Poirets.

Dunand, Jean (1877–1942)
Bedeutender Kunstschmied und Lackkünstler. Unterhielt eine große Werkstatt für aus einem Stück getriebene Metallgefäße und Lackarbeiten aller Art, von Bildpaneelen über Lackdosen bis hin zu den riesigen Wandbildern der »Normandie«.

Erté, eigentlich Romain de Tirtoff (geb. 1892)
In Rußland geborener Modezeichner und Möbelentwerfer. Begann 1913 seine Tätigkeit bei Poiret und folgte Mitte der 20er Jahre einem Ruf Hollywoods. Berühmt für seine perfekt ausgeführten, fast glasfensterartig wirkenden, noch teilweise dem Jugendstil verhafteten Zeichnungen.

Frank, Jean-Michel (1895–1941)
Bedeutender französischer Möbelentwerfer, der vor allem auch für

seine Strohintarsien berühmt wurde und mit vielen Entwerfern und Künstlern zusammenarbeitete. Anne Frank, durch ihr »Tagebuch« auf traurige Weise berühmt, war seine Nichte. Zeitlebens von Depressionen geplagt, beging er im Exil in New York Selbstmord.

Gray, Eileen (1879–1976)
Legendäre, aus irischem Adel stammende, aber überwiegend in Frankreich tätige Möbeldesignerin und Architektin. Pionierin der Lackkunst in Frankreich. Schuf neben hochberühmten Möbelstücken später auch stark vom Funktionalismus und De Stijl beeinflußte Inkunabeln der modernen Architektur.

Herbst, René (geb. 1891)
Berühmter französischer Inneneinrichter, der sich früh zu Stahlrohrmöbeln bekehrte, ohne dabei in Dogmatismus zu verfallen, und der neben Ladeneinrichtungen, Beleuchtungen, Film- und Theaterausstattungen auch Schaufensterpuppen entwarf. Er hinterließ ausgesprochen avantgardistische Designklassiker, die auch heute nichts von ihrer Frische verloren haben.

Hoffmann, Josef (1870–1955)
Der Schüler von Otto Wagner gründete 1903 u. a. zusammen mit Koloman Moser die Wiener Werkstätten. Angeregt durch den Glasgower Architekten und Designer Mackintosh entwickelte er eine streng geometrische, auf dem Quadrat aufbauende Stilart des Jugendstil, die als Vorläufer des Art déco gilt.

Iribe, Paul (1883–1935)
Französischer Zeichner, der von Poiret als Innendekorateur entdeckt wurde, für Doucet berühmt gewordene Möbelentwürfe schuf, 1914 bis 1930 dem Ruf Hollywoods folgte und kurz vor der Hochzeit mit Coco Chanel auf dem Tennisplatz an Herzversagen starb.

Jensen, Georg (1866–1935)
Dänischer Silberschmied und Juwelier. Leitete ein bis heute bedeutendes Unternehmen, das seine teilweise noch erkennbar vom Jugendstil abstammenden, mit pflanzlichen Ornamenten versehenen Entwürfe in der ganzen Welt vertreibt.

Lalique, René (1860–1945)
Die überragende Position Laliques in der Glasproduktion und sein beispielloser Erfolg läßt sich mit der Bedeutung Michelangelos für die Skulptur vergleichen. Dabei war dies Laliques zweite Karriere, die er im Alter von fast 60 Jahren unternahm, nachdem er vorher bereits als Jugendstiljuwelier Triumphe erzielt hatte.

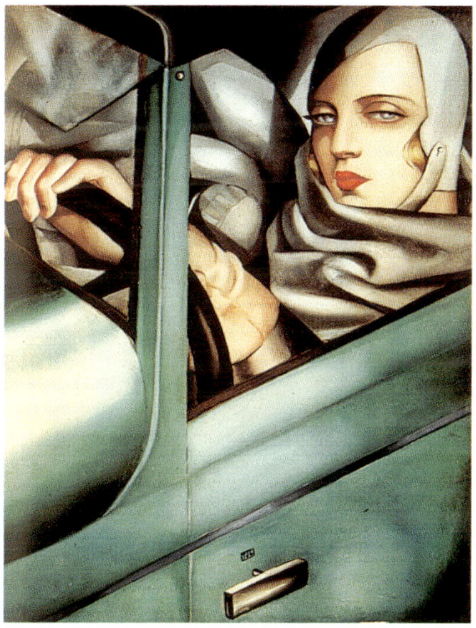

Tamara de Lempicka: »Autoportrait« – das wohl berühmteste Gemälde des Art déco (1925).

Le Corbusier, eigentlich Charles-Édouard Jeanneret (1887–1965)
Architekt und Autor, der nicht müde wurde, die traditionelle Baukunst und Einrichtung zu verdammen und statt dessen die moderne Wohnmaschine zu verlangen. Viele der Konzepte des Automobilfanatikers Le Corbusier sind heute veraltet und als fatal verfehlt erkannt. Andere haben sich als zukunftsweisend erwiesen. Geblieben ist jedoch der hohe ästhetische Rang seiner Bauwerke und vor allem seiner Möbelentwürfe, die teilweise in Zusammenarbeit mit anderen entstanden.

Lempicka, Tamara de (1898–1980)
Große Dame der Art déco-Malerei. Ihre Porträts und Akte strahlen unverblümt den versnobt-elitären Charme der 20er und 30er Jahre aus. Die polnische Malerin erzielte ihre größten Erfolge in Paris, wo sie sich von Mallet-Stevens und Printz einrichten ließ, heiratete dann sehr reich, floh vor den Nazis nach Amerika und konnte nach dem Krieg, wie so viele gegenständliche Maler, nicht mehr an ihre alte Qualität anknüpfen.

Lepape, Georges (1887–1971)
Führender Modezeichner der 10er und 20er Jahre, der u. a. mit seinen Vogue-Titelbildern den visuellen Ausdruck einer ganzen Epoche mitbestimmte.

Mackintosh, Charles Rennie (1868–1928)
Schottischer Jugendstilkünstler, dessen geometrisch zurückhaltendes Design großen Einfluß auf den Stil der Wiener Werkstätten und das Art déco haben sollte, dem selbst aber zeit seines Lebens nur wenig Erfolg vergönnt war.

Mare, André (1887–1932)
In der »Künstlerehe« Süe und Mare war er der Maler und Dekorateur, der 1928 nach Auflösung dieser Partnerschaft zur Malerei zurückkehrte.

Marinot, Maurice (1882–1960)
Ursprünglich Maler aus der Gruppe des Fauves, dann fasziniert von der

Glasbläserei, deren führender Vertreter einer handwerklich avantgardistischen Richtung er wurde. Seine nur knapp 2000 Werke – darunter viele Unikate – weisen schon auf den Stil der 50er Jahre voraus und strahlen eine zeitlose Klassizität aus.

Nilsson, Wiwen (1897–1974)
Bedeutender schwedischer Gold- und Silberschmied mit dem Hang zu einfachen, geometrisch klaren Formen, der vor allem in den 30er Jahren große Erfolge feierte.

Peche, Dagobert (1887–1923)
Wurde das große ornamentale Genie Österreichs seit dem Barock genannt. Sein früher Tod raubte den Wiener Werkstätten ihren wichtigsten Mann nach der Ära Josef Hoffmann.

Poiret, Paul (1879–1944)
Legendärer Modeschöpfer, der nach eigenen Aussagen die Frauen vom Korsett befreite, sie dafür aber u. a. mit dem Humpelrock fesselte. Das orientalisch inspirierte Modediktat konnte Poiret nach dem Ersten Weltkrieg nicht fortsetzen, und schließlich verlor er sein gesamtes Imperium. Einflußreich war Poiret auch durch seine Designschule »Martine«, vor allem in bezug auf die Entwicklung zeitgemäßer Stoffmuster.

Printz, Eugène (1889–1948)
Französischer Möbeldesigner, der ebenso in Holz wie in Metall brillierte und für seine eigenwilligen Möbel berühmt wurde, darunter besonders seine Elementmöbel.

Puiforcat, Jean (1879–1945)
Führender französischer Silberschmied mit explizit moderner, an dem Vorbild der Wiener Werkstätten ausgerichteter, geometrisch zurückhaltender, später auch vom Bauhaus beeinflußter, aber immer exquisit eleganter Formgebung.

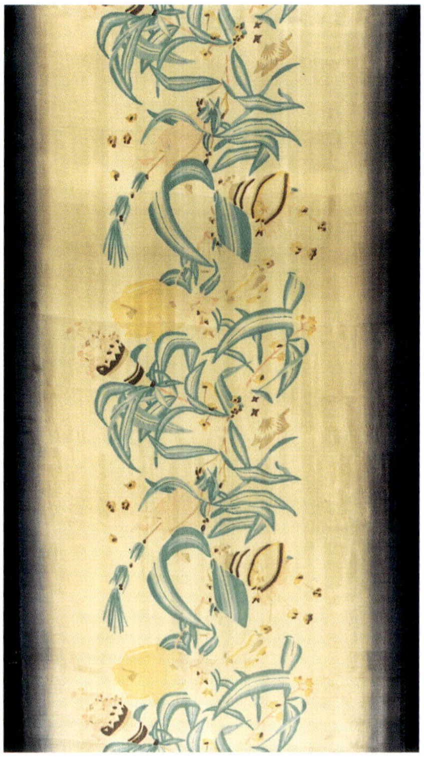

Dagobert Peche: Schöne Stoffe des Art déco werden selten angeboten und sind in dieser Qualität oftmals nur bei hochspezialisierten Händlern zu bekommen.

Rateau, Armand-Albert (1882 –1932)
Bedeutender französischer Inneneinrichter, der vor allem für seine von antiker Kunst inspirierten, männlich-herben Bronzemöbel berühmt wurde, die er meist nur in winzigen Auflagen herstellte.

Ruhlmann, Émile-Jacques (1879 –1933)
Der große Mann des französischen Möbels im 20. Jahrhundert, dessen Werke in einem Atemzug mit den berühmten Namen der französischen Möbelgeschichte genannt werden. Seine eleganten, gemäßigt modernen, überwiegend an traditionellen Typen orientierten Entwürfe wurden von hervorragenden Handwerkern mit den ausgesucht luxuriösesten Materialien verwirklicht und setzten allgemein Maßstäbe. Berühmt wurde sein »Salon eines Sammlers« auf der Pariser Ausstellung von 1925.

Sandoz, Édouard Marcel (1881–1971)
Bedeutender französischer Tierbildhauer mit mehr oder weniger stilisierten Skulpturen in verschiedenen Materialien. Entwickelte auch berühmte Tierservice.

Süe, Louis (1875 –1968)
Architekt, der mit Mare zusammen die »Compagnie des Arts Français« gründete und einer eher traditionsverbundenen Richtung des französischen Art déco angehörte.

Union des Artistes Modernes (U. A. M.)
1929 gegründete, französische Künstlervereinigung, die die modernen Formen der abstrakten Kunst und des Funktionalismus in ihre Entwürfe einbringen wollte.

Werkbund, Deutscher
1907 in München von Vertretern der Kunst, des Handwerks und der Industrie gegründeter Verein zur Förderung eines handwerks- und industriegerechten Design.

Wieselthier, Vally (1895–1945)
Die Schülerin von Moser, Hoffmann und Powolny trat 1920 in die Wiener Werkstätten ein, wo sie vor allem für ihre eigenwillig verspielten Keramiken bekannt wurde.

Zach, Bruno
Österreichischer Bildhauer, über dessen Leben praktisch nichts bekannt ist. Seine überwiegend weiblichen Figuren, stilistisch noch stark vom Jugendstil beeinflußt, sind hochaufgeschossene, mondän und herrisch dreinblickende Damen, nicht selten leichtgeschürzt und mit Reitgerte versehen, bei denen eine perverse Note dominiert.

Chronologie wichtiger Ereignisse

1900
Jungfernflug des ersten Zeppelins.

1903
Gründung der Wiener Werkstätten.

1905
Ausstellung der »Fauvisten«. Skandalerfolg der nach dem Schmähbegriff einer Kritik benannten Künstlergruppe um Matisse, die die Farben entfesselten.

Ganzmetallflugzeug von Junkers.

1907
Gründung des Werkbundes in Deutschland.

1908
»Les Robes de Paul Poiret«: stilbildende Modepublikation in Pochoir-Technik von Paul Iribe.

Lalique gründet seine erste Glasmanufaktur Verrerie de Combs-la-Ville.

1909
Picasso entwickelt zusammen mit Braque den analytischen Kubismus.

1910
Triumphaler Erfolge der »Ballets russes«.

Die Ausstellung des Werkbundes in Paris erregt großes Aufsehen wegen der Einheitlichkeit der Entwürfe und des geschlossenen, organisierten Auftretens der deutschen Entwerfer.

1911
Gründung des »Atelier Martine« durch Paul Poiret.

1912
Kandinsky, Marc, Klee u. a. gründen die Künstlergruppe »Blauer Reiter«.

André Mare entwirft das »Maison cubiste«.

Das Pariser Kaufhaus Printemps eröffnet mit dem Primavera-Designstudio als erstes Kaufhaus eine Einrichtungsabteilung, in der das Art déco einem etwas breiteren Kundenkreis zugänglich und erschwinglich gemacht wird.

Gründung der luxuriösen Modezeitschrift »La Gazette du Bon Ton«, an dem die bedeutendsten Gebrauchsgrafiker der Zeit wie George Lepape, Erté oder Garcia Benito mitarbeiten.

Der Pariser Modeschöpfer Jacques Doucet trennt sich in einer spektakulären Verkaufsauktion von seiner Sammlung des 18. Jahrhunderts und vergibt Ausstattungsaufträge an moderne Entwerfer wie Paul Iribe, Eileen Gray, Pierre Legrain und Gustave Miklos.

1913
Erste Erfolge für Ruhlmanns Möbelentwürfe.

»Armory Show« in den USA. Die Ausstellung machte die Amerikaner zum ersten Mal mit der europäischen Avantgarde bekannt. Besonderen Skandal erregte Duchamps »Akt die Treppe heruntersteigend«.

Roger Fry gründet in England die »Omega Workshops«, maßgebend für eine avantgardistische Gestaltung im Textil- und Kunsthandwerksbereich.

1914
Ausbruch des Ersten Weltkriegs, der viele Entwicklungen und Karrieren jäh unterbricht und in Paris die geplante große Ausstellung für die angewandten Künste auf 1925 verschiebt.

Duchamp stellt erstes »Ready made« aus.

Marc malt »Turm der Blauen Pferde«.

»Harper's Bazaar« schließt mit Erté einen später verlängerten Zehnjahresvertrag. Insgesamt entstehen bis 1937 ca. 240 Titelbilder und unzählige Illustrationen.

1916
Dadaismus in Zürich im Cabaret Voltaire. Die unsinnigen Publikumsbeschimpfungen und Kunstverhöhnungen treffen exakt den Nerv der Zeit und werden ein später in Berlin wiederholtes, erfolgreiches Spektakel, das zu einem Mythos des 20. Jahrhunderts wird.

Jazz verlagert seinen Schwerpunkt von New Orleans nach Chicago.

»Intolerance« von D. W. Griffith. Die gewaltigen, damals beispiellosen Filmkulissen im babylonischen Stil üben einen spürbaren Einfluß auf die Art déco-Architektur im Bereich Los Angeles aus.

1917
Erschießung Mata Haris in Paris.

Oktoberrevolution in Rußland. Da anfänglich viele Künstler des russischen Supramatismus und Konstruktivismus die kommunistische Machtergreifung unterstützen, entfaltet sich in den ersten Jahren ein euphorisches, kreatives Schaffen für alle Lebensbereiche, vor allem das Graphikdesign, die Propaganda, die Architektur und das Design.

Rietvelt baut seinen berühmten Stuhl, Inkunabel des De Stijl und der Designgeschichte.

Doucet engagiert Legrain für 300 Francs im Monat zum Entwerfen von 365 Büchereinbänden.

1918
Ende des Ersten Weltkrieges.

Allgemeines Frauenstimmrecht in Deutschland.

Lalique errichtet bis 1922 sein zweites Glaswerk, in dem vor allem Preßglas hergestellt wird.

1919
»Compagnie des arts français et de la maîtrise« von Süe und Mare gegründet, um den »Goût de la fleur pétrifié« zu verwirklichen.

Gründung des Bauhauses durch Walter Gropius in der Nachfolge von

Henry van de Veldes Kunstgewerbeschule in Weimar.

1920
1920 bis 1933 Prohibition in Amerika.

»Das Cabinet des Dr. Caligari«. Legendärer deutscher Stummfilmklassiker im expressionistischen Dekor.

Jazz kommt nach Deutschland.

Frauenwahlrecht in USA.

Erste Passagierflugreisen zwischen Paris, London, Brüssel und Amsterdam.

1921
Beginn des Unterhaltungsrundfunks in den USA.

Der »Bubikopf« wird auch in Deutschland populär.

Coco Chanel führt die Sportmode ein.

1922
»Garçonne«: Der Roman von Victor Margueritte über eine männerhassende alleinerziehende Mutter wird zum literarischen Sensationserfolg.

James Joyce' »Ulysses«: Wegbereiter des modernen Romans.

Carter entdeckt das Grab des Tutanchamun.

Der Begriff »Raffke« entsteht im Nachkriegs-Berlin.

Le Corbusiers »Vers une Architecture«.

Das Metropolitan Museum in New York eröffnet eine Abteilung für moderne Einrichtungsgegenstände.

Joseph Urban eröffnet in New York eine Dependance der Wiener Werkstätten.

Eileen Gray eröffnet ihre Galerie Jean Désert in Paris, erzielt damit aber keinen durchschlagenden Erfolg und muß 1930 wieder schließen.

1923
Höhepunkt der Inflation in Deutschland.

Der 22jährige Cassandre entwirft sein erstes Plakat »Au Bucheron«, mit dem er 1925 auf der »Arts décoratifs ...« einen 1. Preis erringt.

Der Ungar László Moholy-Nagy ersetzt am Bauhaus Johannes Itten und leitet die statt auf das Handwerk nun auf das Industriedesign ausgerichtete Phase des Bauhaus ein.

»Ausgerechnet Wolkenkratzer«: US-Stummfilmkomödie mit Harold Lloyd.

Eileen Gray zeigt auf dem »Salon des Artistes Décorateurs« ihr »Boudoir für Monte Carlo«, das wegen seines Modernismus u. a. als »Zimmer für die Tochter des Dr. Caligari« tituliert wird.

1924
Erste deutsche Funkausstellung und erste Automobilausstellung in Berlin.

Raymond Hood baut mit dem American Radiator Building den ersten Wolkenkratzer im Art déco-Stil in den USA.

10 Millionen Ford-Autos fahren auf Amerikas Straßen.

Flugplatz Berlin Tempelhof eröffnet.

Mallet-Stevens »Chateau de Mezy« für Paul Poiret.

1925
Die 19jährige Josephine Baker feiert in der »Revue Nègre« Triumphe.

F. Scott Fitzgerald veröffentlicht »The Great Gatsby«.

Dix malt die Tänzerin Anita Berber, die mit ihren Nacktauftritten in Berlin Skandale provoziert.

Bauhaus siedelt nach Dessau um, da ihm in Weimar die Mittel drastisch gekürzt worden sind.

Internationale Kunstgewerbeausstellung in Paris.

Louis Armstrong, »King of Jazz«, gründet seine »Hot Five«.

Charleston wird Gesellschaftstanz.

Erté geht als Filmausstatter zu MGM nach Hollywood.

1926
Fritz Langs futuristischer Filmklassiker »Metropolis«.

Deutsches Woolworth-Geschäft in Berlin.

Le Corbusier veröffentlicht »Kommende Baukunst«.

Berliner Funkturm (120 m hoch) eröffnet.

Die Rocksäume rutschen über das Knie.

Das Metropolitan Museum in New York zeigt Glanzstücke des Art déco der Pariser Kunstgewerbeausstellung des Vorjahres.

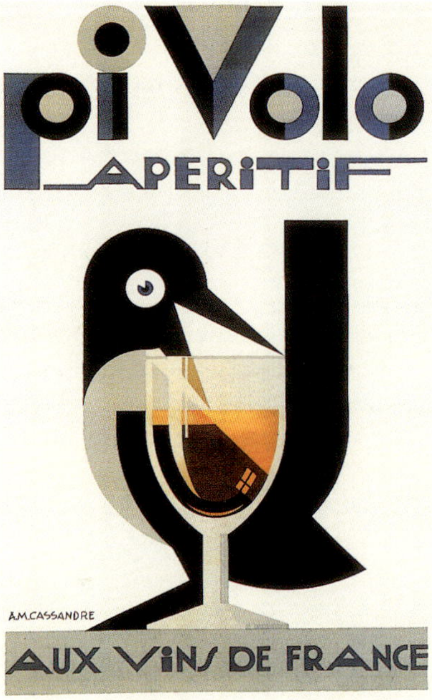

Plakat für »piVolo« von Cassandre aus dem Jahre 1926.

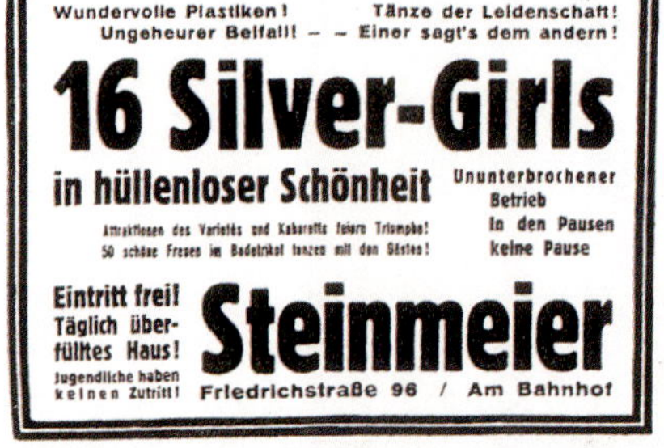

»16 Silver Girls«.

1927
Weißenhofsiedlung in Stuttgart: ein Beispiel »neuen Bauens«.

Charles A. Lindbergh überquert den Nordatlantik in West-Ost-Richtung in 26 Stunden und wird zum Nationalhelden der USA.

Erste überseeische Funksprechverbindung.

Internationaler Blumenversand Fleurop gegründet.

1928
Lindsey plädiert für die Kameradschaftsehe.

Otto Dix' »Großstadttriptychon«.

Gershwins »Ein Amerikaner in Paris«, symphonische Dichtung im Jazzstil.

Taille kehrt in der Frauenmode an ihre richtige Stelle zurück, die Haare werden wieder länger getragen.

Gio Ponti gründet die Zeitschrift »Domus« für Architektur und Design.

90 Prozent aller Filme weltweit werden in den USA produziert. Nach Einführung des Tonfilms geht diese Rate zurück.

Gründung der »Union des Artistes Modernes« (U. A. M.) durch René Herbst.

Thonet stellt bereits serienmäßig Stahlrohrmöbel her.

G. W. Pabsts »Büchse der Pandora« mit Louise Brooks als »Lulu«, der Idealverkörperung des kurzhaarigen Mädchentypus der 20er Jahre.

1929
4.10.1929: »Schwarzer Freitag« an der New Yorker Börse, wo die übersteigerten Kurse zusammenbrechen und eine der folgenschwersten Wirtschaftskatastrophen der Geschichte auslösen.

Mies van der Rohe erbaut deutschen Pavillon auf der Weltausstellung in Barcelona.

Salon für den Modeschöpfer Jacques Doucet in Neuilly, der im gleichen Jahr stirbt.

Elektrifizierung der Stadtbahn in Berlin.

Erste Fernsehsendung in Berlin.

1930
»Chrysler Building«, berühmtester Art déco-Wolkenkratzer von William van Alen, erreicht 305,6 m Höhe.

Baubeginn für den Art déco-Königspalast im indischen Indore (bis 1933) nach Plänen von Eckhart Muthesius.

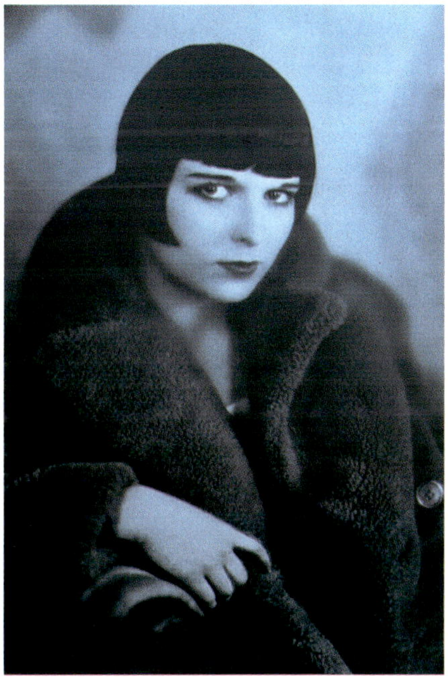

Louise Brooks legte sich mit den Studiobossen in Hollywood an . . .

In Deutschland 4,4 Millionen Arbeitslose.

»Der Blaue Engel«, nach H. Mann, macht Marlene Dietrich zum Star.

»Die Drei von der Tankstelle« mit Lilian Harvey, Willy Fritsch, Heinz Rühmann. Launig kesser Film in zeittypischer Stilisierung.

Max Schmeling wird Weltmeister im Schwergewichtsboxen.

Dauerwellen als Frisur verbreitet.

Wöchentlicher Kinobesuch weltweit 250 Millionen, davon allein 115 Millionen in den USA.

1931
Bauausstellung in Berlin, mit Bauformen aus Stahl, Eisenbeton und Glas.

Empire State Building, 381 m, zuerst spöttisch als »Empty State Building« bezeichnet, da wegen der Wirtschaftskrise viele Büros leer standen.

Thomas Alva Edison, der größte Erfinder aller Zeiten, stirbt im Alter von 84 Jahren.

Internationale Kolonialausstellung in Paris übt nachhaltigen Einfluß auf das Kunstgewerbe aus.

»Platinum Blond« mit dem neuen Sex-Symbol Jean Harlow.

1000 Tonfilme werden weltweit gedreht, davon 142 in Deutschland.

36 Millionen Autos weltweit.

Gründung der Firma PEL »Practical Equipment Limited«. England holt in der Entwicklung moderner Möbel und Einrichtungsgegenstände auf.

Clarice Cliff erzielt mit der Keramikserie »Bizarre Ware« einen beachtlichen finanziellen Erfolg.

1932
Höhepunkt der Weltwirtschaftskrise.

Josef von Sternbergs »Shanghai Express« mit Marlene Dietrich. Extreme Stilisierung der Figuren.

Autobahn Köln-Bonn.

Radio Musik City Hall als Tempel des Art déco (Inneneinrichtung von Donald Desky) eröffnet.

Schlemmer malt das Bild »Bauhaustreppe«.

Chrom erobert den Markt und ersetzt das teure Silber.

1933
Hitlers Machtergreifung.

Autogeschwindigkeitsrekord bei 437 km/h.

»New Deal« in USA versucht die sozialen Auswirkungen der Wirtschaftskrise zu lindern. Wichtige Aufträge für Künstler.

Busby Berkeleys »Golddiggers of

1933« mit dem Ohrwurm »We're in the Money«.

Ausstellung in Chicago: »Century of Progress«.

1934
Benny Goodman erobert mit dem Swing Amerika.

Das stromlinienförmige Auto »Airflow« von Chrysler wird zwar ein Flop, läutet aber ein neues Kapitel im Automobildesign ein.

Eröffnung der Großglockner Hochalpenstraße.

1935
Jungfernfahrt der »Normandie«, das als schwimmendes Museum des späten Art déco Furore macht, aber schon vier Jahre später ein unrühmliches Ende findet. Nur Teile der Einrichtung bleiben erhalten.

Modetanz »Rumba«.

1936
Olympiade in Berlin.

Charlie Chaplin, »Modern Times«.

Die Fotoillustrierte »Life« erscheint.

1937
Weltausstellung in Paris. Dominanz einer »faschistischen«, sehr monumental ausgerichteten Ästhetik. Gegenbewegung gegen die »schreckliche Nacktheit« des Modernismus.

»Haus der Deutschen Kunst« von P. L. Troost wird in München eingeweiht. Ausstellung »Entartete Kunst«, die das Ende der modernen Kunst in Deutschland besiegelt.

Flugzeit Berlin–London 4 Stunden.

Zeppelin LZ 129 verbrennt in Lakehurst. Ende der Zeppelin-Ära.

Golden Gate-Brücke mit 1280 m Stützweite bei San Francisco fertiggestellt.

1939
Beginn des Zweiten Weltkrieges.

»World's Fair«, futuristische Weltsicht New York. Abgesang des Art déco in den USA.

3065 km ausgebaute Autobahn in Deutschland.

1966
»Les Années 25«: Große Ausstellung in Paris läutet Art déco-Wiederentdeckung ein.

1971
Aufsehenerregende Art déco-Ausstellung in Minneapolis.

1972
Berühmte Auktion im Hotel Drouot, in der ein Teil der Sammlung Doucets mit bedeutenden Werken des Art déco unter den Hammer kommt. Ein anderer Teil gelangte ins »Musée des arts décoratifs« in Paris.

1994
Versteigerung der Jugendstil- und Art déco-Sammlung von Barbra Streisand verleiht dem Art déco-Markt neue Impulse.

Das müssen Sammler wissen

Restaurierung und Benutzbarkeit

Wegen der Verschiedenheit der einzelnen Gattungen, Materialien und der im folgenden Kapitel zu besprechenden starken Aufsplitterung der Markt- und Preissegmente ist es schwierig, beim Art déco generelle Restaurierungshinweise zu geben. Die Situation stellt sich bei jedem Material und in jeder Preiskategorie verschieden dar und soll im folgenden bezüglich der einzelnen Bereiche gegliedert dargestellt werden. Weitere Hinweise finden Sie bei den jeweiligen Kapiteln.

Möbel

Im Bereich der hochpreisigen Möbel, etwa eines Ruhlmann, empfiehlt es sich ganz generell, bei etwaigen Reparaturen oder Problemen einen versierten Restaurator hinzuzuziehen.

Grundsätzlich gilt hier das gleiche, was auch für andere hochpreisige Möbel gilt: Diese Restaurierungskosten können wegen der hierzulande üblichen Löhne ganz beträchtlich sein und vor allem bei Neupolsterungen von Sesseln oder Sofas einen relativ hohen Anteil am Kaufpreis ausmachen.

Ein unrestauriertes Sofa, das auf einer Auktion etwa 2.000 DM kostet, kann dann im restaurierten Zustand 6.000 DM kosten, ohne überteuert zu sein.

Im Bereich der mittelpreisigen Möbel, bei denen meist kein Designer bekannt ist und der Kunde diese weniger als museales Sammlerstück als vielmehr zum alltäglichen Gebrauch verwenden möchte, sind andere Forderungen an die Restaurierung zu stellen. Es geht hier nicht darum, den originalen Bestand um jeden Preis zu erhalten bzw. wiederherzustellen, sondern darum, das Stück in einen gebrauchstüchtigen Zustand zu versetzen.

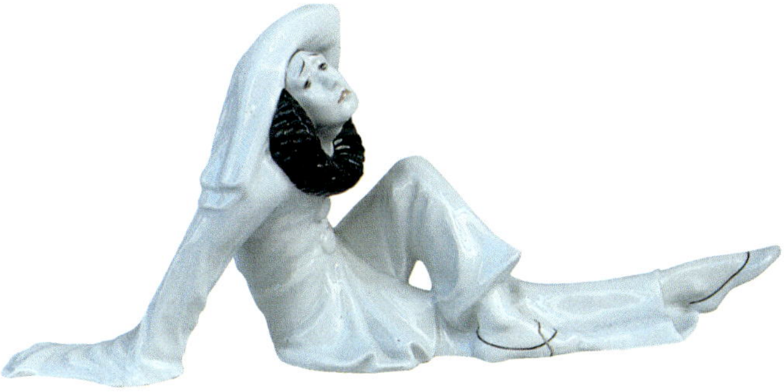

Allen Grund zur Traurigkeit hat dieser Pierrot: Der Bruch an den Beinen mindert seinen Wert um ein Vielfaches.

Restaurierungsproblematik

Wir sind hier jedoch bereits mitten in der vieldiskutierten Restaurierungsproblematik, die bisweilen in einen regelrechten Glaubenskrieg ausarten kann. Nach Aussagen von Händlern wollen viele Kunden ein Objekt, das zwar original alt ist, wenig oder nichts kostet, dafür aber wie perfekt neu aussieht. Obwohl es im Art déco Stücke gibt, die original alt sind, gut erhalten und weniger kosten als bei Ikea, ist dies nicht die Regel. Bezüglich der Instandsetzung gibt es zwei Philosophien:

Merke: Der Kauf von alten Möbeln ist immer auch ein Restaurierungsproblem. Diese Kosten sind in der Regel zwei bis dreimal teurer, als sich der Laie das vorstellt.

1. Radikalinstandsetzung

Das Möbel wird radikal und rundherum erneuert. Alle Oberflächen werden abgeschliffen und neu lackiert bzw. ausgetauscht. Sie haben danach ein Möbelstück, das nicht nur wie neu aussieht, sondern das auch weitgehend neu ist. Der Wiederverkaufswert solcher radikalerneuerten Stücke wird zunehmend problematisch, da das Bewußtsein für originale Oberflächen steigt. Wo man selbst im Museumsbereich und anspruchsvollen Handel noch vor wenigen Jahren Furniere fast bedenkenlos abschliff, ist man diesbezüglich heute wesentlich zurückhaltender geworden.

Antiquitäten mit original erhaltener Oberfläche werden immer seltener und teurer.

2. Die Hände-weg-Methode

Hier werden Fehlstellen als solche akzeptiert. Durch konservatorische Maßnahmen wird höchstens einer Verschlimmerung vorgebeugt. Neulackierungen usw. werden kategorisch abgelehnt.

Nun kommt es aber wirklich auf den Zustand des Stückes an. Sind die

Fehlstellen unerheblich, sollte man von einer Neulackierung absehen. Allerdings sind viele originale Lacke nicht so widerstandsfähig wie neue, so daß viele Kunden allein aus Gründen der Strapazierfähigkeit einen neulackierten Zustand bevorzugen. Auf diese Art und Weise ist zwar der Originalzustand nicht vollständig erhalten, aber man hat dennoch lange Freude an einem schöngeformten und zugleich modernen Benutzungsanforderungen entsprechenden Möbelstück.

Bei billigen Möbeln lohnt der Aufwand für eine aufwendige Restauration meist nicht. Fragen Sie sich also vor dem Kauf, ob Sie mit dem entsprechenden Zustand leben wollen, oder ob Sie sich selbst zutrauen, entsprechende Instandsetzungen vorzunehmen.

Wie können Sie Ihre Möbelstücke pfleglich behandeln und Restaurationen vorbeugen?

Zunächst gilt: Holzmöbel reagieren allergisch gegen Fußbodenheizung. Hierbei wird das Möbel von unten her aufgewärmt und ausgetrocknet, so daß sich leicht Risse und Verwerfungen bilden. Am besten stellen Sie ihr kostbares Stück in einen anderen Raum.

Auch eine Zentralheizung ist wegen der geringen Luftfeuchtigkeit für Holzmöbel fatal. Hier können leistungsstarke Luftbefeuchter Abhilfe schaffen. Dies ist übrigens auch für Ihre Atemwege von Vorteil.

Generell gilt: Möbelpflegemittel schaden mehr als sie nützen. Holz braucht im Gegensatz zu Lederschuhen keine Pflege. Staubwischen genügt.

Schellackoberflächen sind wasserempfindlich. Alle Wassertropfen deshalb sofort abwischen. Wasserränder usw. nicht selbst »behandeln«, da man in der Regel den Schaden »verschlimmbessert«. Fragen Sie bei allen auftretenden Problemen einen sachkundigen Restaurator.

Glas, Lampen und Keramik

Generell gilt bei Glas und Porzellan: Sprünge und Bestoßungen wirken sich stark wertmindernd aus. Während bei einem Möbelstück kleine Kratzer weniger ins Gewicht fallen, ist ein Glas oder Porzellan mit einem Sprung praktisch wertlos. Da bei Lampen mit Glasschirmen im Lauf der Zeit viele kaputt gegangen sind, haben sich wesentlich mehr Fassungen als vollständige Lampen erhalten. Letztere haben also durchaus ihren Preis, während man sich bei ersteren fragen soll, was man damit will, und sie nur mit einem sehr weitreichenden Preisnachlaß erwerben sollte.

Natürlich gilt es von Fall zu Fall zu differenzieren, doch sollte man sich hier vorher genauer informieren, bevor man sich zum Kauf entschließt.

Dabei spielt es bei hochpreisigen Stücken praktisch keine Rolle, ob eine Glasvase in zwei Hälften vor Ihnen liegt, oder ob sie perfekt zusammengeklebt wurde. Bei Porzellan können Fehlstellen und Brüche so professionell restauriert und geklebt werden, daß der Laie davon nichts merkt. Die Wertbeeinträchtigung bleibt aber dennoch bestehen. Man sollte sich so ein Stück also nicht als unrestauriert andrehen lassen.

Bei Gläsern werden Kanten neu geschliffen, Scharten ausgewetzt, Stücke neu montiert, bei Lampen ursprünglich nicht zugehörige Schirme verwendet. All das ist durchaus legitim, nur wirkt es sich mehr oder weniger wertmindernd aus und muß deshalb dem Käufer vor dem Kauf mitgeteilt werden. Unterbleibt dies vorsätzlich, kommt dies einer Täuschung und einem Betrug gleich. Im Falle von Reklamationen sollten Sie mit Hilfe einer entsprechenden schriftlichen Zusicherung des Händlers in der Lage sein, Ihre Position zu untermauern.

Vorsicht: Eine Expertise gilt vor Gericht als Meinungsäußerung und hat keinen bindenden Charakter!

Gerade bei teuren Stücken empfiehlt es sich, bei einem vertrauenswürdigen und seriösen Händler zu kaufen, der Sie über den Zustand des Stücks aufklärt und Sie auf Mängel hinweist, die Sie selbst gar nicht sehen können. Auf Auktionen haben hier schon viele Käufer teures Lehrgeld bezahlen müssen.

Art déco ist ein weitreichendes Sammelgebiet. Jedes Gebiet wirft eigene Probleme und Fragestellungen auf. Ziehen Sie im Bedarfsfall die jeweilige Spezialliteratur zu Rate, etwa wie man Modeschmuck wieder zu neuem Glanz verhilft, oder wie sich ein altes Radio wieder in funktionstüchtigen Zustand versetzen läßt.

In vielen Fällen werden Sie hier ohne den Rat oder die Tat eines Fachmannes nicht auskommen, oft ist aber auch nur der Bastler und Tüftler in Ihnen gefragt.

Elektrifizierung

Ein weiterer Gesichtspunkt stellt vor allem bei Lampen die Frage der Elektrifizierung dar. Abgesehen von musealen Stücken, die einen möglichst exakten Originalzustand dokumentieren sollen, ist hier im Gegensatz zum bisher Gesagten eine moderne Elektrifizierung schon aus Sicherheitsgründen geboten. Die alten Standards haben sich als nicht ausreichend erwiesen.

Diese Neuelektrifizierung sollte beim Kaufpreis miteinkalkuliert werden, da sie vor allem bei Lampen mit mehreren Fassungen und komplizierten Kabelverläufen eine verzwickte Angelegenheit und entsprechend mehrere hundert Mark teuer sein kann.

Meist ist es hier günstiger, die Dienstleistung eines Händlers, der sich seit vielen Jahren mit solchen Problemen herumschlägt und auch entsprechend ausgerüstet ist, in Anspruch zu nehmen, als seine eigenen Fähigkeiten als Elektriker zu überschätzen.

Zahlen Sie ruhig etwas mehr für eine tatsächlich funktionstüchtige Lampe, anstatt sich hier auf ein Abenteuer mit ungewissem Ausgang einzulassen!

Metall

Silberwaren sollten gemarkt sein und ihren Feingehalt ausweisen. Vieles aus der Zeit des Art déco ist allerdings nicht massives Silber, sondern nur versilbert, plated oder verchromt.

Beim Silber gibt es inzwischen Mittel, die alten Oberflächen wieder wie neu aussehen zu lassen, über deren Wirkung man sich streiten kann. Wichtig ist, daß Sie sich über die Beschaffenheit des Stücks im klaren sind.

Bei Versilberungen gilt es mit Polituren und allen Arten von Reinigungsmitteln vorsichtig zu sein, da sonst die Oberfläche abgerieben oder aufgelöst werden kann.

Wie Silber behandelt werden soll, ist ein Kapitel für sich und kann hier nicht ausführlich erörtert werden. Gehen Sie davon aus, daß Ihr Stück nicht spülmaschinenfest ist und keine scharfen Putzmittel verträgt. Je nach Wert des Stückes können Sie dann – mit aller Vorsicht – entsprechende Experimente unternehmen.

Bei stumpfer Oberfläche oder leichtem Flugrost wirkt Polieren mit feiner Stahlwolle (Sorte 00 bis 0000 – vorsichtig testen!) teilweise wahre Wunder.

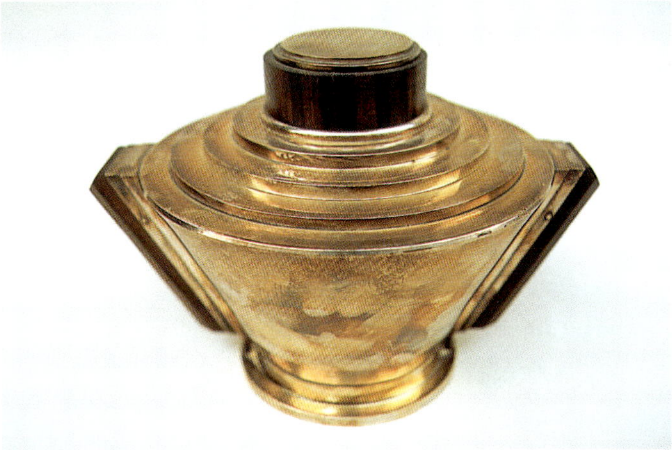

Bei diesem schönen französischen Silbergefäß könnte ein wenig Polieren nicht schaden!

Chrom

Chromwaren aus der Zeit des Art déco sind oft weniger widerstandsfähig, als man denkt. Selbst beim Polieren gilt es hier Vorsicht walten zu lassen. Die bisweilen nur dünne Chromschicht könnte sonst abgerieben werden.

Bei abgeriebenen oder sonstwie beschädigten Chromwaren kann man natürlich eine Neuverchromung vornehmen lassen. Diese ist nicht allzu teuer und gibt ihrem Stück wieder ein perfekt neues Aussehen – wenn man das mag.

Seien Sie im Zweifelsfall eher defensiv. Lassen Sie sich nicht vom Perfektionswahn anderer anstecken. Eine Neuverchromung ist eine Veränderung des Originalzustandes und somit bei Sammlerstücken eine Wertminderung.

Bedenklich ist es, wenn Stücke verchromt werden, die ursprünglich eine Messing- oder Kupferoberfläche hatten. Das kam gar nicht so selten vor. Weil heute so viele Lampen und andere Metalloberflächen nachträglich verchromt wurden, hat sich eine falsche Vorstellung von »Chrom auf allen Stücken« etabliert, die durchaus nicht den damaligen Gegebenheiten mit ihrer weniger funktionalistischen Ästhetik entsprach.

Fälschungen und Verfälschungen

Fälschungen spielen in der Phantasie vieler Laien eine große Rolle. In der Praxis sind Sie meist weniger spektakulär, aber eben doch ärgerlich, wenn man einmal auf ein neues, verfälschtes oder falsch deklariertes Stück hereingefallen ist.

Nicht in allen Bereichen ist die Gefahr gleich groß. In vielen Fällen, in denen der Preis unterhalb der von entsprechender neuer Ware liegt, ist die Fälschungsgefahr naturgemäß am geringsten. Es fehlt einfach der Anreiz zur Fälschung. Allenfalls könnte hier eine Verwechslung mit billigen Imitationen vorliegen, die gar nicht mit Täuschungsabsicht auf den Markt geworfen wurden.

Vieles ist nur sehr schwer wirklich gut zu fälschen. Deshalb hilft bei den meisten Stücken oft schon ein genaues Prüfen des fraglichen Stücks. Sie müssen mit geschärften Sinnen und aller Gelassenheit auf alle Indikatoren wie Material, Oberflächenbeschaffenheit, Gebrauchsspuren, Patina und Verarbeitung – auch auf der Rückseite –, Etikettierung, Markung usw. achten. Kommt Ihnen hierbei etwas nicht ganz geheuer vor, dann gilt es weitere Nachforschungen zu unternehmen.

Reproduktionen

Problematisch sind Neuauflagen oder Reproduktionen von alten Stücken, die neu auf den Markt geworfen werden, etwa bei Glas oder figürlichen Lampen, die als solche vom Händler eindeutig gekennzeichnet werden müssen.

Auch aus Osteuropa, aus Polen, Rumänien und Tschechien, drücken hier neue Ware und Fälschungen auf den Markt, die bisweilen sogar den Fachmann täuschen können. Besonders im Bereich des Glases ist häufig der Kenner gefragt, um klare Entscheidungen treffen zu können.

Bisweilen ist dies am einzelnen Objekt gar nicht ohne weiteres möglich, und der Marktkundige wird erst durch andere Faktoren, etwa daß plötzlich lauter ähnliche oder identische Stücke auftauchen, stutzig.

Besonders betroffen davon sind Glas, Kunststoffschmuck, Lampen und, mit Einschränkungen, Kleinskulpturen. Es gibt wohl keinen Händler, der nicht sagen kann, daß er nicht schon einmal auf eine Fälschung hereingefallen wäre.

Meistens gilt: Aufgrund der Umstände steht die Echtheit des Objektes außer Zweifel. In einigen Fällen muß der Kunde dem Händler vertrauen und sollte sich auf jeden Fall die Zusagen bezüglich Datierung, Künstler, Material usw. auf der Rechnung eigens bestätigen lassen.

Verfälschungen

In der Praxis häufiger als die ausgesprochenen Fälschungen sind:

1. Fehldatierungen: wenn ein Stück statt aus den 30er tatsächlich aus den 40er Jahren stammt, und zwar einen alten Entwurf, aber eine neuere Ausformung darstellt usw.

2. Objektverfälschungen: etwa die bereits angesprochenen Neulackierungen, Umlackierungen, Neukombinierungen, Abschleifungen von beschädigtem Glas, verschwiegene Restaurierungen und dergleichen.

3. Anbringung falscher Signaturen: Da Signaturen und Labels in unserer Zeit auch bei den Sammlern eine zunehmende Bedeutung bekommen und unsignierte Stücke oft nur den Bruchteil eines signierten erbringen, liegt die Versuchung nahe, hier durch entsprechende nachträgliche Signaturaufbringung zu einer Wertsteigerung beizutragen.

Signaturen, über die man sich nicht im klaren ist, etwa eingeritzte oder eingeätzte, die also auch nachträglich entstanden sein könnten, sollte man mit Hilfe der einschlägigen Fachbücher prüfen.

Bedenken Sie: Falsche Signaturen, vor allem, wenn sie gut sichtbar angebracht sind, sind als Beschädigung anzusehen und können wertmindernd wirken.

Grundsätzlich ist mit Fälschungen vor allem dann zu rechnen, wenn:

1. die damit erzielbaren Preise sehr hoch sind;
2. der Aufwand für eine Fälschung relativ gering ausfällt;
3. das Stück dem heutigen Zeitgeschmack besonders entgegenkommt und sehr typisch aussieht;
4. es sich um eine einmalige »Gelegenheit« bei einem vielbegehrten und bekannten Stück handelt;
5. Sie an dem Stück Signaturen wie »Made in Hongkong« oder »Bowi Baumarkt« finden;
6. Stücke in Annoncen mit scheinheiligen Versprechungen wie »Echt Holz«, »Original Bronze« oder »Wertvolles Sammlerstück« angepriesen werden, denn auch ein aus einem echten Stück Holz gefertigtes Teil kann eine echte und nagelneue Fälschung sein.

So werden Sie vom Sammler zum Kenner

Um sich vor plumpen Fälschungen zu schützen, gilt es genau hinzusehen und sein Auge und sein Urteil zu schulen. Je mehr man gesehen, in der Hand gehalten und geprüft hat, um so sicherer und zuverlässiger wird das eigene Urteilsvermögen. Dies ist vor allem für den Sammler wichtig, der auch ein Kenner und Experte in seinem Bereich werden möchte.

Kaufen Sie nicht allen Versprechungen und Annoncen vertrauend wild drauflos, sondern lesen und sehen Sie sich erst ein und beginnen dann mit einfacheren und preiswerteren Stücken, bevor Sie sich an die »schwereren Brocken« heranwagen.

Schulen Sie Ihren Blick

Besuchen Sie die einschlägigen Museen und betrachten Sie die Objekte nicht nur im Vorübergehen, sondern lesen Sie auch die Kataloge und vertiefen sich ausgiebig in die Stücke. In unserer heutigen schnelllebigen Zeit ist man es kaum mehr gewohnt, sich einmal mit einem Objekt mehr als fünf Sekunden zu beschäftigen. Für den Erwerb eines fachkundigen Auges ist dies aber unbedingt erforderlich.

Besuchen Sie die einschlägigen Händler, begutachten Sie ihre Waren ausgiebig, besser noch, freunden Sie sich mit einem Händler an. Wenn Sie freundlich und interessiert fragen, werden Sie in der Regel eine freundliche und ausführliche Auskunft erhalten. Händler sind oft froh, ihr lange angestautes Wissen an einen interessierten Kunden loszuwerden und sich mit einem angehenden Kenner zu unterhalten.

Zwei Regeln

Wenn Sie vorhaben, eine Galerie oder einen Laden zu besuchen, sollten Sie folgende zwei Regeln auf jeden Fall beherzigen, um sich und den Händlern oder Galeristen das Leben zu erleichtern.

1. Seien Sie immer höflich, fragen Sie, ob Sie ein Stück in die Hand nehmen dürfen, stellen Sie sperrige Gepäckstücke vorher ab, stoßen Sie nichts herunter, streunen Sie nicht im privaten Bereich herum usw.

2. Versetzen Sie sich auch in die Lage des Händlers, der darauf achten muß, daß seine Stücke beispielsweise keine »Beine bekommen«. Denn Sie wissen ja, dies ist eine schlechte Welt, und es sind eine Menge unehrliche Leute unterwegs. Viele von ihnen sind anständig gekleidet, setzen ein ehrliches Gesicht auf und tun sehr empört, wenn man ihnen böse Absichten unterstellen wollte. Geben Sie also zu keinerlei Verdächtigung oder Beunruhigung Anlaß. Überwinden Sie die natürliche Barriere des Mißtrauens und Sie werden viel erfahren und entdecken.

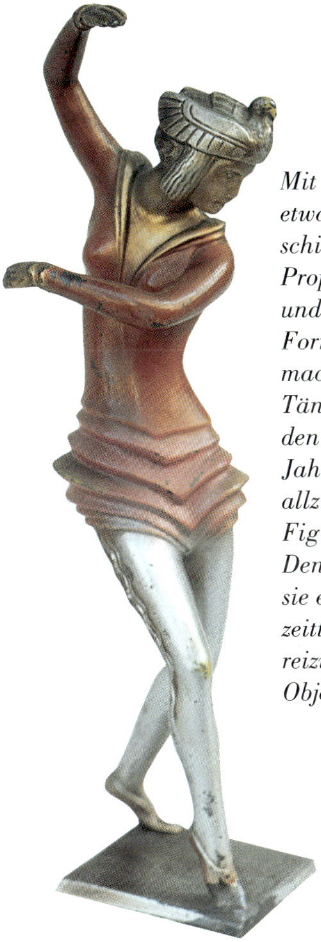

Mit ihren etwas ungeschickten Proportionen und plumpen Formen macht diese Tänzerin aus den 20er Jahren keine allzugute Figur. Dennoch ist sie ein zeittypisches, reizvolles Objekt.

Gelegenheitskäufe

Sind Sie allerdings nur an Einzelstücken interessiert, etwa einer funktionstüchtigen Lampe oder einem hübschen Geschenk, dann lohnt es sich nicht, daß Sie sich vorher zum Experten ausbilden. Man sollte dann aber auch nicht unbedingt den Weg des größten Risikos gehen und auf Auktionen, auf Privatanzeigen hin oder bei einem fliegenden Händler kaufen. Die Aussichten, hier bei Nichtgefallen sein Geld wieder zu bekommen, sind gering.

Ein seriöser Fachhändler wird Sie in diesem Fall gut beraten, und Sie erhalten ein Stück zudem mit schriftlicher Garantie.

Wenn Sie aber einmal bei einem fliegenden Händler für relativ wenig Geld gekauft haben und nachträglich doch nicht ganz zufrieden waren, lassen Sie sich dadurch die Laune nicht verderben, sondern sehen Sie es als Lehrgeld, das jeder einmal zu zahlen hat. Betrachten Sie das ganze auch als ein Spiel, bei dem man gute Gewinnchancen hat, aber auch einmal einen Verlust erleidet.

Markttrends und Tips

Marktentwicklung und Rezeptionsgeschichte: Ausstellungen, Publikationen, Film und Popkultur

Während in den 10er Jahren das Art déco noch auf elitäre Zirkel beschränkt blieb, wurde es in den 20er Jahren der ganzen Welt als eine zunächst exklusive und nur für eine betuchte Kundschaft erschwingliche Ware präsentiert. In den 30ern popularisierte, vereinfachte und verbilligte man dann die Formen und machte sie auch der breiten Masse zugänglich. In den 40er Jahren hielten sich Art déco-Formen nur in »ikonographisch« spezifischen Bereichen, in denen der Stil Extravaganz und eine Ausnahmesituation anzeigen sollte, also in Kinos und im Fremdenverkehr.

Ansonsten war der Stil gestorben, mausetot, begraben und vergessen. Allenfalls die Eskapaden im amerikanischen Automobildesign der 50er Jahre erinnerten noch daran. Wer sich für seriös, gebildet und geschmackvoll hielt, für den war Art déco das Allerletzte, dekadent und absolut geschmacklos.

Wiederentdeckung des Art déco

In den 60ern wurde von der antiautoritär bewegten Jugend zuerst der Jugendstil wiederentdeckt. Omas Plüschsofa kam wieder zu Ehren. Und gleichzeitig gab es auch schon einzelne Wenige, die sich für das Art déco zu interessieren begannen. Bezeichnenderweise waren dies in Amerika Popkünstler wie Lichtenstein, der sich in seiner Malerei eindeutig vom Art déco beeinflußt zeigt, sowie Andy Warhol, der eine wahre Sammelmanie entwickelte.

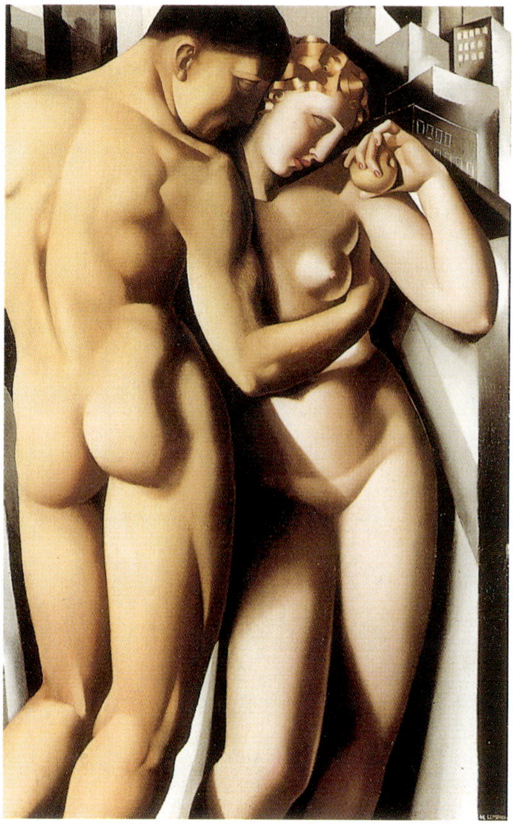

»Adam und Eva«: Tamara de Lempicka gilt heute als die Art déco-Malerein schlechthin.

Retrospektiven

1966 fand die große Retrospektive in Paris statt. 1968 erschien die erste zusammenhängende Buchpublikation. Allmählich tauchten einzelne Stücke in den Auktionen auf – etwa Tänzerinnen von Chiparus – und wurden sogar verkauft. Gemessen an heutigen Preisen zwar spottbillig, aber für damalige Vorstellungen immerhin bemerkenswert.

Die Preise steigen

Nun traten einzelne Antiquitätenhändler auf den Plan. Besonders die handwerklich hochklassigen und den Meisterwerken des 18. Jahrhunderts durchaus ebenbürtigen Stücke etwa eines Ruhlmann wurden nun in den Antiquitätenmarkt eingeschleust und marktfähig gemacht. Die Preise kletterten rapide. Spektakuläre Auktionen wie jene des Nachlasses von Doucet taten das Ihre.

Die Analogie zwischen der aufkommenden Postmoderne und dem Art déco war unübersehbar und beseitigte letzte Zweifel, daß Art déco nicht nur etwas Respektables und Sammelwürdiges, sondern daß es etwas Hochaktuelles und voll im Trend Liegendes sei. Nun gab es bei den Preisen für exklusive Stücke, die teilweise sogar die Millionenmarke übersprangen, kein Halten mehr. Filme wie »Der große Gatsby« waren eine Huldigung an die Mode und das Zeitgefühl des Art déco.

Eine bis dahin weitgehend vergessene, irgendwie obskure polnische Malerin namens Tamara de Lempicka wurde mit einem Male aus der Versenkung geholt, und ihre kubistisch angehauchten Bilder tauchten nun ständig auf Reproduktionen, Buchumschlägen, in Filmsets (z. B. »Batman«) und in Videoclips (z. B. bei der keinen Trend auslassenden Popsängerin Madonna) auf. Auf der Versteigerung von Barbra Streisands Sammlung im Frühjahr 1994 erzielte ihr Bild »Adam und Eva« mit einem nackten Paar vor einer kubistischen Wolkenkratzerkulisse knapp zwei Millionen Dollar. Zehn Jahre zuvor hatte es die Sängerin noch für schlappe 132.000 Dollar erwerben können.

Marktsituation und Preise

Wer heute so tut, als wäre das Art déco ein neuer Insidertip, ist leider 20 Jahre zu spät dran. Die Spitze des Art déco-Booms dürfte zumindest im hochpreisigen Bereich bereits überschritten sein. Hat man hier doch einen eindrucksvollen Einrichtungsstil des 20. Jahrhunderts wiederentdeckt, der vorher kunstideologisch verteufelt worden war.

Nach den Jahren der Verfehmung und den darauffolgenden Jahren der Goldgräberstimmung sind wir nun an einer Normalisierungsphase angelangt, in der sich die Preise weiter differenzieren, aber nicht grundsätzlich in eine Richtung bewegen. Da momentan wegen der flauen Konjunktur und des lustlosen Käuferverhaltens die Preise sowieso etwas unter Druck geraten sind – und Ware aus dem Osten zumindest im unteren und mittleren Bereich die Preise zusätzlich drückt –, ist zur Zeit nicht der schlechteste Zeitpunkt des Einkaufs.

Was das obere Preisniveau betrifft, kann man keine allgemeinen Tips geben. Hier muß von Fall zu Fall entschieden werden. Daß 1994 das teuerste Los der Sammlung Barbra Streisand, Tamara de Lempickas Gemälde »Adam und Eva«, 1,98 Millionen Doller erzielte, was immerhin etwa 3 Millionen Mark entspricht, dürfte nur den überraschen, für den diese Malerin immer noch eine obskure Kitschmalerin ist. Es handelt sich hier immerhin um eines ihrer Hauptwerke und um eines der bedeutenden Werke der figürlichen Malerei in diesem Jahrhundert.

Ein Ende des Trends »Art déco« ist vorerst nicht abzusehen. Und über kurz oder lang wird sich dieses Gebiet auf Dauer einen dem Jugendstil entsprechenden Platz innerhalb der klassischen Antiquitätengebiete erobert haben – wenn es ihn nicht bereits einnimmt.

Tip:

Im »mittleren und einfachen Bereich« fangen die Preise bei etwa 50 DM an und gehen meist bis zu einigen hundert Mark, auch mal in Ausnahmefällen in den vierstelligen Bereich.

Hier kaufen Kreative, Studenten, weniger betuchte Sammler und junge Paare ein, die eine ausgefallene Lampe oder ein hübsches Geschenk erstehen wollen.

Sie finden in diesem Bereich ein überraschend vielseitiges Angebot, zwar kaum Lalique-Vasen, aber eben doch auch schöne Einzelstücke.

Manche der Händler geben explizit an, daß sie ihre Stücke billiger halten wollen als vergleichbare neue Ware. Es handelt sich hier also in einem gewissen Sinne noch immer um einen Gebrauchtwarenmarkt, auf dem die Dinge zwar teurer sind als auf dem Flohmarkt, aber oft immer noch etwas billiger als neu.

Wo und wie einkaufen?

Das Art déco ist ein sehr heterogenes Sammelgebiet und der Markt entsprechend segmentiert. Er zerfällt in drei grundsätzliche Marktbereiche, in denen sich – natürlich mit teilweisen Grenzverwischungen – eine Vielzahl von Läden etabliert hat bzw. fliegende Händler und Auktionen sich betätigen.

Das gehobene Marktsegment

Hier wird die Spitzenware angeboten, und es werden die höchsten Preise verlangt. In Deutschland und im deutschsprachigen Raum ist dieser Markt noch klein. Ein größeres Angebot findet sich in Frankreich, besonders in Paris, London und New York, und zwar sowohl im Fach- als auch im Auktionshandel.

Dieser gehobene Marktbereich ist inzwischen in den traditionellen Kunst- und Antiquitätenmarkt integriert. Entsprechende Objekte werden auch auf internationalen Messen ausgestellt. Angeboten werden hier Möbel und Kunsthandwerk renommierter Entwerfer und Kunsthandwerker oder ausgewählte anonyme Teile. Die Stücke sind in der Regel perfekt restauriert oder geben sich doch wenigstens Mühe, einen perfekten Zustand zu suggerieren (bisweilen allerdings wohl auch zu perfekt) und haben durchwegs stolze Preise. Diese werden wohl auch in Zukunft bei wirklich erstklassiger Ware bezahlt. Ab ca. 10.000 bis 20.000 DM aufwärts sind hier der Preisphantasie fast keine Grenzen gesetzt.

Angeboten werden neben den hochklassigen Einzelstücken auch Sammlerstücke mit Marken und »Seriennummern«, die traditionell auf ein bestimmtes Sammlerklientel eine fast magische Wirkung ausstrahlen. Obwohl etwa Lalique seine Vasen und Flakons in industriellem Maßstab gefertigt hat und insgesamt viele Millionen Stück seine Fabrik verließen, werden dennoch dafür Preise fast wie für Unikate verlangt und bezahlt.

Diese Stücke haben ihren festen Sammlerstamm, sind relativ preisbeständig und scheinen eine sichere Kapitalanlage zu sein. Spekulationsgewinne sind allerdings nicht zu erwarten, weil die Preise ziemlich ausgereizt wurden.

Mittlerer und einfacher Bereich

Neben einer gehobenen Mittelware gibt es aber noch preislich etwas vorsichtiger zu Werke gehende Läden, die mit guter und ausgewählter Ware bei nicht überreizten Preisen einen anspruchsvollen Einrichtungsbereich bedienen. Hier kann man von wenigen hundert bis zu mehreren tausend Mark – mit »Ausreißern« über die 10.000 DM-Grenze – geschmackvolle Ensembles und Einzelstücke, Modeschmuck oder Vitrinenobjekte erwerben, die durchaus nicht zur Massenware gehören und etwas Besonderes darstellen.

Art déco findet sich natürlich auch im Fachhandel und in Galerien, die auf einzelne Themen oder Gebiete spezialisiert sind, aber eben durchaus nicht nur Art déco anbieten. Dazu gehören vor allem Schmuckgeschäfte oder Läden, die auf Porzellan, Silber oder Gemälde und Graphik spezialisiert sind. Auch mit dem Jugendstil finden sich viele Art déco-Stücke in adäquater Gesellschaft.

Deneben sind in den letzten Jahren Läden entstanden, die mit der Massen- und Konsumware des Art déco handeln, wo also nicht herausragende Einzelwerke oder Meisterleistungen, sondern der Stil und die Tatsache, daß ein Stück typisch diese Zeit repräsentiert, ein ausreichendes Kriterium darstellt.

Da das Art déco erst seit knapp 60 Jahren vergangen ist und damals bereits in großem, industriellem Maßstab produziert wurde, hat sich hier trotz Krieg und geschmacklicher Mißachtung einiges erhalten, das nun als aufbewahrenswert und sammelwürdig erachtet wird.

Trödelmärkte, Flohmärkte

Wegen ihres vergleichbar geringen Preises finden sich Art déco-Stücke auch auf sog. Trödelmärkten, angeboten von fliegenden Händlern, z. B. auch aus Frankreich. Mit etwas Glück kann man dort durchaus ein Schnäppchen machen. Aber nicht selten ist gerade hier zu beobachten, daß relativ gute Stücke bei solchen Händlern unverhältnismäßig hoch bewertet werden, weil sie als etwas Besonderes erscheinen, während sie in einem gehobenerem Umfeld zurückhaltender bewertet werden. Aus dem wirklichen Flohmarkt hat sich das Art déco dagegen überwiegend verabschiedet, und es ist eher unwahrscheinlich, daß ahnungslose Privatleute ein gutes Stück aus dieser Zeit aus ihrem Keller oder Speicher anbieten.

Grundsätzlich gilt: Wer auf Auktionen kauft, sollte sich gut auskennen und selbst wissen, was er kauft. Ein Auktionshaus ist selten spezialisiert und bietet die Stücke sozusagen im Durchlaufverfahren an. Die mit bestem Wissen und Gewissen, aber nicht selten unter großem Zeitdruck erstellten Kataloge können oftmals nur Anhaltspunkte liefern.

Und: Im Gegensatz zum Handel haftet das Auktionshaus nicht für die Angaben zum Stück.

Vergessen Sie nicht, sich die zugesicherten jeweiligen Eigenschaften des Objekts – z. B. Material, Alter, Herkunft, Provenienz, Unversehrtheit oder Beschädigungen – auf der Rechnung eigens bestätigen lassen. Für diese Angaben haftet der Händler mindestens sechs Monate, manche Händler sogar freiwillig und aus Kulanz ohne zeitliche Beschränkung.

Vor allem bei sehr kostspieligen Objekten lohnt es, sich genau über die Geschäftsbedingungen des jeweiligen Händlers zu informieren, die z. B. folgendermaßen aussehen könnten:

»Der Verkäufer übernimmt die Gewährleistung nach § 477 BGB bis zur Höhe des Kaufwertes für die im Rechnungstext aufgeführten Angaben über Alter, Herkunft und Erhaltungszustand zu den verkauften Objekten.«

Auktionen

Demgegenüber hat sich der Auktionsmarkt in der letzten Zeit zu einer echten Alternative zum fest etablierten Handel entwickelt und wird auch von Privatkunden zunehmend stärker frequentiert. Dabei hat der Auktionshandel bestimmte Vorteile, aber eben auch Nachteile, und jeder muß für sich selbst entscheiden, was ihm wichtiger ist.

Zudem liegen die Dinge meist kunterbunt durcheinander, sehen nicht selten schäbig und lieblos präsentiert aus und sind für einen Unkundigen auf den ersten Blick eher eine Enttäuschung.

Kennt man sich allerdings aus, kann man auf Auktionen durchaus günstig einkaufen.

Antiquitätenfachhandel

Ausgewählte Stücke, Beratung und Garantien finden Sie nur im Handel. Der aber muß auch leben und seine Unkosten – etwa für die Restaurierung usw. – auf die Preise umlegen.

Finden Sie einen Händler, der mit vernünftigen Preisen und Handelsspannen operiert, der sich hervorragend auskennt und bereit ist, sein Wissen und seine Erfahrung an seine Kunden weiterzugeben, sind Sie dort auf jeden Fall gut beraten. Bedenken Sie wohl, daß auch viele Händler beim Kollegen kaufen.

Zur Bildauswahl und den Preisen im Buch

Die ausgewählten Abbildungen sollen das Angebot des Marktes sowie das Interesse der Sammler widerspiegeln. Das bedeutet: Sie finden hier Stücke, die zur Zeit oder in den letzten Jahren im aktuellen Auktions- und Antiquitätenhandel angeboten wurden oder noch werden.

Die Preise

Preisangaben sind immer eine problematische Sache. Wenn es sich auch bei den meisten Art déco-Stükken nicht um Unikate handelt, werden die Objekte doch durch ihren jeweiligen Erhaltungszustand zum Einzelstück.

Hin und wieder können Sie auf einer Auktion durchaus ein Schnäppchen machen. Sie bezahlen dann deutlich weniger als hier im Buch angegeben. Dafür benötigen Sie jedoch Geduld, Glück und Sachverstand. Außerdem sollten Sie immer den Zustand der Objekte sowie etwaige Restaurierungskosten miteinkalkulieren.

Im Fachhandel werden Ihnen ausgewählte und häufig restaurierte oder instandgesetzte Stücke angeboten. Für die gemachten – und in der Rechnung schriftlich niedergelegten – Angaben haftet der Händler. Die Preise liegen daher häufig höher als auf der Auktion. Allerdings werden manchmal auch auf Auktionen – treffen etwa zwei fanatische Bieter aufeinander und treiben sich gegenseitig hoch – unrealistisch hohe Preise erzielt.

Die angegebenen Preise orientieren sich an den **aktuellen Verkaufspreisen des Antiquitätenfachhandels**. Sie beziehen sich nur bedingt auf das konkret abgebildete Objekt, sondern sollen auch den Typus, für den das Objekt steht, mitbewerten.

Aus diesem Grund wurde auch immer eine Preisspanne angegeben. Diese soll, soweit möglich, der Bandbreite bezüglich Qualität, Zustand und Provenienz, in der das Objekt am Markt auftreten kann, Rechnung tragen.

Wenn nicht anders angegeben, wird bei der Preisbewertung von einem guten Zustand des Objektes, ohne größere Restaurierungen und Ergänzungen, ausgegangen.

Trotzdem werden Sie immer wieder mit Ausreißern nach oben oder unten konfrontiert werden. So spielt der Zustand des Objektes eine ganz entscheidende Rolle bei der Preisbewertung. Daneben sind die Preise auch von individuellen Faktoren – etwa, ob der Händler das Stück günstig einkaufen konnte, oder ob er diesen Monat unbedingt noch etwas Umsatz machen muß – abhängig. Und manchmal hängt es auch vom Verhandlungsgeschick des Käufers ab, wieviel er bezahlen muß. Trotzdem haben wir uns bemüht, im folgenden ein realistisches Preisgefüge zu liefern, anhand dessen Sie sich orientieren können.

Und noch eines sollten Sie beachten:

Wollen Sie etwa ein schönes Erbstück verkaufen oder Ihre Sammlung dezimieren, erzielen Sie natürlich in den seltensten Fällen den hier im Buch genannten Preis. Der Preis, den Ihnen ein Händler bezahlt, liegt meist eher bei der Hälfte bis zwei Dritteln des hier angegebenen Marktpreises. Holen Sie aber auf jeden Fall mehrere Angebote ein!

Bildgeber und Abbildungsnachweis

Den Bildgebern aus Antiquitäten- und Auktionshandel, die ausgesprochen großzügig Abbildungsmaterial, Objekte zum Fotografieren und Informationen zur Verfügung gestellt haben, gilt der ganz besondere Dank des Autors und des Verlages:

Luis Fernando Arens
decoratif
Amalienstraße 33
80799 München
*Abb. Nr. 23, 74, 75, 83, 105, 106, 107, 143, 168, 172, 180

Harry Beyer
Salvatorstraße 8
80333 München
*Abb. S. 25, 29; *Abb. Nr. 90, 109, 131

Bohm und Lauterbach
Kunstauktionen
Lange Geismarstraße 73
37073 Göttingen
Abb. Nr. 133, 195

Ulf Breede
Residenzstraße 11
80333 München
Abb. Nr. 156

Classico
Manfred Lutz
Wiener Platz 2
81667 München
*Abb. Nr. 57, 104, 116, 117, 118, 119, 123, 213, 214, 215

Galerie Claude
Deutzer Freiheit 103
50679 Köln (Deutz)
Abb. Nr. 1, 3, 6, 9, 12, 14, 17, 18, 19, 20, 25, 26, 31, 35, 36, 37, 50, 63, 153, 190, 191, 222, 226, 227, 228, Umschlagrückseite, Frontispiz

Auktionshaus Herr
Friesenwall 35
50672 Köln
Abb. Nr. 38, 77, 79, 80, 110, 113, 166, 167

B. Hornik
Style Deco
Kurfürstenstraße 15
80799 München
*Abb. Nr. 24, 39, 40, 42, 43, 46, 47, 48, 51, 55, 58, 76, 92, 94, 122, 128, 188, Fotos Karl Ruisinger: 218, 219, 220, 221

Peter Knopf
Auf dem Schwabinger Trödelmarkt
Neusser Straße 21
80807 München
*Abb. Nr. 146, 154, 155, 183, 194, 231

Patrick Kovacs
Rechte Wienzeile 31
A–1040 Wien
5, 114, 223

La Belle Epoche
Augustenstraße 41
80333 München
*Abb. Nr. 73, 126, 127, 149, 216

Kunsthaus Lempertz
Neumarkt 3
50667 Köln
Abb. Nr. 130

Mistinguette
Peter Föst
Ickstattstraße 3a
80469 München
*Abb. S. 9, 27; *Abb. Nr. 65, 66, 68, 85, 86, 87, 88, 89, 100, 102, 103, 121, 135, 148, 173, 174, 176, 179, 182, 184, 185, 196, 197, 198, 199, 200, 201, 202, 203, 204, 205, 206, 207, 208, 209, 217, 224, 225, 229, 230, 232, 233

Kunstauktionshaus
Neumeister
Barer Straße 37
80799 München
Abb. Nr. 84, 96, Titelbild

Auktionshaus Ursula Nusser
Nordendstraße 46–48
80801 München
Abb. Nr. 212

Planet X
Auf dem Schwabinger Trödelmarkt
Neusser Straße 21
80807 München
*Abb. Nr. 97, 147, 186, 187, 211

West Point Gallery
Kai-Marc Regenold
Am Bertholdplatz 1
76530 Baden-Baden
Abb. Nr. 10, 15, 16, 21, 22, 28, 33, 34, 41, 44, 45, 49, 52, 56, 59, 60, 64, 72, 91, 124, 125, 142, 145, 193

Auktionshaus
Schloß Ricklingen
30826 Garbsen
Abb. Nr. 159

Wolfgang Ruf
Brahmsweg 3
76437 Rastatt
Abb. S. 20

Kunstauktionshaus
Schloß Ahlden
29691 Ahlden/Aller
Abb. Nr. 61, 62, 78, 81

Auktionshaus Schopmann
Postfach 70 15 20
22015 Hamburg
Abb. Nr. 98

Philippe Schuler Versteigerungen AG
Seestraße 341
CH-8083 Zürich-Wollishofen
Abb. Nr. 70, 81

Schullin & Söhne
Kohlmarkt 7
A-1010 Wien
Abb. Nr. 157, 158, 160, 161, 162, 163

Gudrun Schultheiss
Georgenstraße 35
80799 München
*Abb. Nr. 27, 29, 30, 82, 93, 144, 151, 169, 170, 171, 175, 178, 181, 189, 210

D. E. Seiler
Georgenstraße 51
80799 München
*Abb. Nr. 67, 101, 112, 115, 120, 129, 132, 134

Tony Subal
Weihburggasse 11
A–1010 Wien
Abb. Nr. 2, 4, 7, 8, 11, 13, 99, 192

Galerei Stefan Vogdt
Kurfürstenstraße 5
80799 München
*Abb. Nr. 32, 54

Auf dem Schwabinger Trödelmarkt
Neusser Straße 21
80807 München
*Abb. Nr. 53, 108

Wolter
Kunst + Schmuck
ABC Straße 12
20354 Hamburg
Abb. Nr. 69, 71, 136, 137, 138, 139, 140, 141, 164, 165

Auktionshaus
Zofingen
Kloesterligasse 4
CH-4800 Zofingen
Abb. Nr. 111

Die übrigen Abbildungen stammen aus dem Archiv des Autors.

*Abb.: Die Fotos wurden vom Autor bei den entsprechenden Händlern angefertigt.

Möbel

In der Geschichte des Art déco, das ja im Grunde den Beginn der modernen Inneneinrichtung darstellt, spielen Möbel die zentrale Rolle. Obwohl die Vorläufer des Art déco-Stils in Glasgow bei Mackintosh, in Wien bei Hoffmann und Wagner und den Wiener Werkstätten sowie in den USA bei Frank Lloyd Wright zu suchen sind, etablierte sich bereits vor dem Ersten Weltkrieg Frankreich als Kernland des elitären und mondänen Art déco-Möbels – eine Führungsrolle, die es dann auf der berühmten Ausstellung von 1925 triumphal behauptete.

Möbel für Eliten ...

Eine ganze Reihe bedeutender Entwerfer, allen voran Ruhlmann, knüpfte zum einen an die strenge, klassizistisch ausgerichtete Tradition des Louis Seize und die große Zeit der französischen Wohn- und Schreinerkultur an und ließ dabei doch den antihistoristischen, auf Einfachheit und geometrische Klarheit ausgerichteten modernen Geist einfließen. Ganz im Gegensatz zu den Bestrebungen in anderen Ländern, etwa in Deutschland, orientierte man sich in Frankreich an den Bedürfnissen und dem Geschmack einer elitären, reichen, trendsetzenden Minderheit und hatte kaum die Massenfabrikation im Auge.

Bezeichnend für die Arbeit dieser Entwerfer ist die Verwendung von exotischen, seltenen Materialien wie Palisanderfurnier und Elfenbeingriffe. Auch die Entwurfstudios der vier großen Pariser Kaufhäuser vereinfachten diesen handwerklich sehr aufwendig verarbeiteten Stil nur unwesentlich, während man in Deutschland vor allem auch über Möbel nachdachte, die für die maschinelle Fabrikation geeignet und damit für die breite Bevölkerung erschwinglich sein sollten.

... Möbel für alle

Vorreiter waren hier der 1907 in Deutschland gegründete Werkbund und dann ab 1919 das Bauhaus, das aber erst nach 1925 bzw. sogar erst nach der Schließung der Schule und der Vertreibung seiner Lehrer vor allem in den USA einen nachhaltigen Einfluß entwickelte. Die modernen Bestrebungen, die sich auch in der Verwendung neuer Materialien wie Stahl, Glas und Kunststoff niederschlugen, waren nicht mehr aufzuhalten und prägten nachhaltig das Gesicht der 30er Jahre, in denen auch England und die USA zu wichtigen Ländern des Art déco-Möbels aufstiegen.

Handwerk und Design

Aus dem handwerklich ausgerichteten Ensemblier wurde der moderne Industriedesigner, wie ihn Marcel Breuer, Raymond Loewy und Donald Desky verkörpern. Aus dem repräsentativen Prunkstück für den Salon wurde das pflegeleichte, preiswerte, in den Kontext von Kühlschränken und stromlinienförmigen Küchengeräten passende Möbel – wenn auch noch von vielen als zu »clean« und zu kühl empfunden. Man fühlte sich allzusehr an die Ausstattung eines Krankenhauses erinnert.

Zu den wichtigsten Entwerfern dieser Stahlrohrmöbel gehören Le Corbusier und Eileen Gray. Manche dieser damals revolutionären Entwürfe mußten allerdings fast 50 Jahre warten, bis sie in die Massenfertigung gingen. Hier waren Thonet und Lloyd Loom in England wegweisend.

Heute empfindet man diese frühe Zeit des Stahlrohrmöbels als eine der klassischen Zeiten des Möbels überhaupt, in denen das Wesentliche des modernen Möbels in gültige Form gebracht worden war und alles Spätere nur Variationen darstellt.

Demgegenüber wurden die damals wie heute wieder teuren Einzelstücke von Ruhlmann, Süe, Printz und anderen in unseren Tagen vollständig vom exklusiven Antiquitätenhandel absorbiert und stellen Kunsthandwerksobjekte dar, die in einem Atemzug mit den klassischen Kunstschreinern wie Riesener und Roentgen genannt werden.

Die Marktlage

Wie immer, wenn die Preise für Spitzenstücke in schwindelerregende Höhen steigen – etwa die ausgesprochenen Museumsstücke und Sammlerraritäten mit Summen bis über 100.000 DM und vereinzelt sogar noch weit darüber –, haben es die mittleren Preislagen schwerer als die ausgesprochen preiswerten Stücke, einen Käufer zu finden. Einerseits sind sie nicht wirklich einzigartig, andererseits aber bei Preisen zwischen 5.000 DM und 50.000 DM doch auch nicht Objekte, die man eben spontan mitnimmt oder beiläufig für den Hausgebrauch kauft.

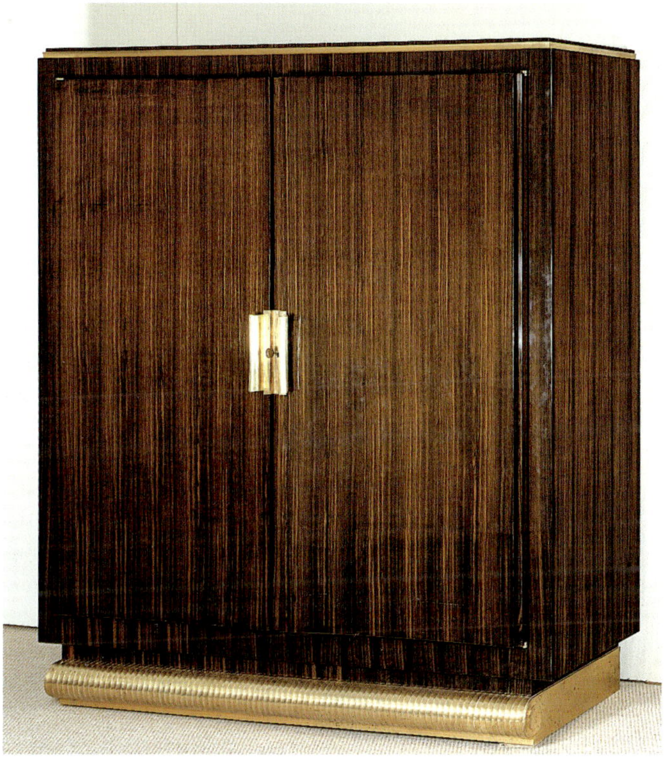

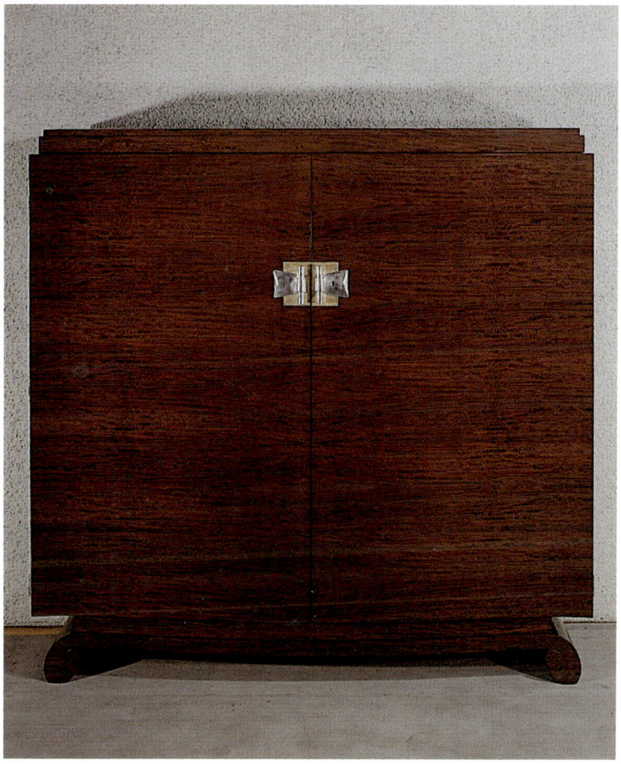

1 Schrank

Frankreich, Edgar Brandt, ca. 1933. Makassar-Ebenholz, vergoldete Bronzen. Innen 14 »englische Schübe«. H. 170 cm, B. 143 cm, T. 58 cm
60.000,– bis 100.000,–

Edgar Brandt war weniger als Schreiner denn als Kunstschmied berühmt und lieferte an Eisengittern, Konsolen, Gefäßen oder Lampenfassungen alles, was das schmiedeeisenverrückte Zeitalter begehrte. Daß er aber auch als Möbelentwerfer ein ausgezeichnetes Formgespür besaß, beweist der linke Schrank auf einer interessanten, goldfarbenen Basis, dessen »Kanneluren« die strenge Maserung des Furniers weiterführen. Demgegenüber war Leleu gerade für seine zugleich zurückhaltend geformten und doch traumhaft eleganten Möbel bekannt. Warm getönte Furniere und akzentuiert gesetzte Schmuckelemente bestimmen auch hier die Erscheinung des auf den Gegensatz von senkrechter Unterteilung und waagerechter Maserung angelegten, quadratischen Schrankes.

2 Salonschrank

Frankreich, Jules Leleu, ca. 1930. Mahagoniwurzel mit versilberten Beschlägen auf Galuchat-Zierplatte.
20.000,– bis 25.000,–

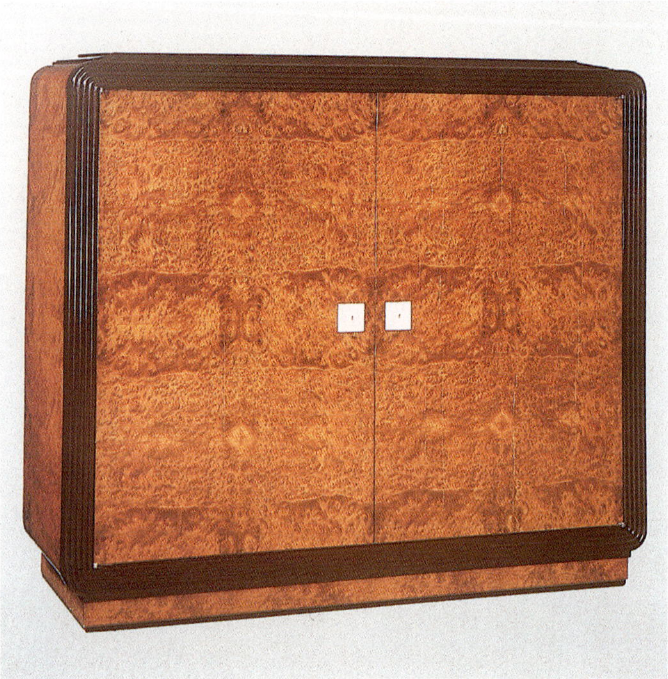

3 Schrank

Frankreich, Atelier Martine &
Guy-Pierre Fauconnet, ca. 1925.
Thujawurzel und Amaranth auf Mahagoni, Elfenbein. Innen ausgefüllt mit zehn Schubkästen.
H. 160 cm, B. 180 cm, T. 48 cm
Liebhaberpreis

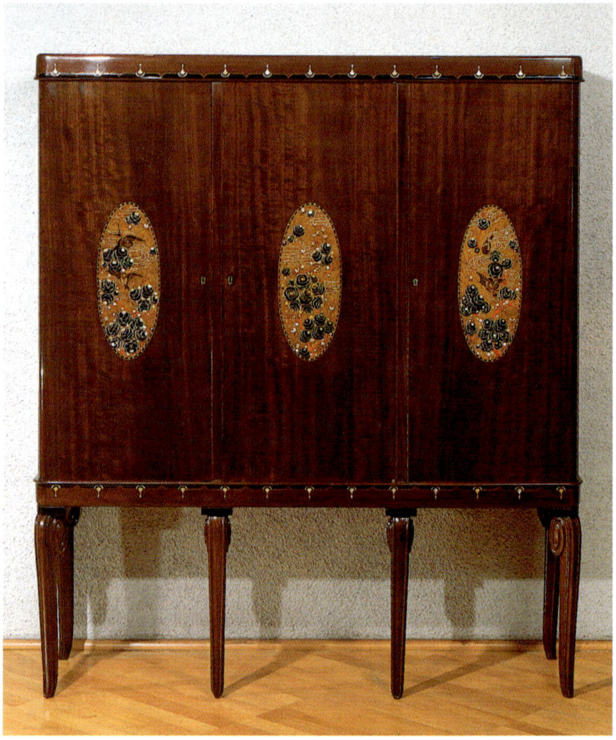

4 Salonschrank

Paris, Maurice Dufrêne, um 1925.
Dreiteilig. Mahagoni mit Silber-, Perlmutt- und Edelholzeinlagen.
20.000,– bis 30.000,–

Als Paul Poiret 1911 Deutschland und in Österreich die Wiener Werkstätten besucht hatte, gab ihm das die entscheidenden Anregungen für die Gründung einer eigenen Entwerferschule, dem »Atelier Martine«. Hier entwarfen unverbildete, aber begabte junge Mädchen herrlich naive Stoffmuster und dergleichen. Unter der fachkundigen Hand von Guy-Pierre Fauconnet entstanden aber auch richtungsweisende Möbel von einzigartiger Qualität.

Maurice Dufrêne, der 1921 zum künstlerischen Leiter des Kaufhausstudios »La Maîtrise« aufgestiegen war, wurde vor allem für seine eleganten Möbel bekannt, bei denen sich raffiniert einfache Grundformen und exaltiertes Ornament verbinden, wie hier die auf Voluten stehenden Beine und die stark stilisierten, kostbar eingelegten Blumenmedaillons.

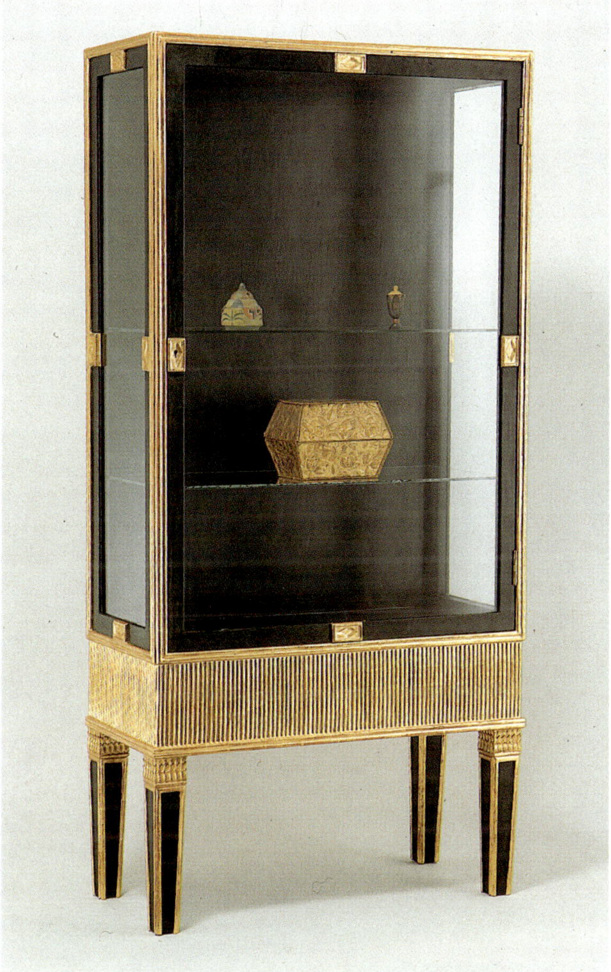

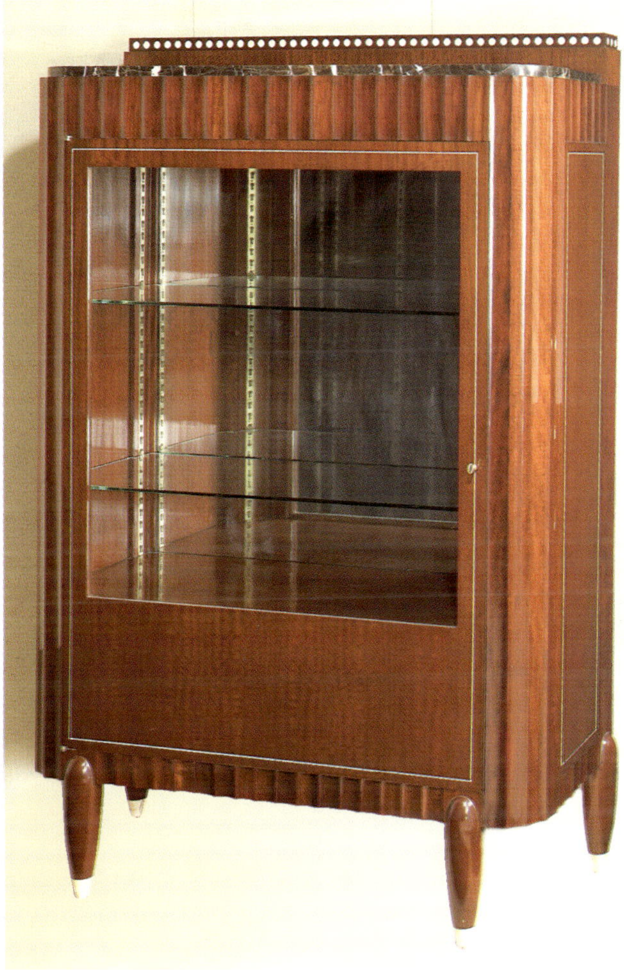

5 Vitrine

Wien, Carl Witzmann, 1921.
Grün und golden gefaßt.
12.000,– bis 16.000,–

Die seit 1850 in historischen Stilen breit etablierte Möbelfirma, die sich seit 1900 Mercier Frères nannte, hat es gut verstanden, sich auf die neue Linie des Art déco einzustellen und ebenso behäbig-repräsentative und gediegen gearbeitete wie zugleich formschöne und elegante Möbel anzubieten (rechts).

Gleichfalls von klassizistischen Traditionen beeinflußt zeigt sich der Wiener Entwerfer Witzmann, dessen kühl-elegante Vitrine mit dem effektvollen Farbkontrast von Gold und Schwarz kostbaren Ausstellungsstücken einen wirkungsvollen Hintergrund bietet.

6 Vitrinenschrank

Frankreich, Mercier Frères, ca. 1925.
Amaranth massiv und furniert, Elfenbein, Platte aus Portomarmor. Signiert.
H. 159 cm, B. 105 cm, T. 42 cm
35.000,– bis 50.000,–

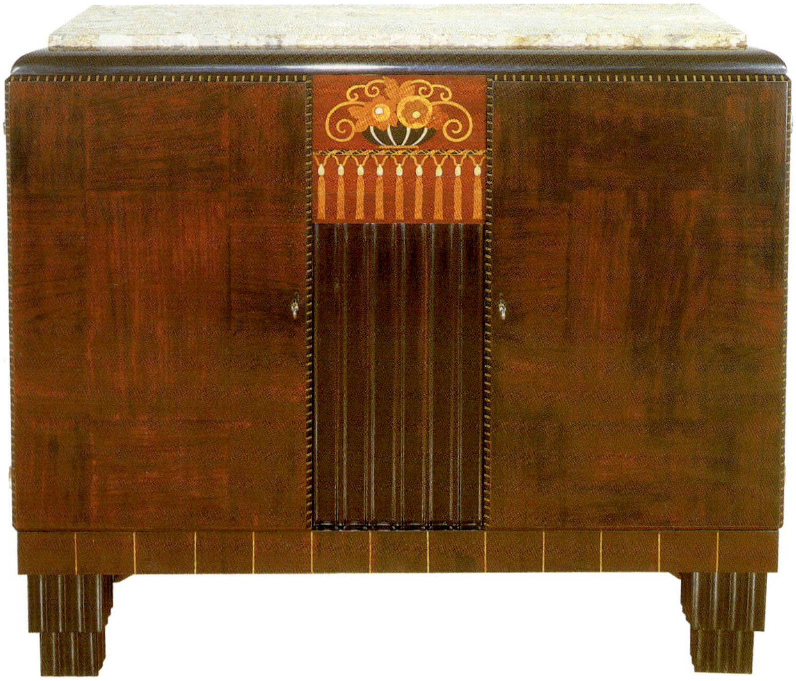

7 Buffet

Frankreich, im Stil Ruhlmanns, um 1925.
Palisander rotbraun und dunkelbraun poliert. Zweitürig mit kanneliertem Mittelteil und abgetreppten Füßen. Blumenschalen- und Kordeldekor in Einlegearbeit aus Perlmutt und verschiedenen Edelhölzern. Rötlich gesprenkelte Marmorplatte.
8.000,– bis 12.000,–

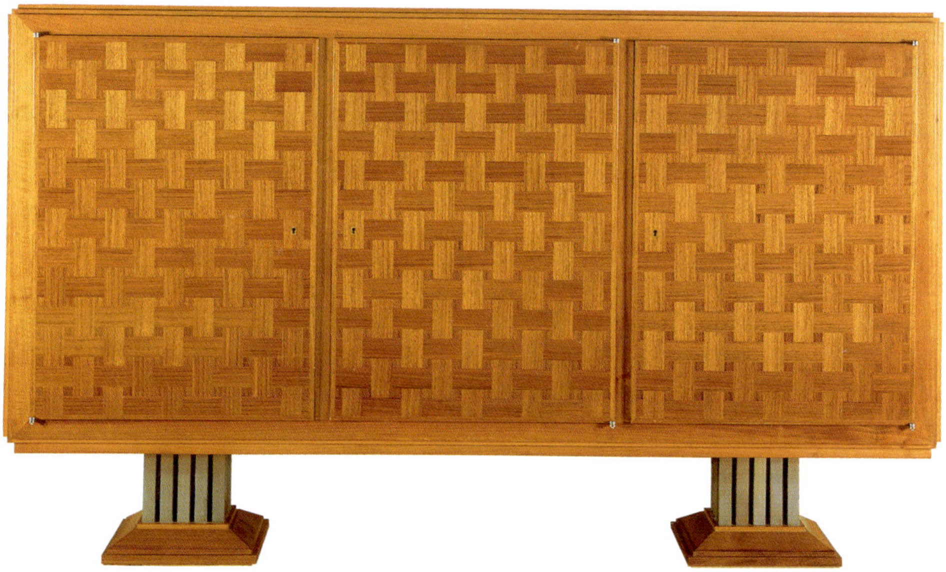

8 Buffet

Paris, Dominique, um 1930.
Dreitürig, auf kantigen Metallfußstützen. Eiche rotgolden gebeizt, mit Flechtmusterfurnier.
15.000,– bis 20.000,–

Zu Zeiten, in denen die Umrißformen der Möbel einfach und die Flächen glatt gehalten werden, spielt die kunstvolle Verwendung des Furniers naturgemäß eine besondere Rolle und wird z. B. wie hier zu effektvollem Flechtbandmuster verwendet. Dieses ist unten richtiggehend illusionistisch durchgeführt, während es oben in weit größerem Maßstab nur leise anklingt. Gegenüber den von Ruhlmann selbst entworfenen Möbeln zeigt dieses lediglich von ihm beeinflußte eine geringere Zurückhaltung in der Verwendung verschiedener ornamentaler Zutaten wie der Kannelierung der Beine und des Mittelteils.

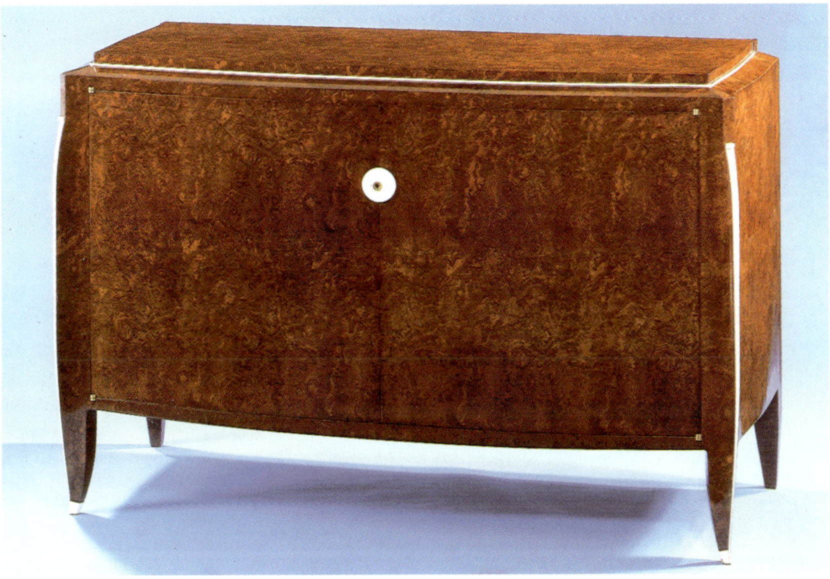

9 Kommode »Rasson«

Paris, Jacques-Emile Ruhlmann,
Entwurf 1926.
Nußbaumwurzel, Elfenbein, innen
Eiche. Signiert.
H. 96 cm, B. 142 cm, T. 60 cm
Liebhaberpreis

*

Möbel aus der Kategorie »unbezahlbar«.

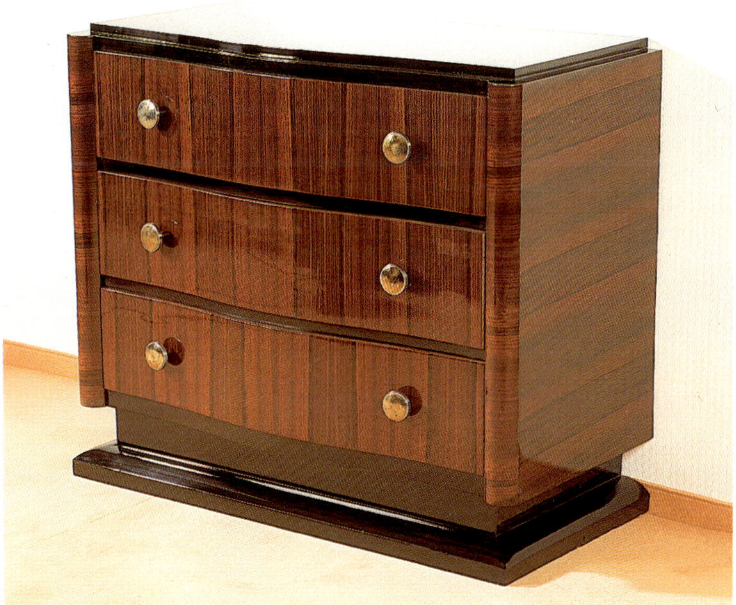

10 Kommode

Frankreich, 20er Jahre.
Drei Schübe mit restaurierten Messingbeschlägen. Palisander furniert auf Hartholz.
3.000,– bis 4.000,–

Obwohl es sich auf den ersten Blick bei beiden Möbeln um ordentlich gearbeite Stücke handelt, sollte doch beim oberen auch dem Laien der ungeheure handwerkliche und künstlerische Qualitätsunterschied klar werden, der den Preis des Ruhlmann-Möbels auf das Vielfache des unteren Möbels rechtfertigt.

Ruhlmanns Möbel sind so hervorragend und aufwendig gearbeitet, daß er selbst seinen außerordentlich exklusiven und wohlhabenden Kunden nicht die Preise berechnen konnte, die aufgrund der hohen Herstellungskosten tatsächlich anfielen.

Ruhlmanns Möbel waren zu einem großen Teil ein prestigeträchtiger Zuschußbetrieb (darin übrigens den Wiener Werkstätten vergleichbar, die gleich mehrere Geldgeber in den Bankrott trieben). Im Grunde kann sich solche Möbel überhaupt niemand leisten, und so war es nur logisch, daß sie z. T. schon damals direkt aus der Werkstatt ins Museum geschafft wurden.

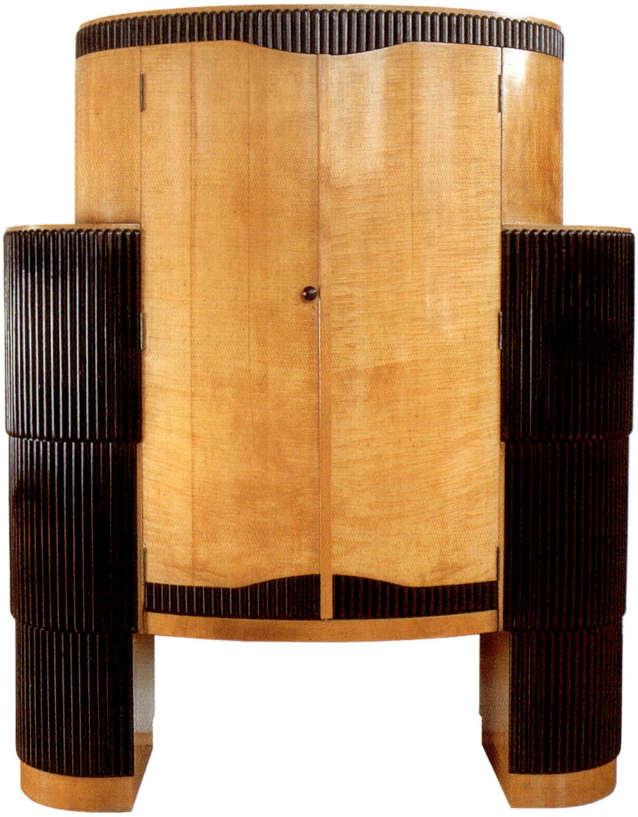

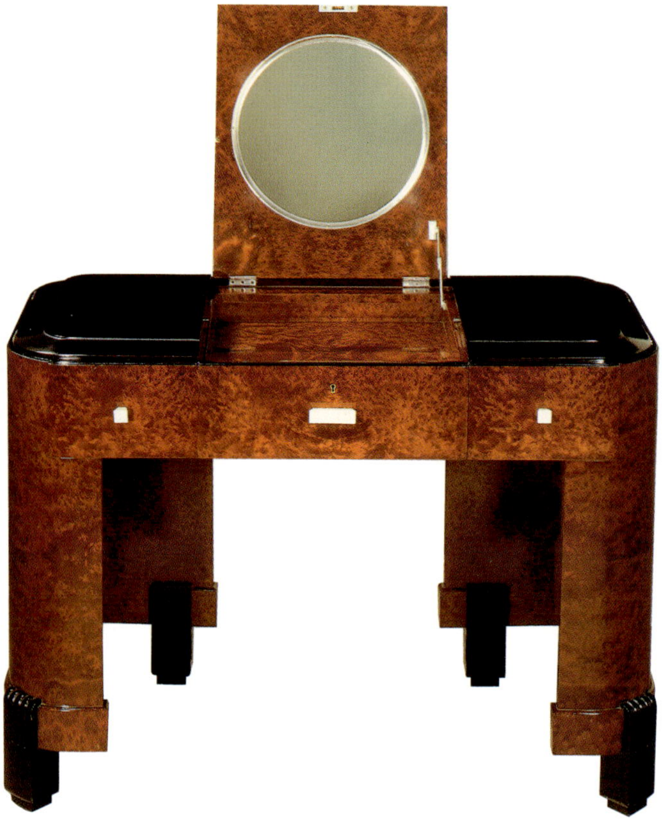

11 Barschrank

England, Maurice Adams, um 1930.
Ovaler Korpus mit Birkenholzfurnier, eingespannt zwischen breiten, abgestuften Seitenstützen und umrahmt von schwarz polierten Rippenelementen. Mit Innenbeleuchtung.
8.000,– bis 12.000,–

Der effektvolle Gegensatz von schwarz lackiertem zu naturbelassenem Furnier wird hier in beiden, nicht von ungefähr an die Möbelkunst des Biedermeier erinnernden Stücken souverän ausgespielt.

Im einen Fall ist es der fast harte Kontrast von relativ großflächigen, aber durch Rillen gebrochenen schwarzen Flächen und dem einfachen, hellen Möbelkörper, der die Gesamterscheinung bestimmt. Im anderen Fall liegen das unruhig gemaserte dunkle Furnier und die lackierten Flächen farblich näher beisammen und ergänzen sich harmonisch.

12 Coiffeuse

Paris, Atelier Martine & Guy-Pierre Fauconnet, ca. 1926.
Thujawurzel und Amaranth auf Mahagoni, Elfenbein, Schlüssel und Beschläge aus versilberter Bronze.
H. 70 cm, B. 100 cm, T. 50 cm
Liebhaberpreis

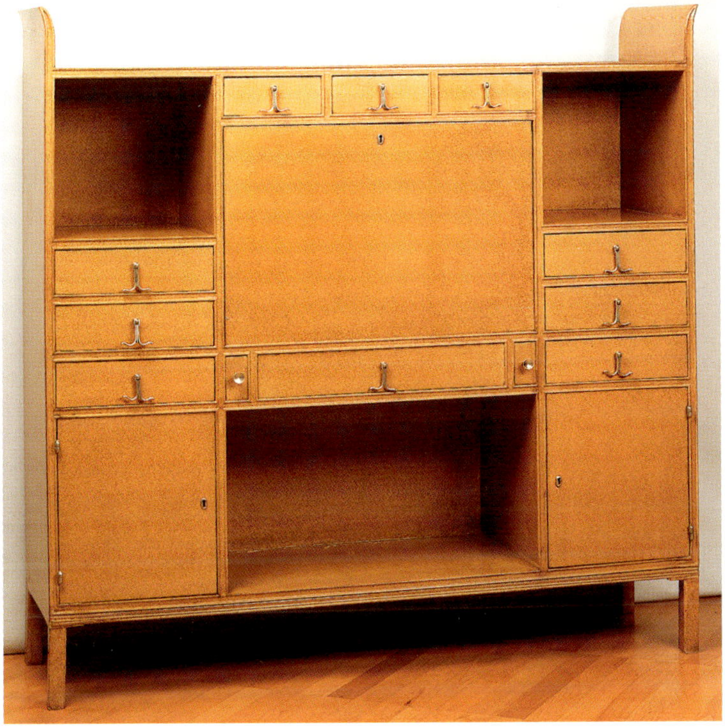

13 Klappsekretär

Wien, Otto Pruscher, um 1925.
Hellbrauner Spritzlack, vernickelte Beschläge in Ankerform, innen Nuß mit Einlegearbeit.
15.000,– bis 20.000,–

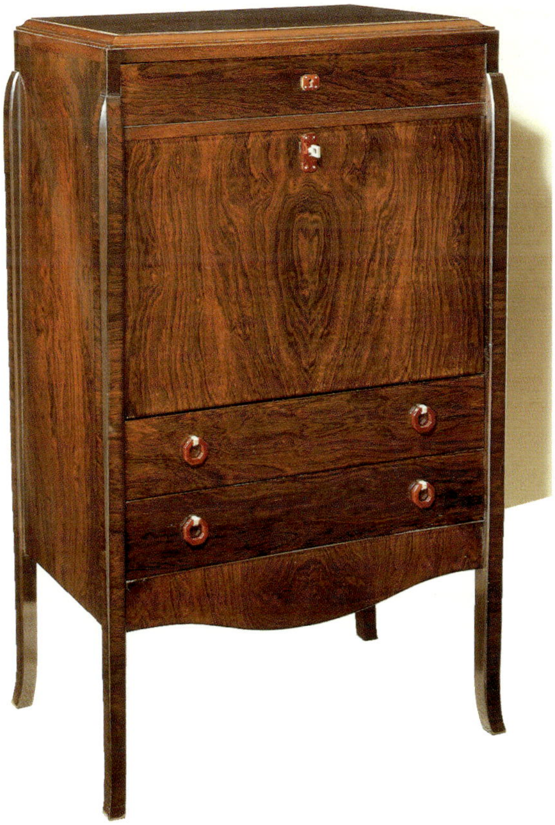

14 Schreibsekretär

Frankreich, um 1925.
Palisander massiv und furniert, mit Schlüsselschildern aus rotem Bakelit. Innen zwei Schubkästen und vier Fächer in Mahagoni.
H. 153 cm, B. 83 cm, T. 46 cm
10.000,– bis 15.000,–

Während das österreichische Möbel von einer geradezu spartanischen Nüchternheit und Sachlichkeit geprägt ist, in die allenfalls die insgesamt maskenhaft wirkende ornamentale Anordnung der Schubladen und Fächer einen verspielten Zug einbringt, ist der französische Schreibsekretär ein ebenso nobel-elegantes wie exklusiv-mondänes Möbel. In seiner streng-handwerklichen Furnierkunst weist es auf das 18. Jahrhundert zurück, in den Bakelit-Schlüsselschildern und -griffen aber voraus auf das Plastikzeitalter.

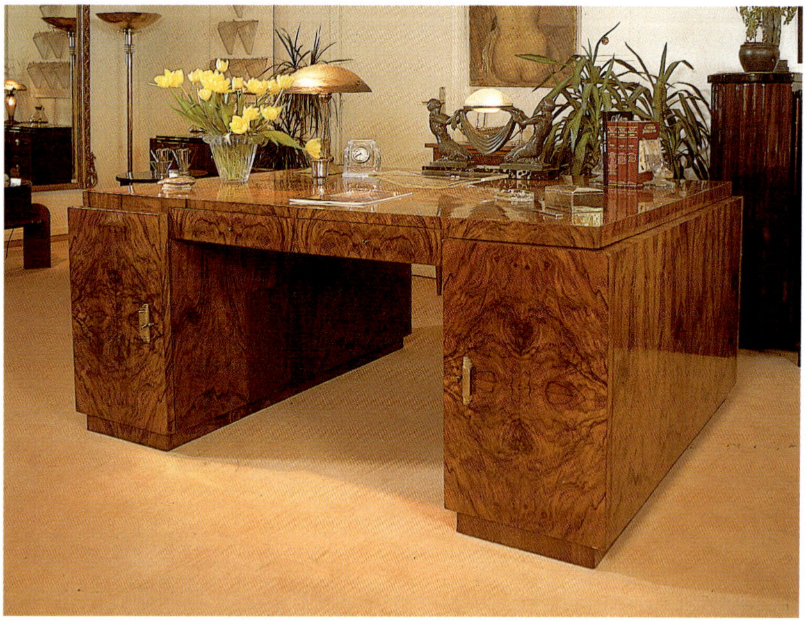

15 Schreibtisch

Frankreich, 20er Jahre.
Nußbaumwurzelholz, handpoliert, unrestauriert.
B. 180 cm, T. 130 cm
10.000,– bis 13.000,–

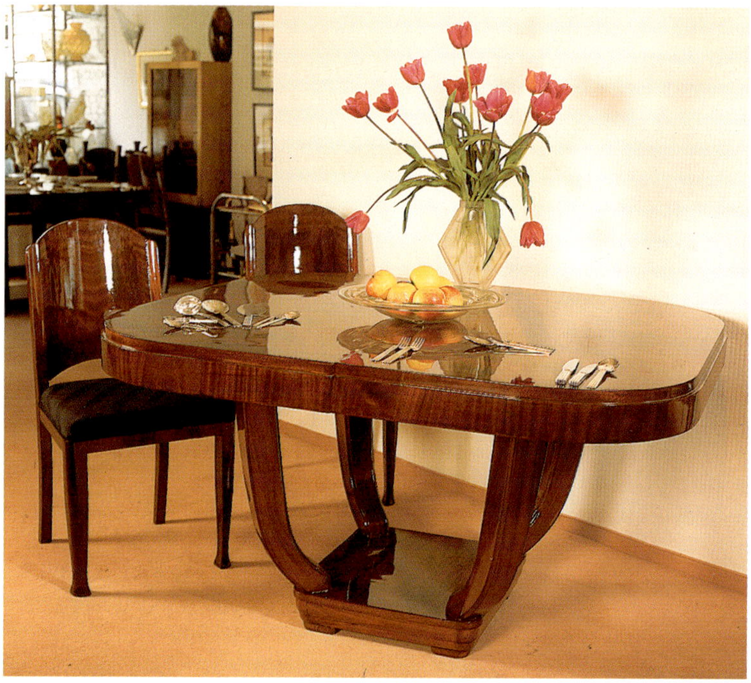

16 Eßzimmer

Frankreich, 20er Jahre.
Mahagoni.
Eßtisch ausziehbar auf 250 cm.
Sechs Stühle.
10.000,– bis 15.000,–

*

Der Preis bezieht sich auf den restaurierten Zustand.

Während der elegante Schreibtisch in den Seitkästen gegenüber der Tischplatte und der Sockelzone etwas vortritt und so der kubischen Solidität zusätzlichen optischen Ausdruck verschafft, verhält es sich bei dem Eßtisch rechts gerade umgekehrt. Hier tritt die Basis gegenüber der sehr voluminös wirkenden, an den Ecken gerundeten Tischplatte weit zurück, scheint sozusagen die Beine mit nach innen zu ziehen, so daß den Sitzenden optimale Beinfreiheit gewährleistet wird. Die daraus resultierenden Einbußen an Stabilität sind angesichts der unleugbaren Eleganz leicht verschmerzbar.

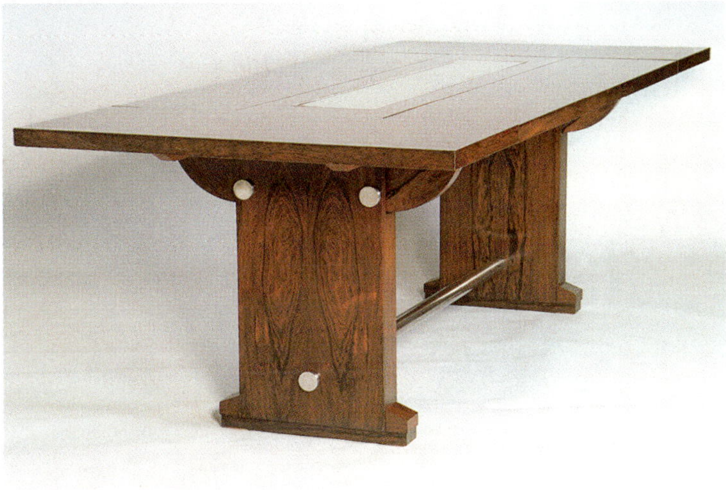

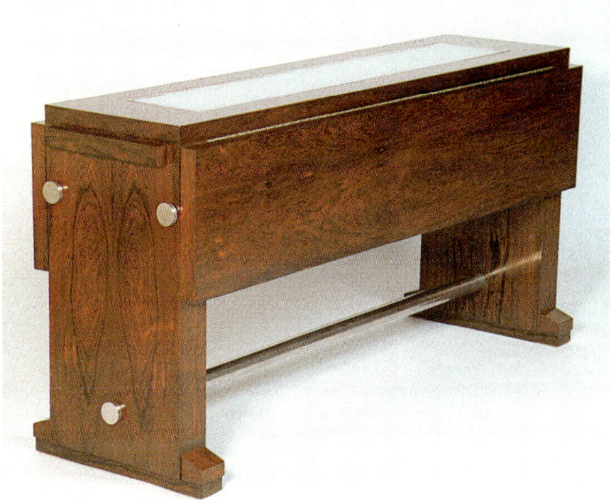

17 Verwandlungstisch

Frankreich, Paul Dupré-Lafon,
ca. 1929.
Palisander, verchromte Beschläge,
Glasplatte beleuchtbar.
H. 73 cm, B. 150/223 cm,
T. 43/95 cm
75.000,– bis 95.000,–

18 Verwandlungstisch

Frankreich, Eugène Printz, ca. 1929.
Drei Elemente in Nußbaum massiv,
Platte in oxidiertem Messing.
H. 60 cm, B. 67/174 cm,
T. 33,5/58 cm
75.000,– bis 90.000,–

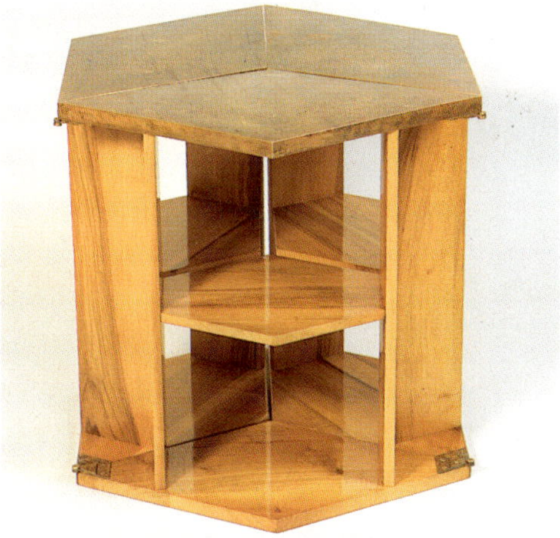

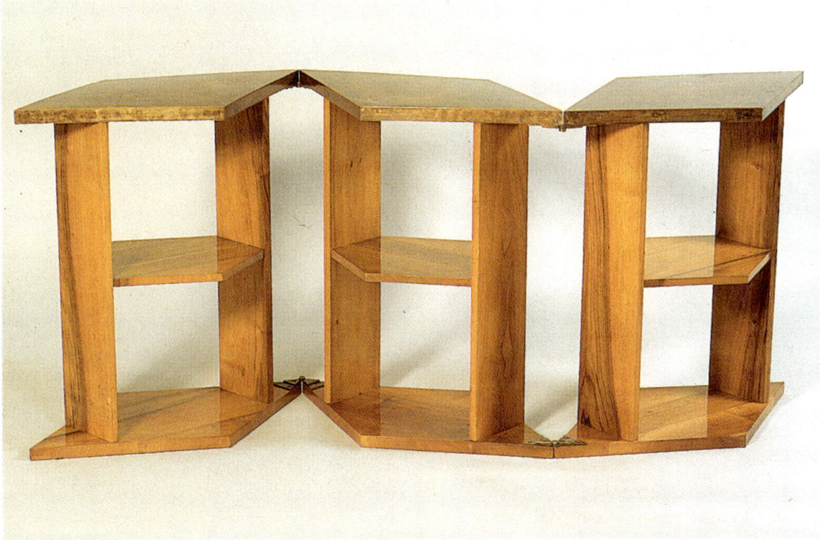

Über den 1900 geborenen und 1971 verstorbenen Dupré-Lafon ist wenig bekannt. Seine Möbel – nicht selten Einzelanfertigungen – sind von geradliniger Eleganz und verspielter Funktionalität, die den Stil der jungen Designergeneration jener Tage glänzend vertreten.

Eugène Printz, dessen Verwandlungstisch wohl aus dem gleichen Jahr stammt, war etwas älter und stand mit seinen ebenso einfallsreichen wie charaktervollen Kreationen viel stärker im Lichte der Öffentlichkeit. Zu besonderer Berühmtheit brachten es seine Elementtische, die man wie eine Ziehharmonika auseinanderklappen kann.

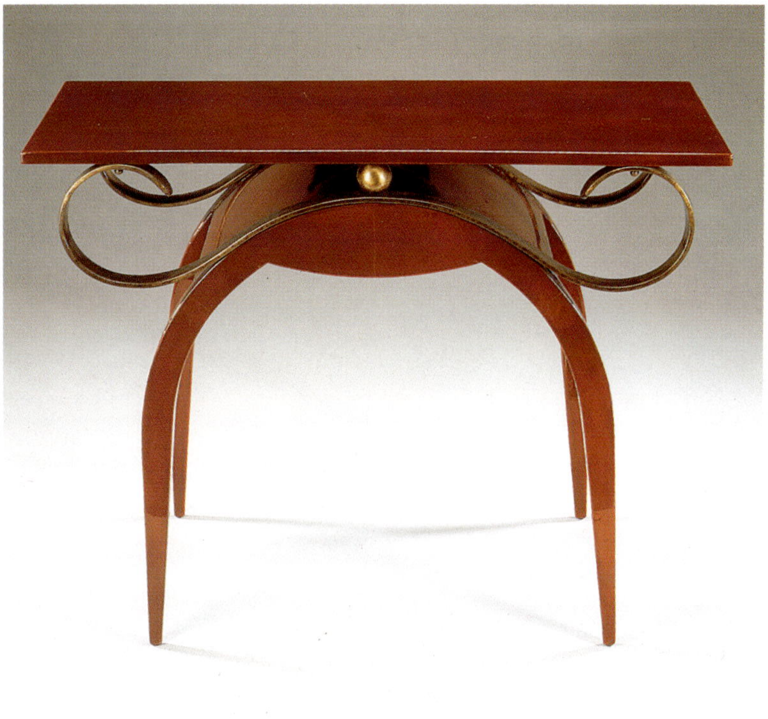

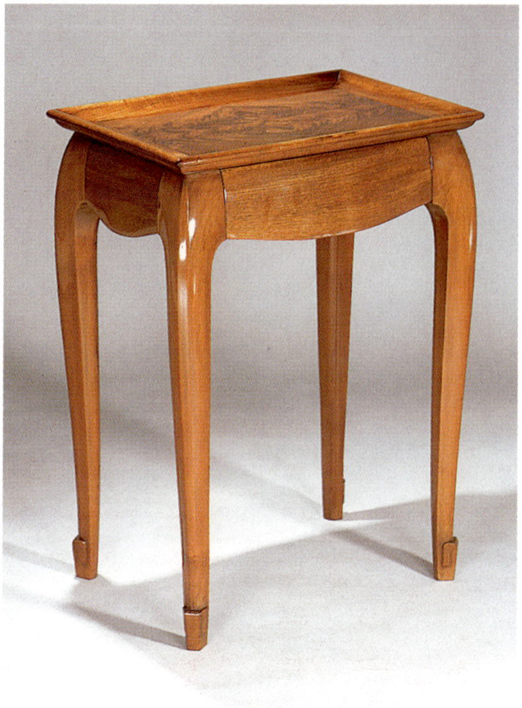

19 Rauchertischchen

Frankreich, Eugène Printz, ca. 1937.
Unikat. Roter Lack von Jean Dunand.
Oxidierte Bronzen.
H. 56,5 cm, B. 80 cm, T. 39 cm
Liebhaberpreis

Das irgendwie chinesisch anmutende bzw. an Salvador Dalí erinnernde Rauchertischchen des Eugène Printz ist ein Unikat und in seinem Wert schwer einzuschätzen. Gegenüber dem nationalistisch wirkenden Stilgefühl von Süe & Mare, die die »Compagnie des Arts Français« gegründet hatten und die französische Formtradition hochhielten, wirkt es geradezu als Manifest des exotischen Internationalismus, wenngleich es dabei seine französische Herkunft keineswegs verleugnet. Während das Tischchen von Süe & Mare die traditionelle Tischform nur leicht variiert, baute Eugène Printz das seine auf einem rundbogenförmigen Gestell sowie Kreissegmentstücken auf, die zu der rechteckigen Tischplatte in einen pointierten Kontrast gesetzt werden. Die goldene Kugel, die die Verbindung zwischen beiden herstellt, fungiert dabei als das Tüpfelchen auf dem »i«.

20 Tischchen

Frankreich, Louis Süe & André Mare,
ca. 1921.
Mahagoni massiv.
H. 65 cm, B. 46 cm, T. 33 cm
30.000,– bis 60.000,–

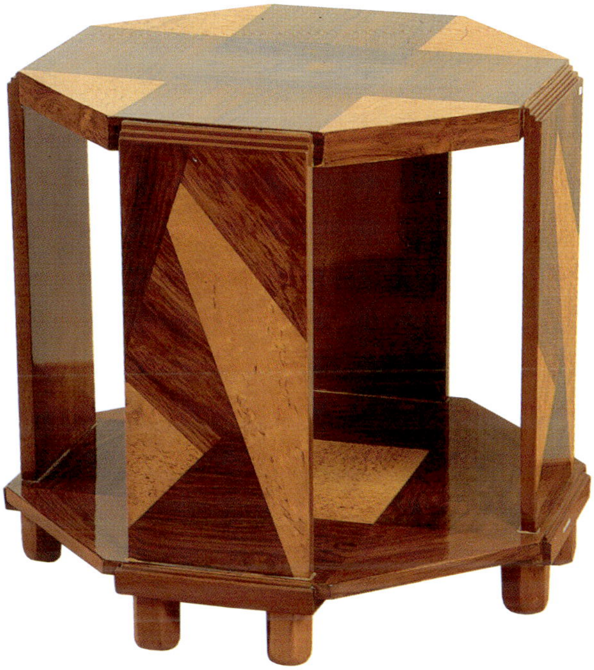

21 Beistelltisch

Frankreich, 20er Jahre.
Mit verschiedenen Edelhölzern.
H. 50 cm, D. ca. 50 cm
2.000,– bis 3.000,–

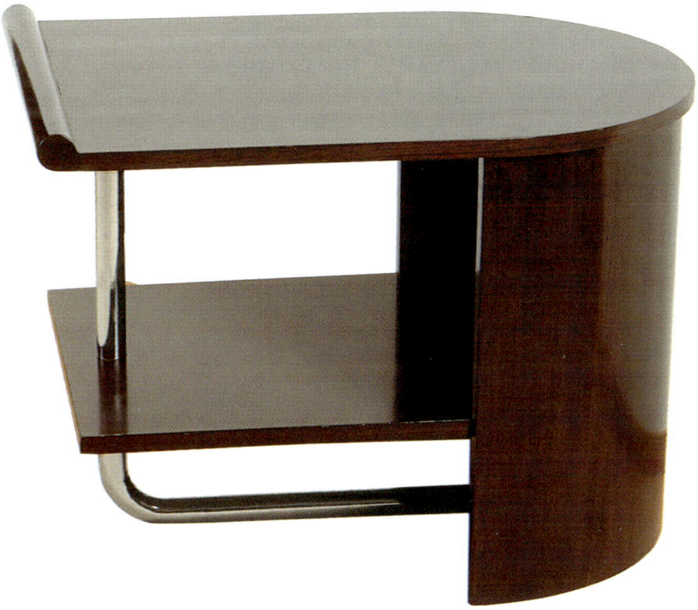

22 Beistelltisch

Frankreich, um 1930.
Palisander mit verchromtem Metall.
1.300,– bis 1.500,–

Während das Tischchen links durch die geometrisch verschachtelte, fast flickwerkartige Furnierung seine Grundform zu verschleiern trachtet, wirkt das schwarz lackierte Beistelltischchen rechts trotz seiner ausgefallenen Form überraschend einfach und geschlossen.

Funktionale Reduktion, verspielte Eleganz und die Kontraste von Chrom, schwarzem Lack, runden Formen und eckigen Kanten verbinden sich hier zu einer glücklichen Synthese. Ein interessantes Detail stellt die runde Verdickung der Tischplatte dar, die den gleichen Durchmesser wie das Rohr aus Chrom aufweist und zu diesem in einen spielerischen Bezug gesetzt ist.

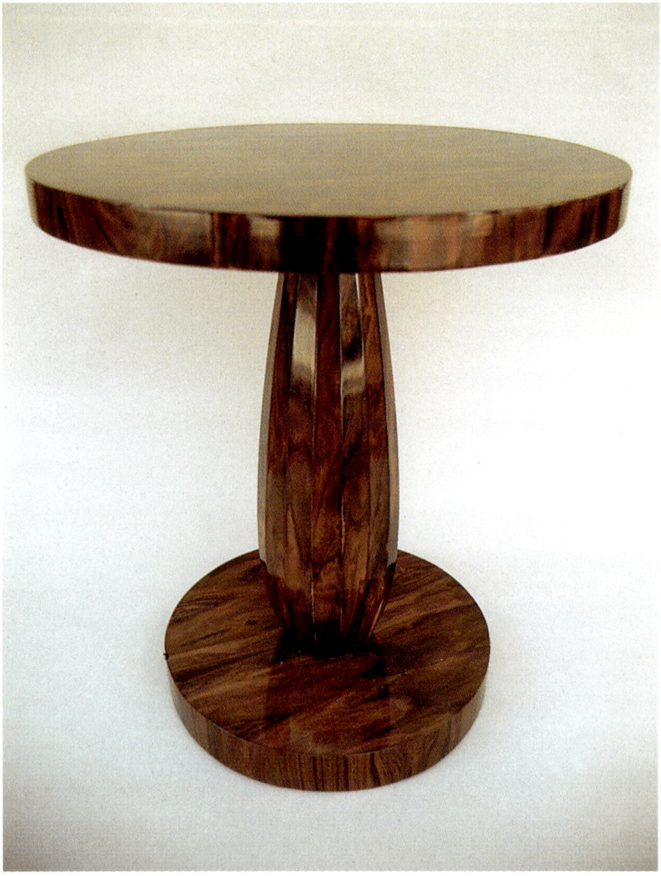

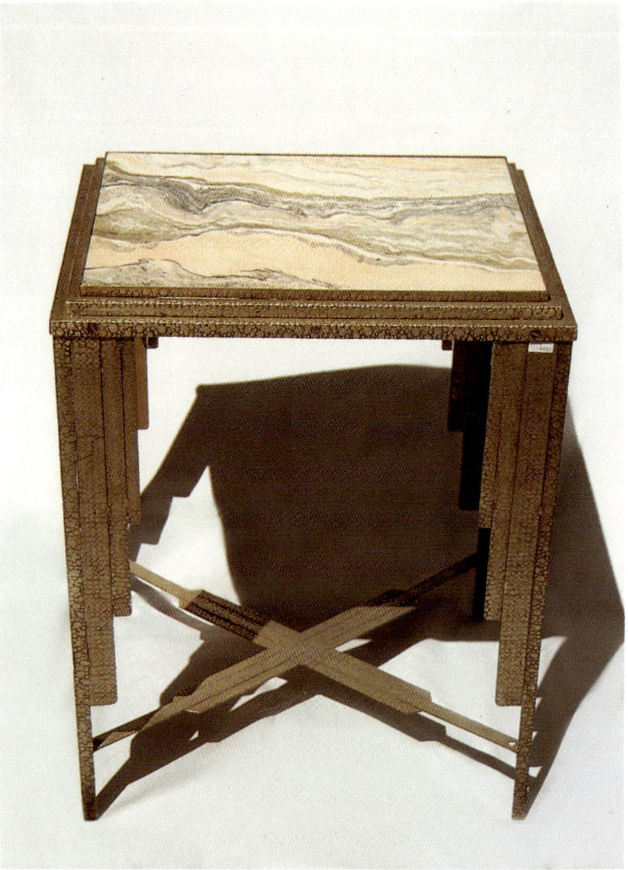

23 Beistelltisch

Frankreich, um 1930.
Palisanderfurnier
H. 63 cm, D. 55,5 cm
3.000,– bis 3.500,–

Während bei dem mit Palisanderholz furnierten linken Tisch runde und schwellende Formen vorherrschen, die allerdings vor allem im Tischfuß leicht ins Prismatische gebrochen werden, dominieren bei dem aus gehämmertem Eisen zusammengeschweißten Tischchen zackig-getreppte Formen. So wirkt der in Wirklichkeit durch die Marmorplatte zusätzlich beschwerte Tisch leicht, indem er von oben nach unten immer dünner wird, während der relativ leichte pilzförmige Holztisch schwer und massig anmutet.

In dem Eisentisch klingt die Strahlenikonographie des Art déco an, dagegen zeigt sich der säulenartige Tischpfosten der Antike verbunden.

24 Eisentischchen

Frankreich, um 1925.
Gehämmertes Eisen mit Marmorplatte.
H. 68 cm, B. 52 cm, T. 42 cm
1.500,– bis 1.700,–

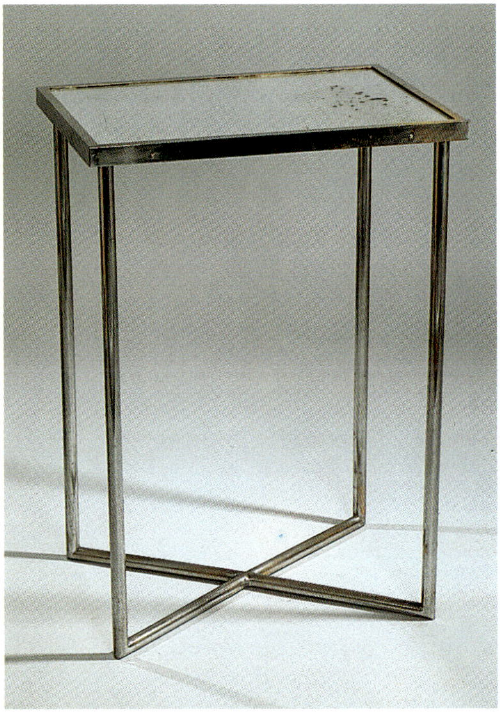

25 Tischchen

Frankreich, Eileen Gray, ca. 1930.
Verchromtes Messingrohr, Platte aus Spiegelglas.
H. 70 cm, B. 50 cm, T. 35 cm
15.000,– bis 20.000,–

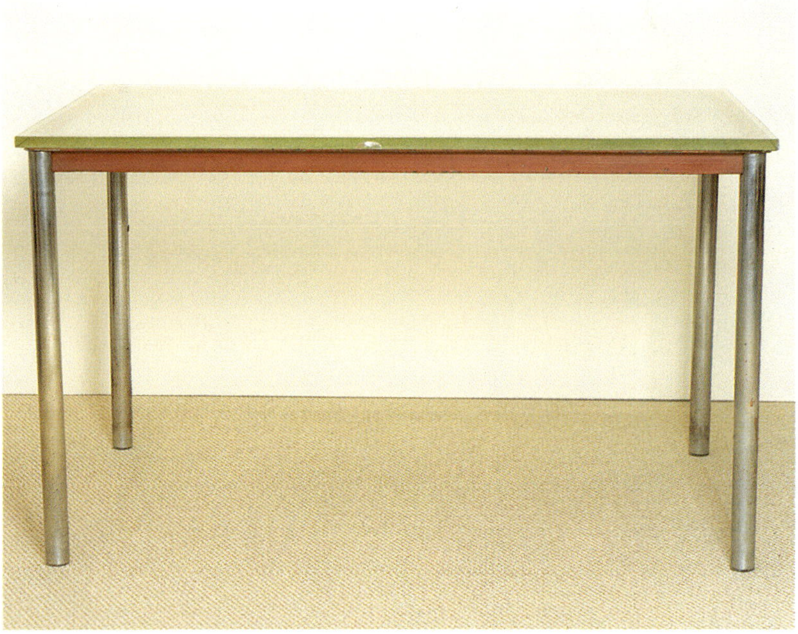

26 Tisch »B 307«

Schweiz, Le Corbusier, ca. 1930.
Verchromtes Stahlrohr, originale, dicke Glasplatte. Signiert.
H. 71 cm, B. 120 cm, T. 80 cm
12.000,– bis 18.000,–

Sehen heutzutage nicht fast alle Tische so oder so ähnlich aus, möchte man angesichts der Tische der beiden Säulenheiligen des modernistischen Möbeldesigns ausrufen?

Doch zur damaligen Zeit waren solche Tische etwas sehr Eigenartiges und Exotisches, das Betrachter dieser Zeit allenfalls in Kliniken oder in Zahnlabors anzutreffen hofften.

Während Le Corbusier neben seinen künstlerischen Qualitäten vor allem die der Propaganda beherrschte, war die adelig geborene Eileen Gray fast krankhaft zurückhaltend und hat es Le Corbusier übrigens nie verziehen, daß er das von ihr selbst entworfene, in der Formgebung betont zurückhaltende, avantgardistische Haus E1027 in Südfrankreich entgegen seinen eigenen Forderungen nach kahlen, weißen Wänden unaufgefordert mit seinen Wandmalereien »schmückte«.

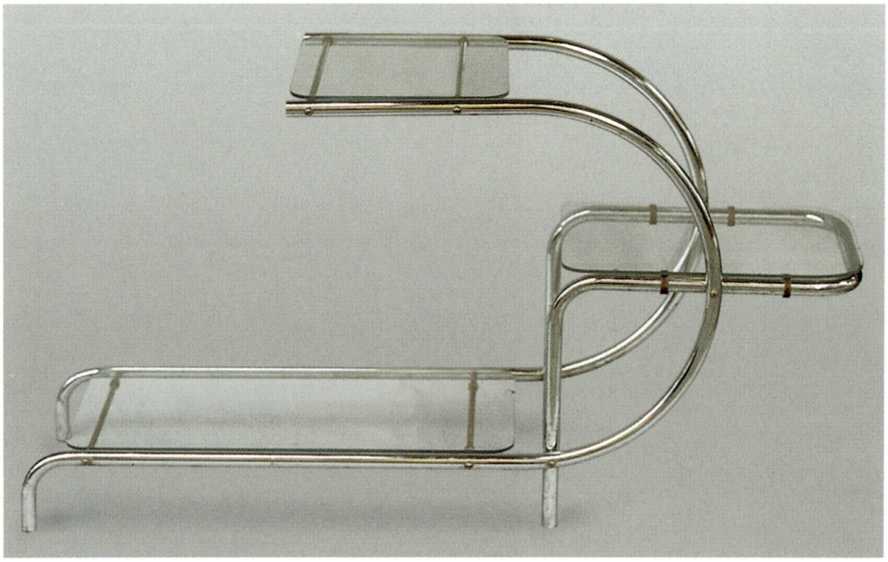

27 Beistelltisch

England, 30er Jahre.
H. 56 cm, B. 100 cm
300,– bis 600,–

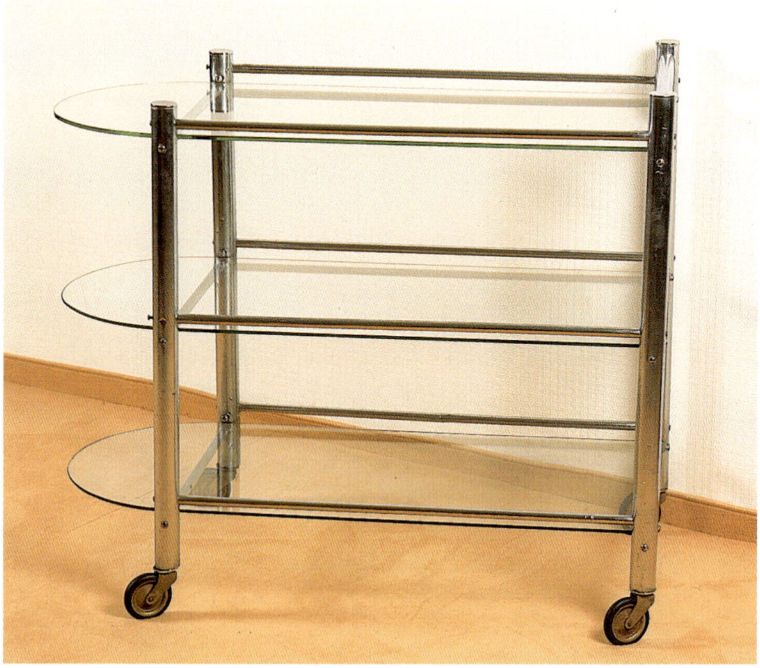

28 Teewagen

Frankreich, 30er Jahre
Aluminiumrahmen, drei Ebenen.
1.000,– bis 1.700,–

In den 30er Jahren kam es zu einer starken Ausbreitung von sog. Stahlrohrmöbeln und Möbeln aus Metall im allgemeinen, etwa auch dem relativ neuen Aluminium. Entsprechend der statischen Eigenschaften der Metallrohre wurden dabei gänzlich neue, freischwingende Konstruktionen möglich, die auch den verspielten und extravaganten Tendenzen des Art déco entgegenkamen und durchaus nicht immer so »funktionalistisch« waren, wie deren noch bis in unsere Tage immer wieder nachgebetete Ideologie uns das glauben machen will.

Eine Art von Trapezakt mit doppelter Bodenhaftung stellt das englische Beistelltischchen dar. Dagegen gibt sich der Teewagen rechts betont sachlich und zurückhaltend, ohne auf ein Mindestmaß an weltmännischer Eleganz und femininer Grazie zu verzichten.

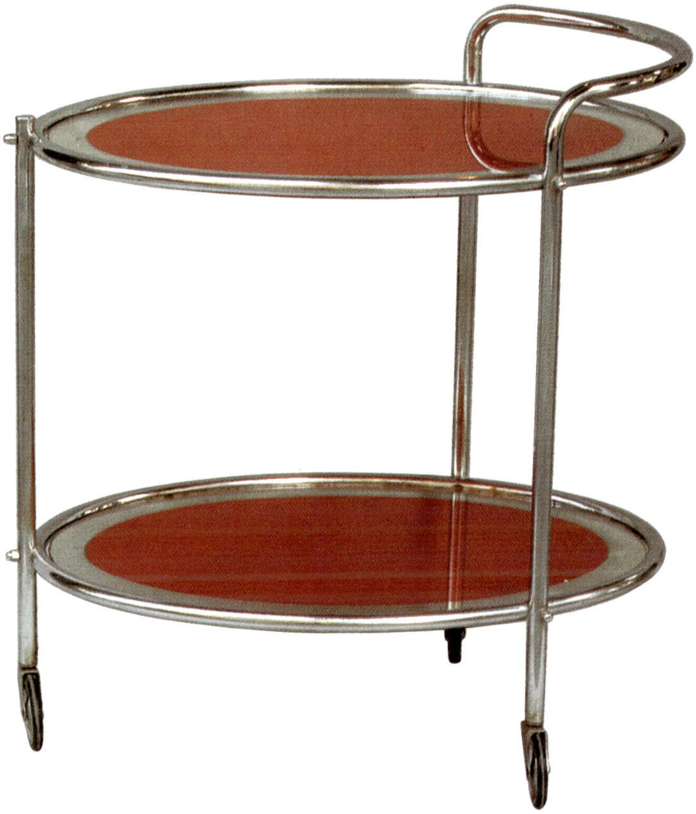

29 Trolley

England, um 1930.
Ovaler Teetisch aus verchromtem Metall.
H. 72 cm, B. 64 cm
900,– bis 1.100,–

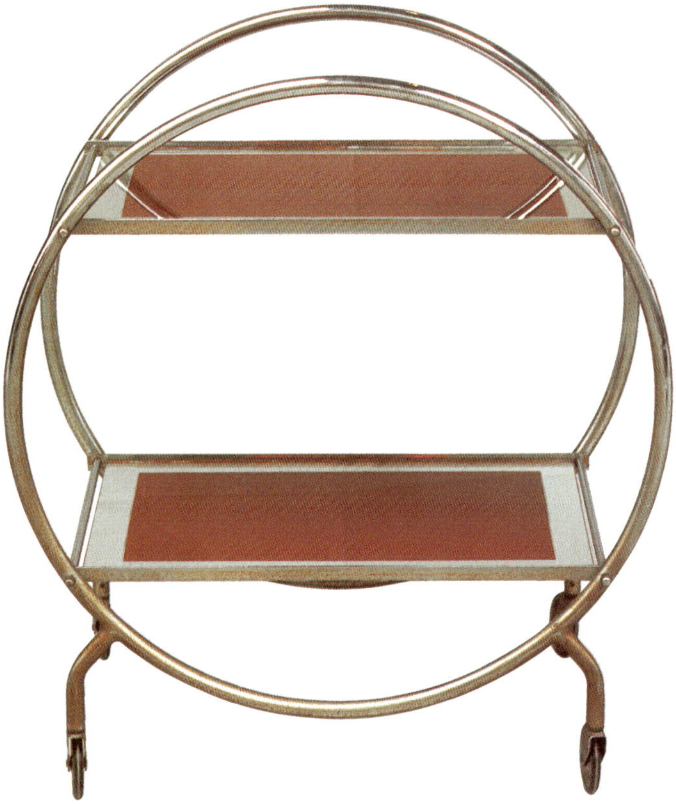

30 Trolley

England, um 1930.
Tischflächen verspiegelt.
H. 75 cm, L. 54 cm, T. 40 cm
1.100,– bis 1.300,–

Thema mit Variationen. Das Motto lautet: Teetischchen aus verchromtem Stahlrohr mit zwei rotbeschichteten Ebenen, eingebunden in große runde Formen. Das eine Mal sind es die Abstellebenen selbst, die in ovaler Form gehalten sind. Im anderen Fall ist das äußere Gerüst des Wagens von zwei großen Kreisen zusammengehalten, die oben als Griff, seitlich als Pfosten und unten als Radgestell dienen.

Das Strahlrohr stellte der Phantasie der Entwerfer scheinbar keine Hindernisse in den Weg – ganz im Gegenteil. Sie können vielmehr in die vollen gehen und ihre formalen Eingebungen, sofern es sich nicht um Ornament oder bizarre Verbiegungen handelte, einmal richtig austoben, so daß man sich jedesmal fragt: Eigentlich alles ganz logisch, und wie könnte man es überhaupt anders machen?

31 Sessel »No 15«

Frankreich, Louis Süe & André Mare,
ca. 1920.
Mahagoni massiv.
H. 87 cm, B. 86 cm, T. 78 cm
50.000,– bis 70.000,–

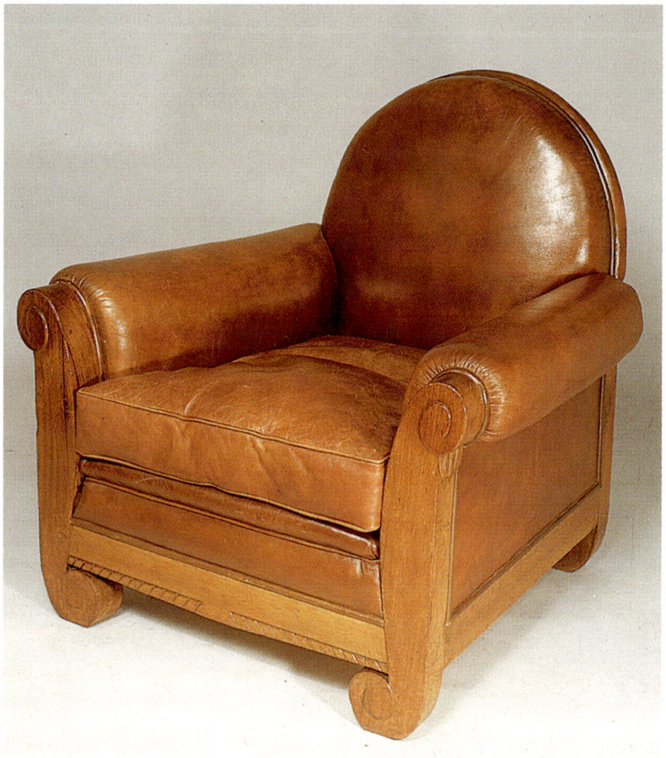

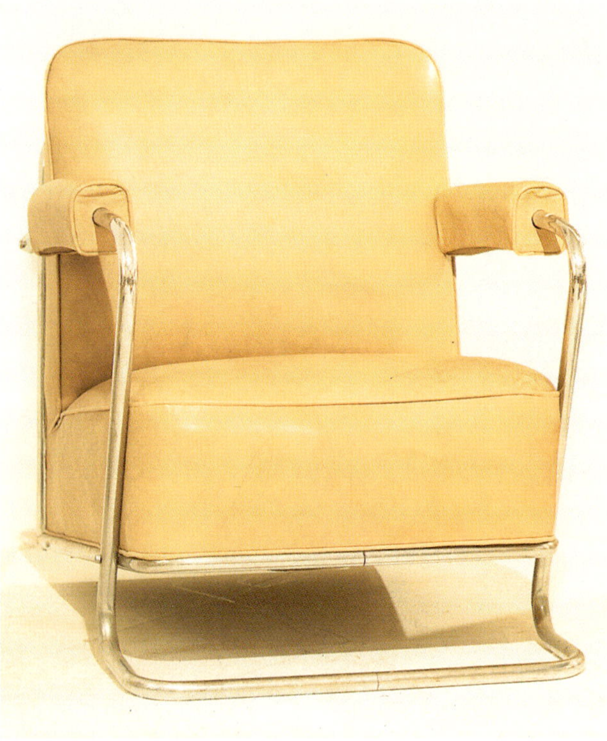

32 Sessel

Frankreich Thonet B 251, 30er Jahre.
Sessel mit Stahlrohrgestell.
H. 84 cm
5.000,– bis 7.000,–

Süe und Mare bleiben in ihrem relativ frühen Sessel bei aller unbestreitbaren Modernität doch einem traditionellen Geist verhaftet, wobei der Kontrast zwischen gravitätischer Behäbigkeit und der sich in den nach innen eingezogenen Voluten ausdrückenden mutwilligen Verspieltheit ein gewisses Überraschungsmoment beinhaltet.

Demgegenüber gibt sich der spätere Stahlrohrsessel leicht und selbstverständlich modern, so daß er in unseren Augen wegen der tausendfachen Gewöhnung an derartige Sitzgelegenheiten fast schon einen Anflug von Banalität ausstrahlt, ein Eindruck, von dem man sich erst einmal durch die Bewußtmachung der formalen Raffinessen frei machen muß.

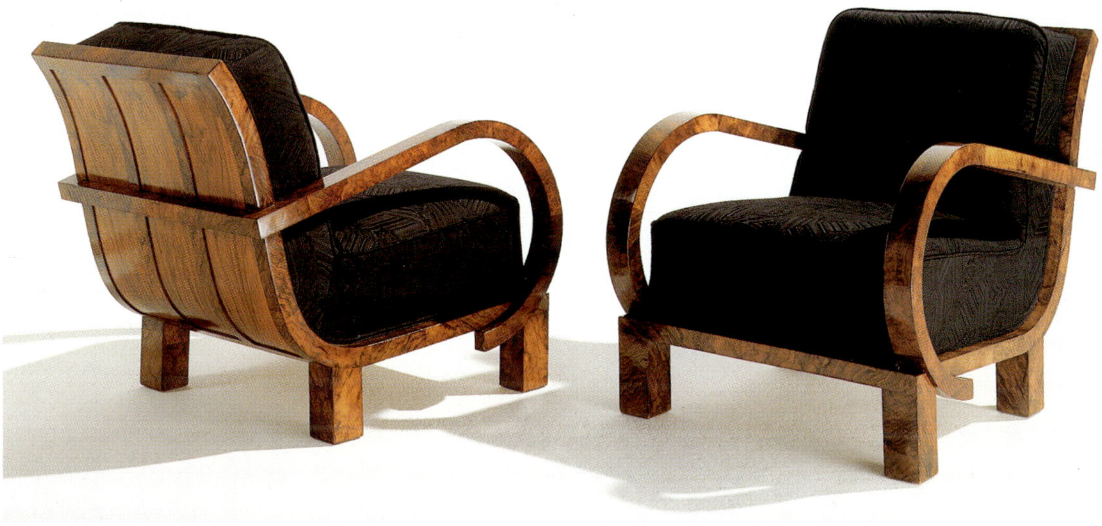

33 Paar Sessel

Frankreich, 20er Jahre.
Exotisches Nußbaumwurzelholz furniert auf Nußbaum, massiv, handpoliert.
Zus. 10.000,– bis 14.000,–

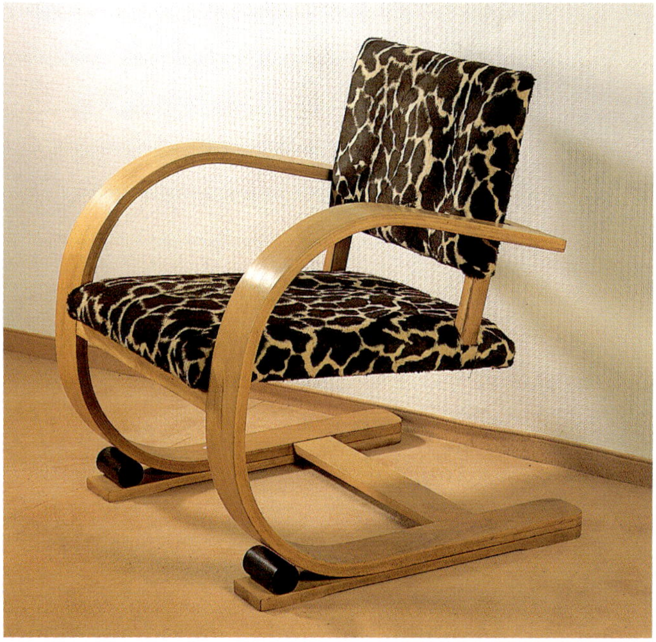

34 Sessel

Frankreich, 20er Jahre
Freischwingend, neu bezogen.
800,– bis 1.300,–

Was man mit Stahlrohr oder mit Bugholz – wie im Beispiel rechts – als funktionales Design bezeichnen kann, bedeutet in furniertem Holz den Sieg des Form- und Stilwillens über die konstruktive und materialgerechte Vernunft, also eine dem Geist des Art déco adäquate Demonstration der Artistik, der Überraschungseffekte und letztendlich des Sieges des menschlichen Willens über das widerspenstige und naturwüchsige Material.

Als solches kann auch das bekannte Modell eines Freischwingers aus Holz gelten, bei dem ein Schuß waghalsige Materialüberforderung zumindest anklingt, wobei hier die Überraschung über das völlig frei in der Luft schwebende Oberteil des Stuhles mitschwingt.

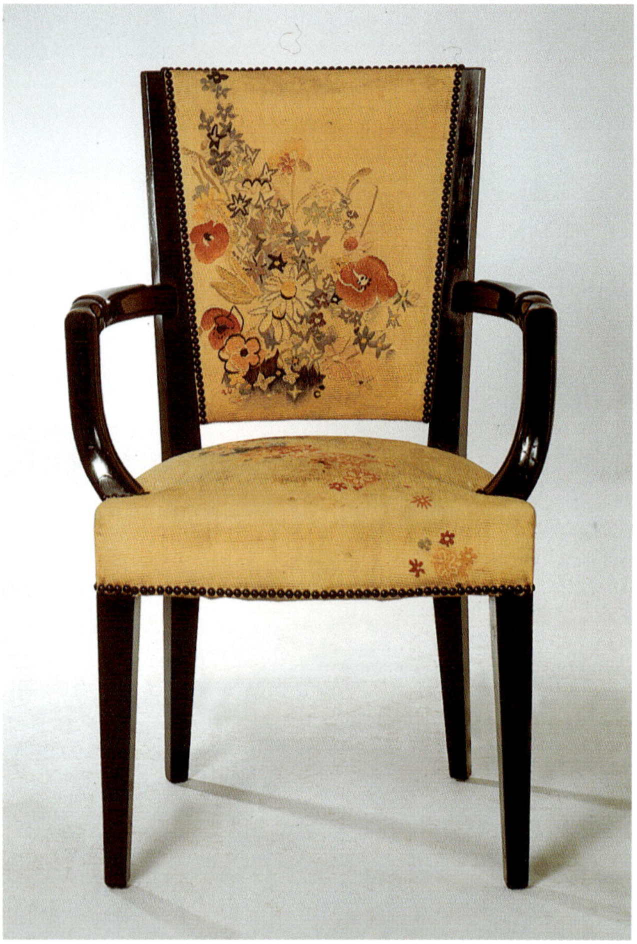

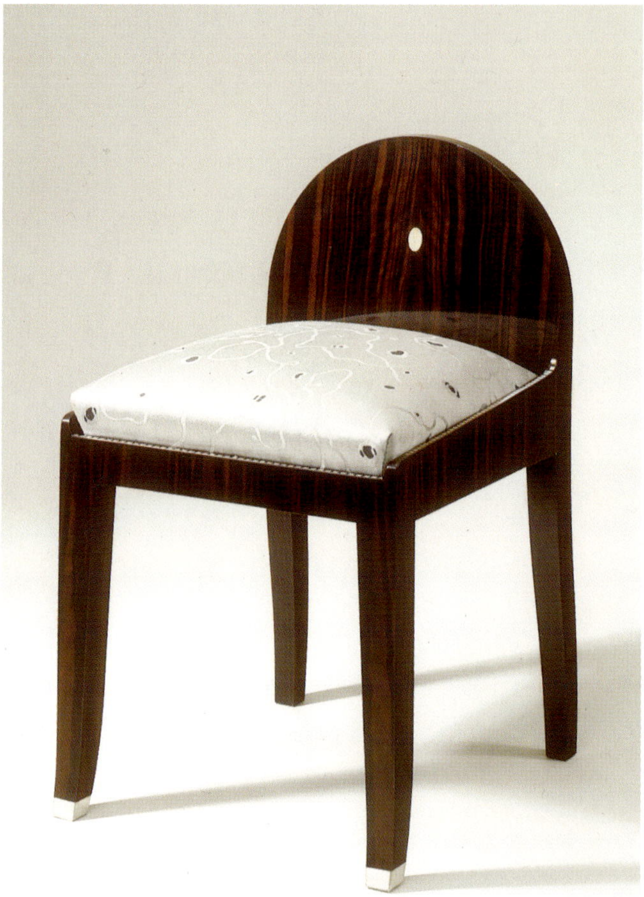

35 Stuhl

Frankreich, Eugène Printz, ca. 1935. Schwarz lackiert, originale Aubusson-Tapisserie von Paul Gernez. Monogrammiert.
8.000,– bis 12.000,–

Bei Eugène Printz steht unzweifelhaft das Bemühen um die traditionelle Stuhlform im Vordergrund, die mit verhalten modernen Dekorformen neu durchgespielt und gestrafft wird. Demgegenüber finden wir bei Jacques-Emile Ruhlmann – bei aller Rückbesinnung auf die Stärken französischer Möbelkunst vor allem des 18. Jahrhunderts – einen entschiedenen, straffen Zug, eine eindeutig modern pointierte Form. Man kann sich den gleichen Stuhl – nur in Metall ausgeführt – auch in einer modernen Fabrik als Werkstatthocker vorstellen, mag auch ein solcher Gedanke manchem Anhänger des großen Ruhlmann geradezu als Gotteslästerung erscheinen.

36 Stuhl »Tivo«

Frankreich, Jacques-Emile Ruhlmann, ca. 1918.
Makassar-Ebenholz auf Eiche, Elfenbein. Signiert.
H. 66 cm, B. 38 cm, T. 44 cm
20.000,– bis 35.000,–

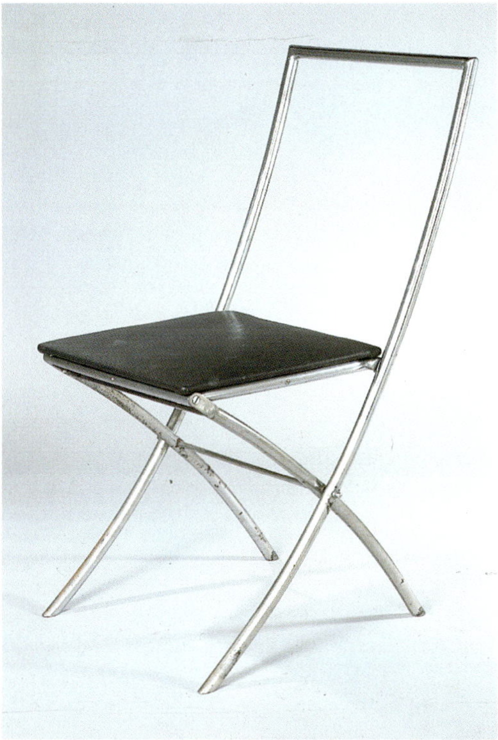

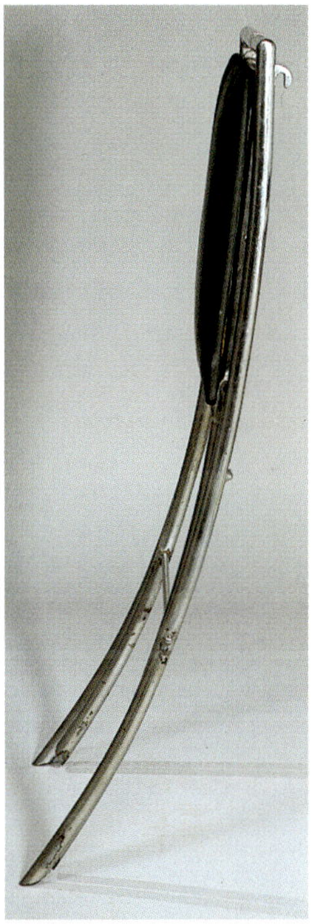

37 Klappstuhl

Frankreich, Eileen Gray, ca. 1930.
Verchromtes Stahlrohr, Sitz in grünem Skai.
H. 90 cm, B. 44 cm, T. 57 cm
15.000,– bis 20.000,–

Bei diesen beiden Beispielen eines entschiedenen Modernismus kann man sich fragen, was sie überhaupt mit Art déco zu tun haben. Gar nichts, ist eine mögliche Antwort. Eine zweite lautet, daß es sozusagen das zeitgenössisch funktionalistische und formpuristische Kontrastprogramm zum leichtsinnigen und mondänen Art déco darstellt. Eine dritte Antwort könnte schließlich darauf hinweisen, daß bei aller Formreduktion beide Werke als Ganzes einer formal-ornamentalen Idee folgen, daß besonders bei Rietvelds Stuhl, den er sich gleichsam aus einem Material gegossen gewünscht hätte, eine geometrisch-dekorative Idee Pate stand. Daß es sich im Falle von Eileen Grays Stuhl keineswegs um ein funktionales Sitzmöbel handelt, das zu so schnöden Zwecken wie einem bequemen Sitzen diente, darauf weist schon allein die spartanische Lehne hin, die zu einem gewiß nicht sonderlich taugt: daß man sich an sie anlehnt.

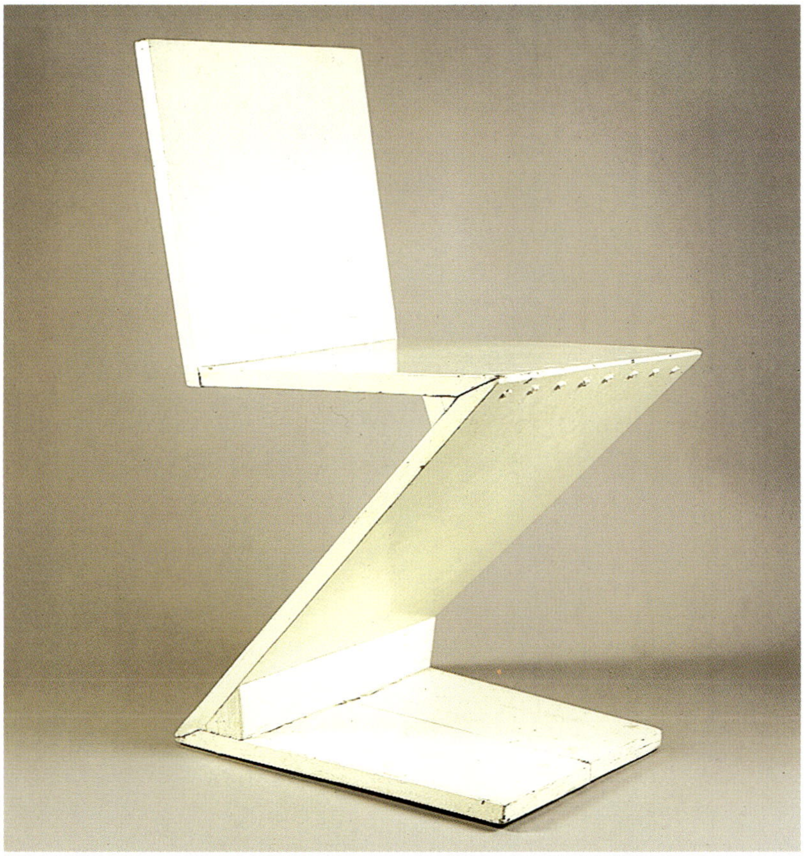

38 Stuhl

Holland, Rietveld, ca. 1927.
Aus dem Rietveld-Haus.
10.000,– bis 15.000,–

Lampen

Mit dem Art déco begann nach dem Ersten Weltkrieg die Geschichte der modernen Lampe. Dies auch, und gerade obwohl sich heute die Jugendstillampen als Klassiker auf dem Antiquitätenmarkt etabliert haben. Doch sind diese eher zu handwerklich hochstehenden Kunstwerken stilisiert, als für eine funktionale und gleichmäßige Raumbeleuchtung zu sorgen.

Vorbei war nun auch die Zeit der farbigen Gläser in allen Tönen, mit denen etwa Tiffany oder Gallé ihre berühmten und heute immer noch zu horrenden Preisen gehandelten kunstgewerblichen Meisterwerke ausgestattet hatten. Art déco-Lampen sind überwiegend aus farblosem, nur durch die Oberflächengestaltung von Relief, Ätzung, Mattierung und Beschichtung differenziertem Glas. Auch waren die Lampen des Art déco von Anfang an elektrifiziert, während nicht wenige Jugendstillampen ursprünglich noch aus der Tradition der Öllampen heraus konzipiert waren und – wenn überhaupt – erst nachträglich umgerüstet wurden.

Funktionalistischer Lampenstil

Man begann nun, intensiv über die Beleuchtung ganzer Räume, architekturintegrierte Beleuchtungssysteme und indirekte Beleuchtung nachzudenken, und es entstand der Beruf des Beleuchtungsingenieurs. Wenngleich man immer noch Schaulampen in kunstgewerblicher Manier herstellte, in der mehr oder weniger bekleidete Damen Lampenschirme tragen oder Seehunde sie auf ihrer Schnauze balancieren, so etablierte sich auf der anderen Seite auch ein ausgesprochen funktionalistischer Lampenstil, etwa die Frühformen der klassischen Schreibtischlampen.

Es war die Zeit der berühmten Bauhauslampe, der Verwendung von Aluminium, raffiniert beweglicher Gelenklampen und vasenartig nach oben geöffneter Stehlampen. Statt der im Jugendstil vorherrschenden Bronze wurden vermehrt schwarz lackierte oder verchromte Metalle verwendet. Allerdings gab es auch zahlreiche zeitgenössische Lampen in Messing, Kupfer oder Holz, wobei letztere erst heute dem Klischee vom Art déco entsprechend vielfach schwarz lackiert werden. Neben ihren Möbeln, durch die sie vor allem berühmt geworden sind, entwarfen die großen Ensembliers meist auch bedeutende Lampen.

Glaskünstler und Lichtingenieure

Lampen stellten natürlich auch die vielen Glaskünstler und Glasereien her. Bedeutende Entwürfe stammen etwa von Lalique, von der Firma Sabino mit ihrem umfangreichen Angebot oder von Daum aus Nancy, wobei man dort auch erfolgreich (etwa bei der berühmten Cobra-Lampe) mit dem Metallkünstler Brandt zusammenarbeitete.

Neben den eher an traditionellen Vorbildern ausgerichteten Lampen, die man lediglich im neuen Stil überarbeitete, etwa mit typischen Ornamentmotiven des Art déco wie Sonnenstrahlen, Zick-Zack-Formen, stilisierten Blumen usw. ausstattete, wurde in den 30er Jahren zunehmend der geometrisch-abstrakte und auf Formreduktion ausgerichtete Modernismus vorherrschend. Hierfür steht an prominenter Stelle der Name des österreichischen Lampenentwerfers und Beleuchtungsingenieurs Perzel. Gerade in der Verbindung von Glas und Chrom entstanden hochinteressante Designobjekte, die für die weitere Entwicklung wegweisend werden sollten und nicht selten in ihrer gestalterischen Dichte und Klarheit unerreicht geblieben sind.

Beim Einkauf beachten!

Heute werden neben den hochpreisigen Meisterwerken noch relativ zahlreiche preisgünstige und voll funktionstüchtige Art déco-Lampen angeboten. Zu achten ist beim Kauf allerdings auf die Echtheit, denn wegen der Beliebtheit des Stils finden sich zahlreiche Nachbauten gerade der klassischen Modelle auf dem Markt, und es muß nicht immer nur böse Absicht sein, wenn sie falsch ausgewiesen werden.

Ein zweites Problem besteht darin, daß im Laufe der Zeit die zerbrechlichen Glasteile naturgemäß Sprünge bekommen oder zu Bruch gehen, weshalb sie nicht selten geschickt retouchiert bzw. entweder durch neue oder durch ursprünglich nicht zugehörige alte Gläser ersetzt werden. Manch einer hat sich hier sogar dazu verleiten lassen, regelrechte »Stilwolpertinger« aus verschiedenen Einzelteilen zusammenzubasteln.

Bei Glaswaren, Porzellan und Keramik gilt generell, daß Sprünge und Absplitterungen als erhebliche Wertminderung anzusehen sind. Deshalb sollte man beim Kauf darauf besonders achten. Da eine für den Betrieb notwendige, moderne Elektrifizierung mitunter sehr aufwendig ist und leicht bis zu mehreren hundert Mark teuer werden kann, ist dies beim Kauf mit einzukalkulieren. Wenn man die Lampen im Alltag sorglos benutzen will, sollte man mögliche Defizite bezüglich der Sicherheitsstandards wie ein fehlendes Erdungskabel usw. fachmännisch beheben lassen.

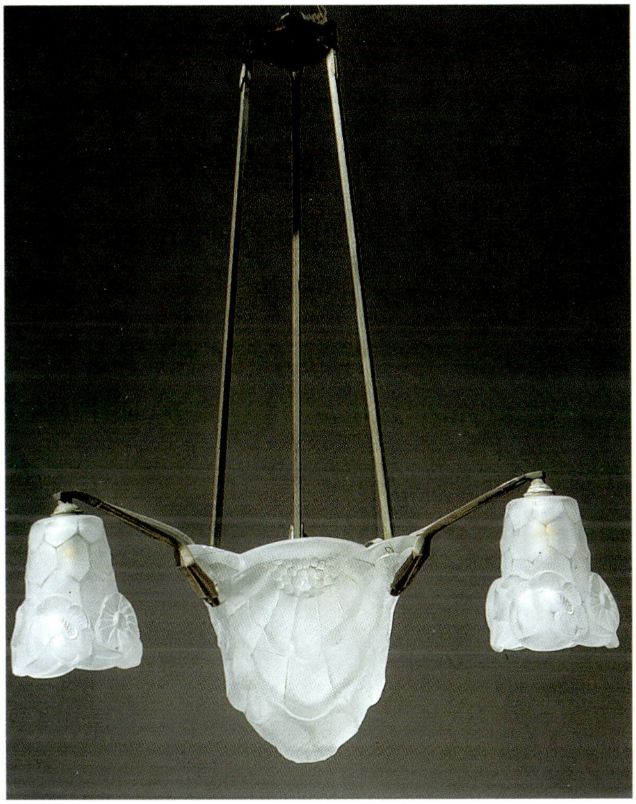

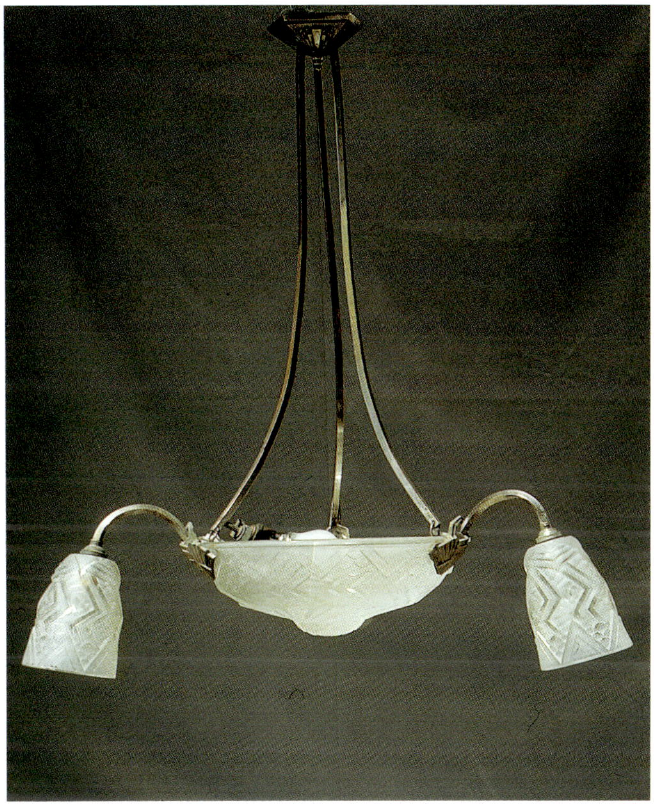

39 Deckenlampe

Frankreich, Degué, 20er Jahre.
Drei Preßglastulpen mit Mittelglasschale in Messingmontur. Signiert.
H. 82 cm, D. 54 cm
1.700,– bis 1.900,–

Vor allem am Anfang der 20er Jahre folgten die Lampen noch der traditionellen, letztendlich auf die Kerzenbeleuchtung zurückreichenden Lüsterform, die aber den Bedürfnissen der elektrischen Beleuchtung entsprechend umgeformt wurde. Gegenüber den Jugendstilformen, deren Nachwirken hier noch spürbar bleibt, sind die Formen spröder, härter, kantiger, und das sog. gefrostete, also matt weiß schimmernde Glas wird weitgehend bevorzugt.

40 Deckenlampe

Frankreich, Schneider,
Ende 20er Jahre.
Drei Tulpen mit zentraler Schale mit strengem geometrischen Dekor, gegossene Messingteile, vernickelt. Signiert.
H. 67 cm, D. 67 cm
1.500,– bis 2.000,–

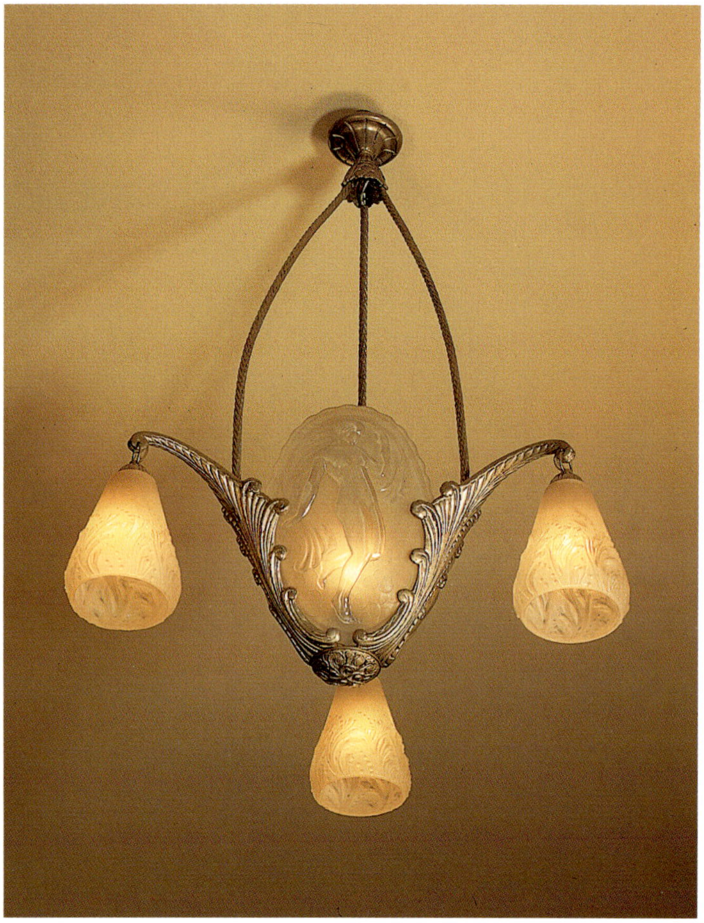

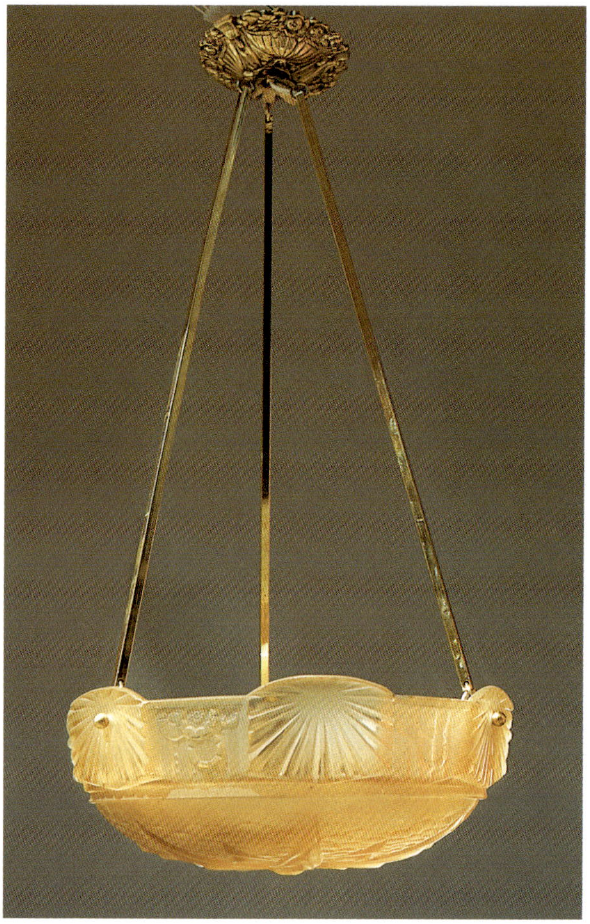

41 Deckenlampe

Frankreich, Muller Frères Lunéville, um 1920.
Drei Tulpen und drei Schalen mit Mädchendekor, versilberte Montur.
Signiert.
6.000,– bis 7.000,–

Die Firma der Gebrüder Muller stammt als eine Art Ableger von den bedeutenden Glasherstellern des Jugendstil in Nancy ab, 'und bei der linken Lampe ist auch das Nachklingen des Jugendstil, wenngleich in transformiertem Gewande, noch durchaus zu spüren. Die gebogenen, anschmiegsamen Formen, die fließenden Umrißlinien, die pflanzlichen Schmuckmotive und nicht zuletzt die im Jugendstil unvermeidlichen Mädchen stammen noch eindeutig aus der Zeit vor dem Ersten Weltkrieg. Demgegenüber ist das Sternmotiv der rechten Lampe in seiner prismatischen Formzersplitterung bereits typisch für das Art déco der 20er Jahre.

42 Deckenlampe

Frankreich, Muller Frères Lunéville, 20er Jahre.
Rosa Preßglasschale mit zentralem Sternmotiv in Messingmontur.
H. 75 cm, D. 35 cm
900,– bis 1.000,–

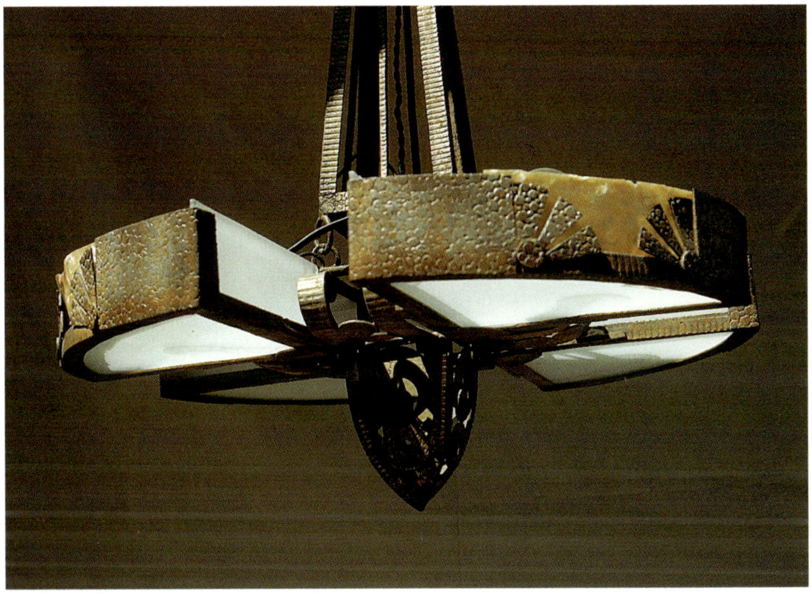

43 Deckenlampe

Frankreich, 20er Jahre.
Gefrostetes Flachglas und Zelluloidteile in Eisenmontur mit Hammerschlagdekor.
H. 74 cm, D. 50 cm
2.000,– bis 2.200,–

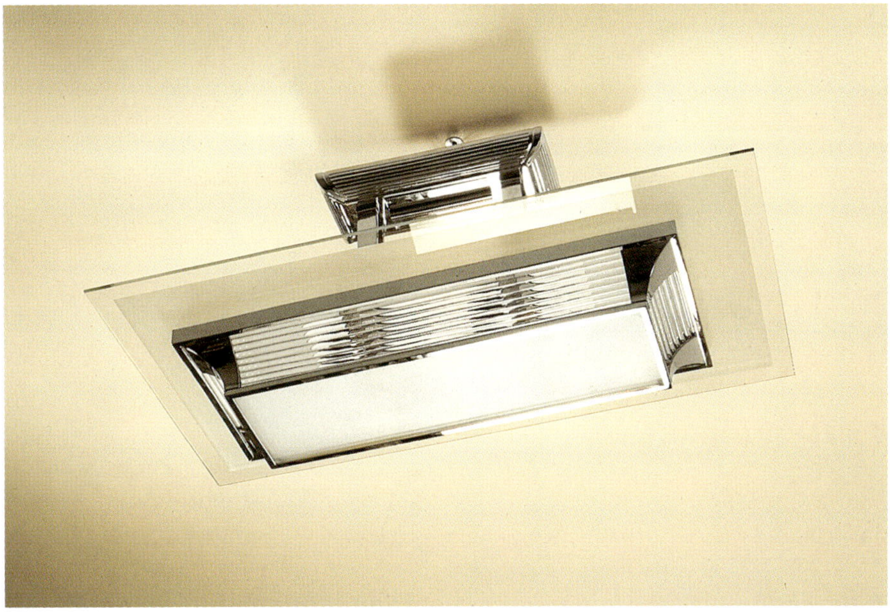

44 Deckenlampe

Paris, Pettiot, 20er Jahre.
Neu verchromt, mit massiven Glasstäben.
L. ca. 90 cm, B. ca. 45 cm
2.500,– bis 3.000,–

Neben der traditionellen Fassung aus Schmiedeeisen oder Messing mit dem meist sehr dickwandigen, gefrosteten Glas kamen im Lauf der 20er Jahre zunehmend neue Materialien, wie hier Kunststoff und Chrom, zur Anwendung.

Parallel dazu gab es Bestrebungen hin zu einem neuen, strengeren Formverständnis, wobei das Dekor seine eigenständige Rolle verlor.

Dennoch wurden in Frankreich auch an solchen modernistischen Lampen gewisse verspielte und ornamental aufgelockerte Details beibehalten, um eine zurückhaltende, bisweilen auch etwas versnobt wirkende Eleganz zu gewährleisten. Demgegenüber verfiel man in Deutschland häufig in einen allzu sachlich spröden bzw. allzu biederen Krankenhaus- bzw. Großküchenstil, der vielfach zwar bis heute als Rettung des Abendlandes gefeiert wird, oft aber nichts anderes war und ist als ein technokratisch-sauertöpfischer Langeweiler.

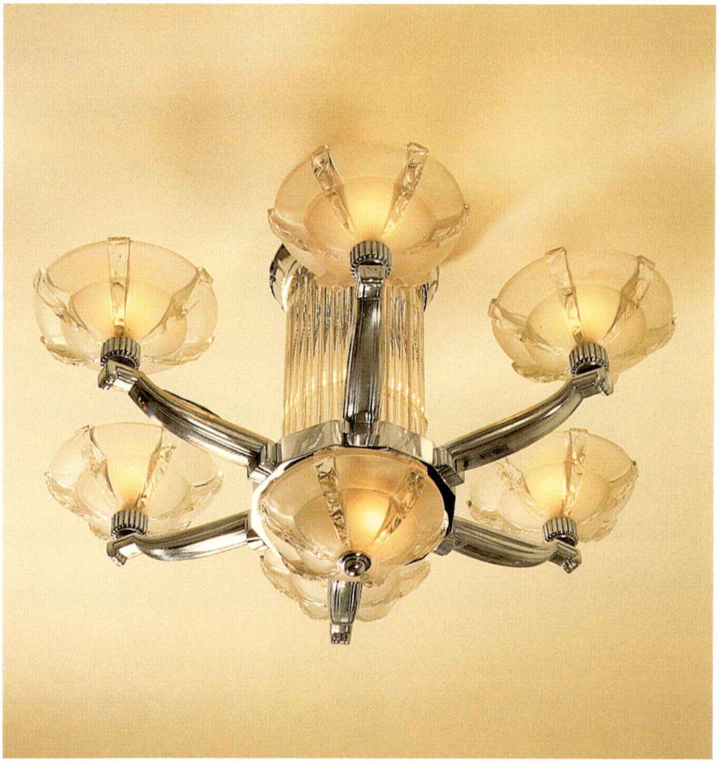

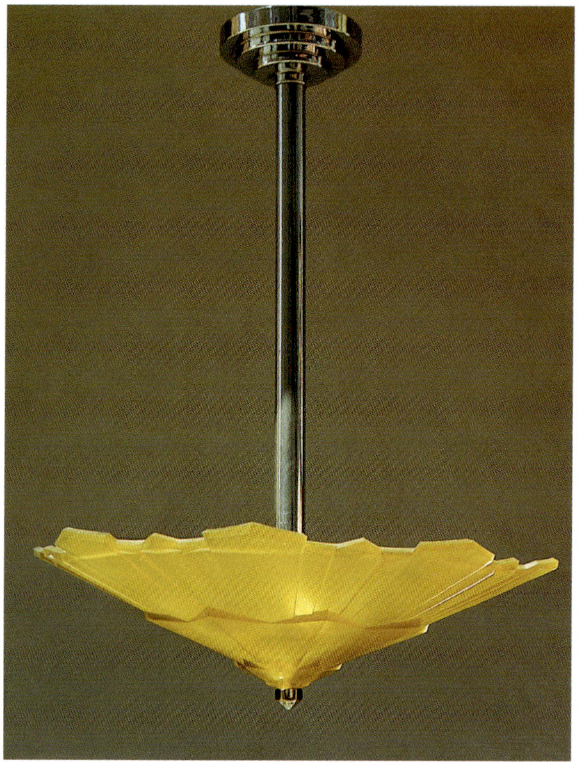

45 Deckenlampe

Frankreich, Pettiot, 20er Jahre.
Massive Glaseinsätze, Montur neu verchromt.
2.800,– bis 3.200,–

An den beiden Beispielen der Pariser Firma Pettiot (Abb. Nr. 44 und 45) wird deutlich, wie in den 20er Jahren bereits zwei Stile nebeneinander bestanden: einerseits der der klassischen Formen in neuem Gewande, andererseits der des konsequenten, nur durch kleine spielerische Zutaten abgemilderten spröden, ja klinischen Funktionalismus. Aus heutiger Sicht erscheint uns die damals modernere Form banaler und gestriger, die damals traditionellere Form aber aufregender und zukunftsweisender. So ändern sich die Zeiten, und ein Narr ist der, der meint, daß die Vorlieben der eigenen Zeit Ewigkeitsanspruch hätten.

46 Deckenlampe

Frankreich, 30er Jahre.
Messing, verchromt.
H. 60 cm, D. 40 cm.
800,– bis 900,–

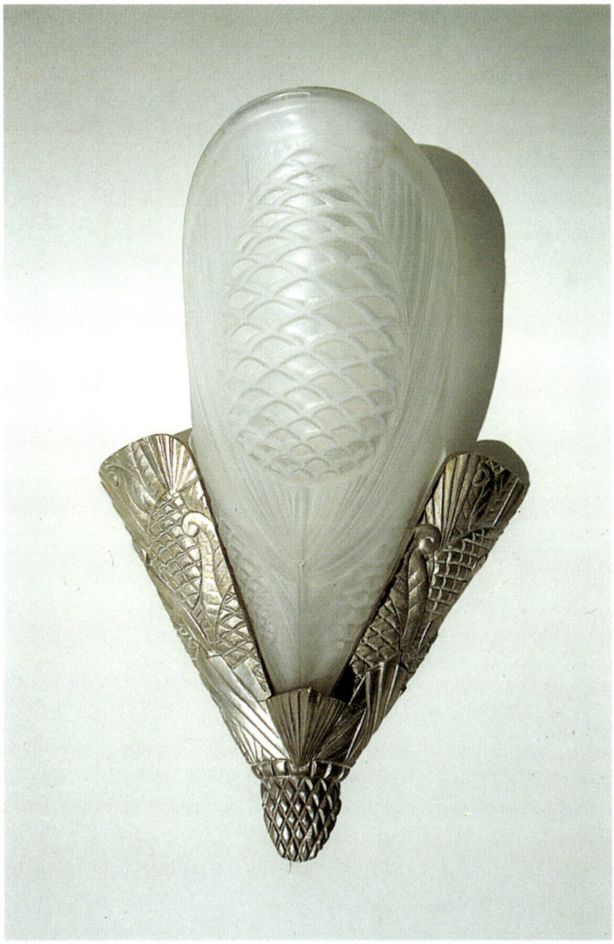

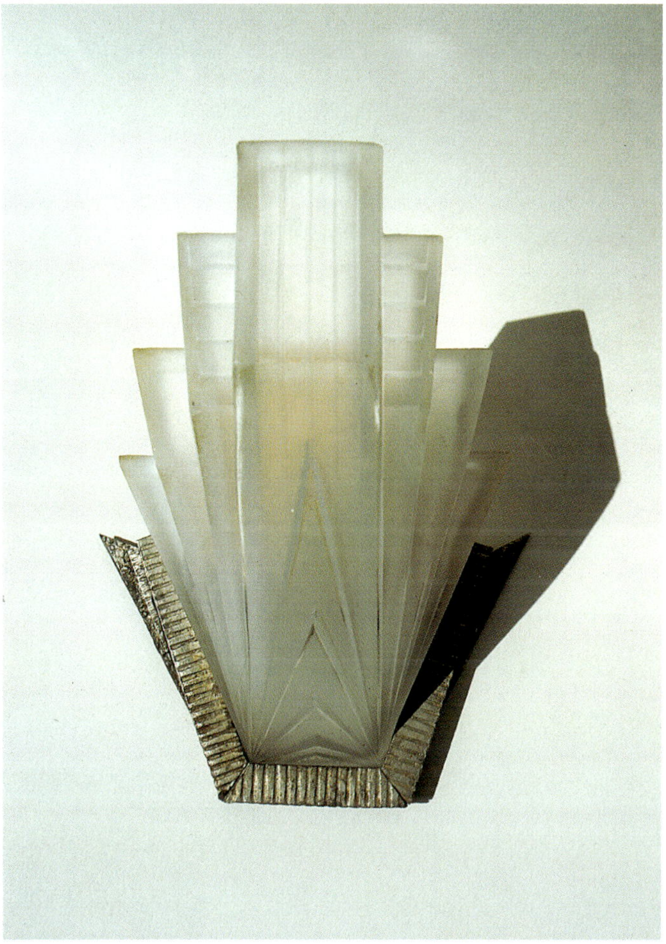

47 Wandlampe

Frankreich, 20er Jahre.
Geätztes Preßglas. Montur Messing vernickelt.
H. 37 cm
700,– bis 800,–

Auch bei den Wandlampen finden wir am Anfang der 20er Jahre noch die gerundeten, weicher fließenden Formen und ein auf gegenständliche Vorbilder zurückgehendes Dekor neben rein geometrischen Ausformungen, bei denen entsprechend die Metallfassung in neutralem Hammerschlag verziert wurde. Gegenüber dem eigentlichen Funktionalismus sind diese geometrischen Formen aber reine Verzierung. Offensichtlich hat sich also der geometrisierende Funktionalismus nicht nur aus veränderten Herstellungsverfahren, sondern auch aus einem veränderten ästhetischen Stilgefühl entwickelt.

48 Wandlampe

Frankreich, 20er Jahre.
Geätztes Preßglas in geometrischem Dekor. Eisenfassung mit Hammerschlag.
H. 19 cm
600,– bis 700,–

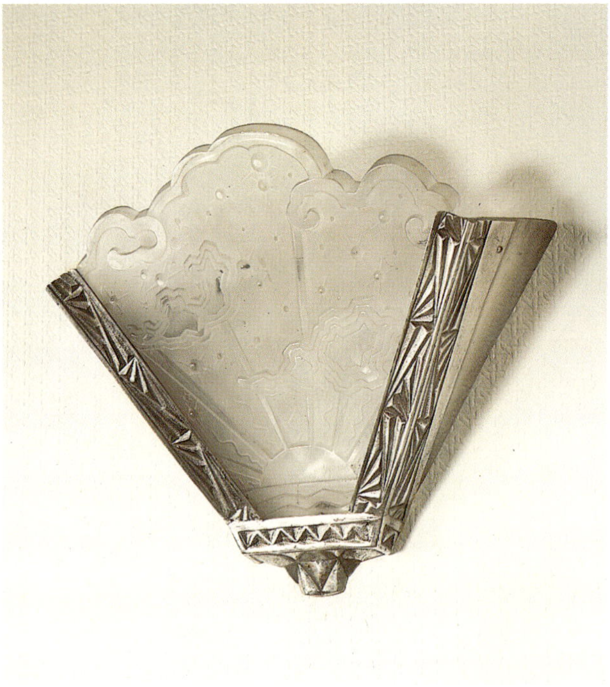

49 Paar Wandlampen

Frankreich, Muller Frères Lunéville, 20er Jahre.
Geätztes Preßglas mit seltenem Sonnenaufgangsdekor in versilberter Montur.
Zus. 2.400,– bis 2.600,–

50 Paar Eckwandlampen »LA 548«

Frankreich, Pierre Chareau, ca. 1924.
Drei überlappende Alabasterscheiben in Metallhalterung.
H. 20 cm
Zus. 20.000,– bis 30.000,–

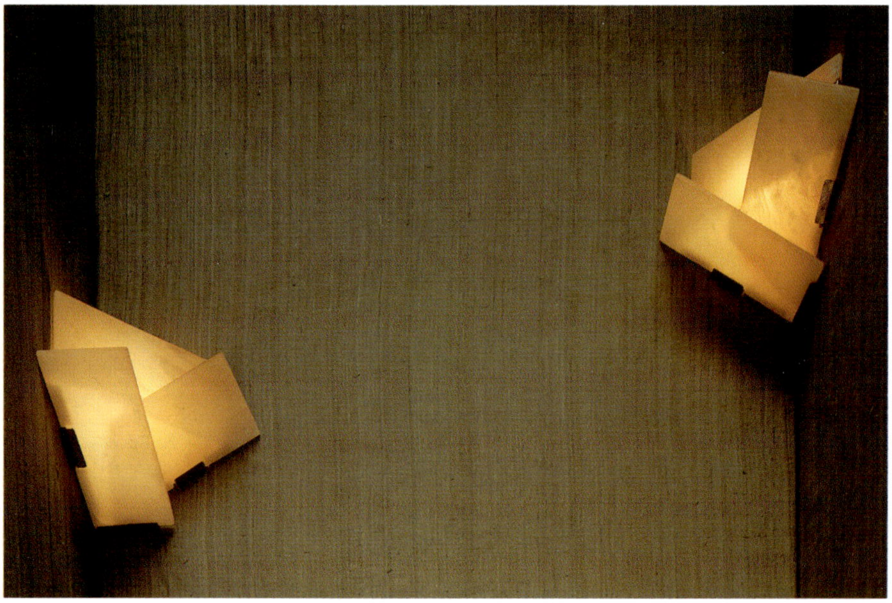

Während die Firma Muller Frères ihr geometrisches Dekor noch applizierte bzw. sogar aus gegenständlichen Motiven ableitete, entwickelte der berühmte Vorreiter des Modernismus in Frankreich, Pierre Chareau, der unter anderem durch ein Haus ganz aus Glas bekannt geworden ist, seine Ecklampen allein aus dem Material und einer einfachen viereckigen Grundform, die er ebenso streng wie spielerisch zu einer an Papierfaltspiele erinnernden Formgebung verbindet. Diese seltenen Klassiker modernen Designs werden heute zunehmend gesucht und erzielen auf Auktionen Spitzenpreise.

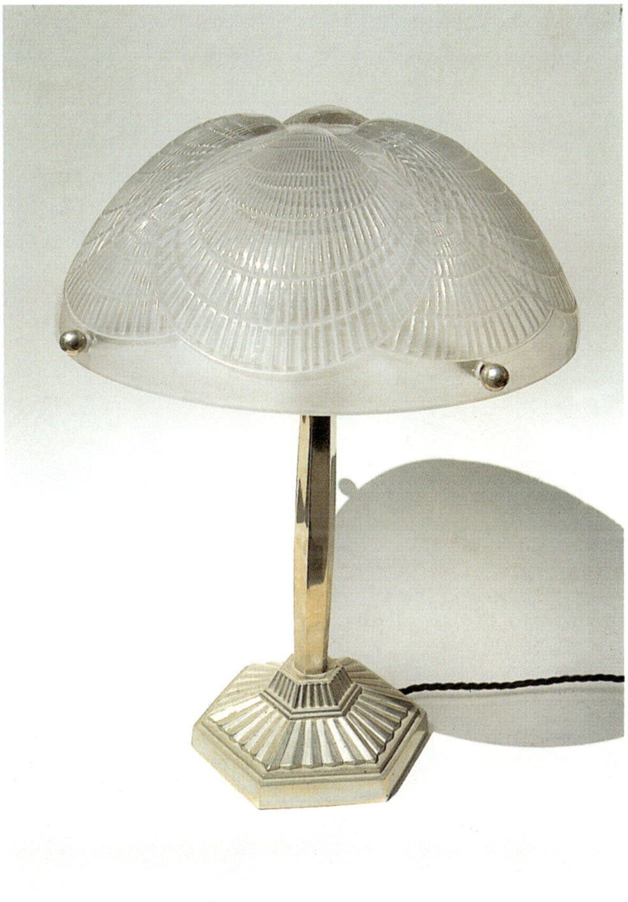

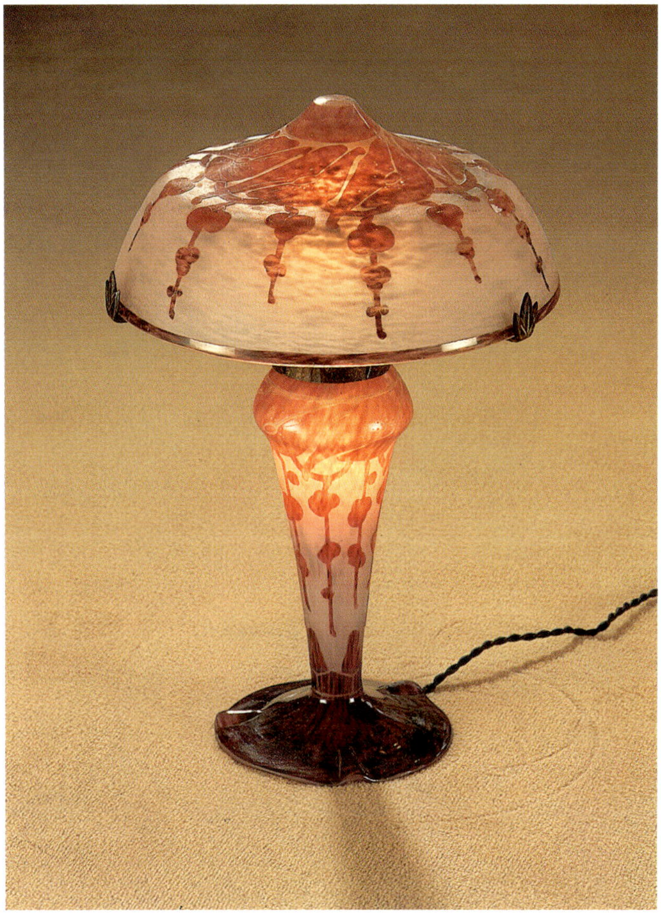

51 »Coquilles«

Frankreich, René Lalique, 1921.
Tischlampe mit Muscheldekor. Signiert.
H. 41 cm, D. 30 cm
4.500,– bis 5.000,–

Lalique, der große Glaskünstler, leistete auch im Bereich der Lampen Hervorragendes, wobei er wie sein Konkurrent Schneider noch immer dem Jugendstil verhaftet blieb. Doch ist es offensichtlich jene eigentümliche Mischung aus Jugendstil und Art déco, die den Erfolg beider Künstler ausmachte. Während allerdings Lalique dabei ohne Farbe auskommt, bewegt sich Schneider immer noch in jenen Bahnen des farbig dekorierten Glases, das zwar beleuchtet wunderschön anzuschauen, aber zur neutralen Beleuchtung eines Raumes weniger geeignet ist.

52 Tischlampe

Paris, Schneider, 1923.
Überfangglas geschnitten und geätzt.
Signiert.
8.000,– bis 10.000

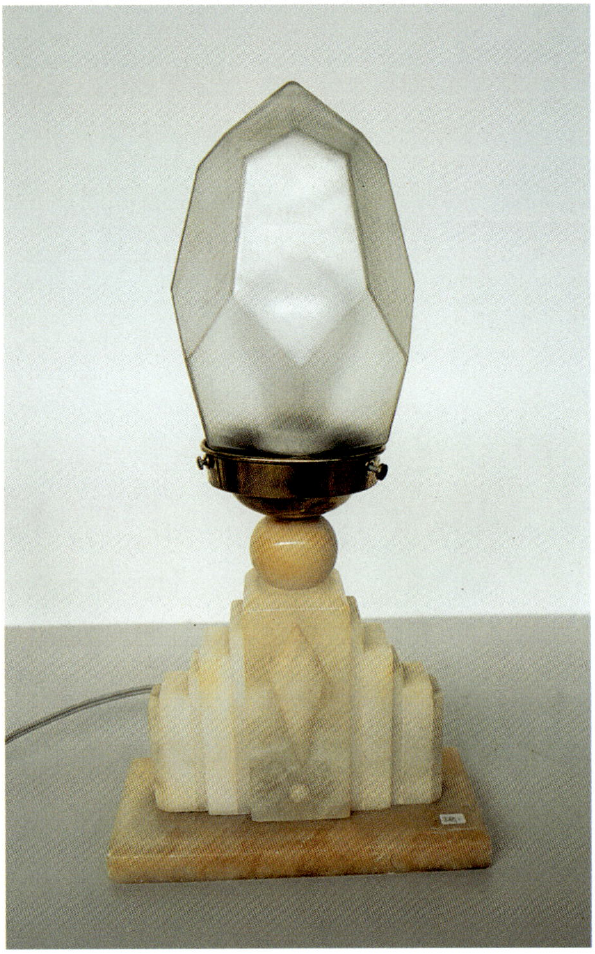

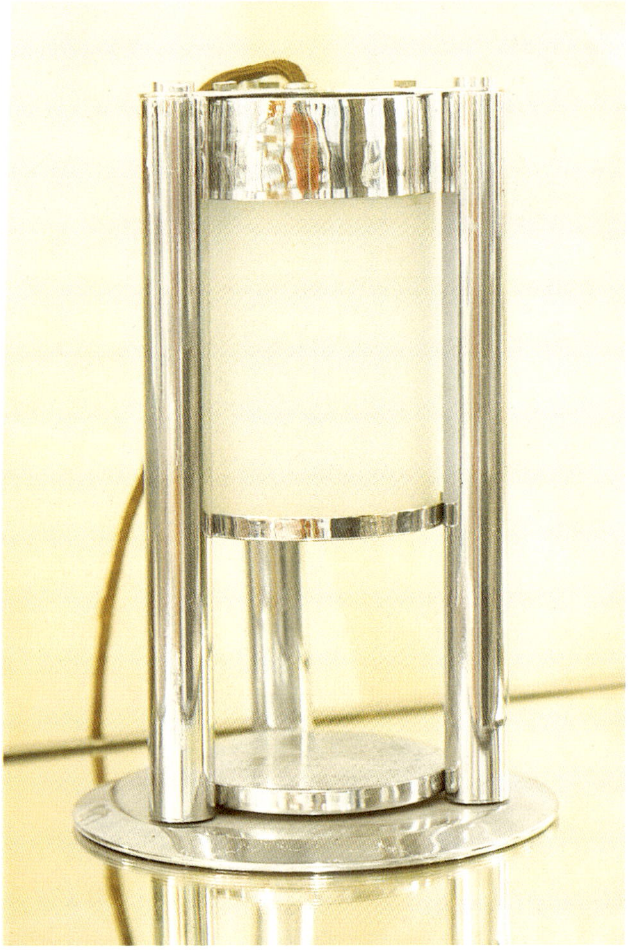

53 Tischlampe

Wohl Österreich, 20er Jahre.
Marmorbasis mit Messingfassung.
H. ca. 45 cm
350,– bis 400,–

54 Tischlampe

Frankreich, 30er Jahre.
Glas und verchromtes Metall.
H. ca. 30 cm
1.000,– bis 1.500,–

Während die Lampe links die geometrischen Formen des Art déco in einem traditionellen Sinne einsetzt, ist es bei dem exklusiven Exemplar rechts die technische Form selbst, die zum Ornament bzw. das Objekt zur Skulptur wird. Dem traditionsverhafteten Charme eines handwerklich orientierten Modernismus tritt die aggressive Schönheit des Maschinenzeitalters gegenüber, eine Schönheit, die letztendlich aber aus den Ateliers der avantgardistischen Künstler herstammt.

Drei kreisrunde Pfosten umfassen einen Lampenzylinder aus Chrom und Glas in konsequenter Formreduktion und vereinheitlichter Formlogik, während im anderen Fall ein prismatisch gebrochener Glasschirm in einer runden Fassung auf einem kugelförmigen Zwischenteil auf einer pyramidal gestaffelten Rechteckbasis aufsitzt: Aus heterogenen Formgegensätzen wird eine homogene Formlogik mit spielerischen Gestaltungsfinessen.

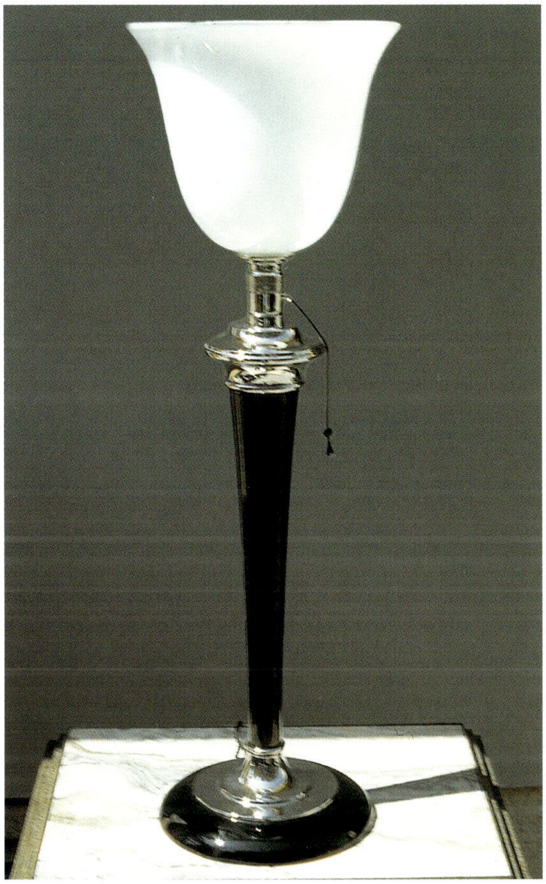

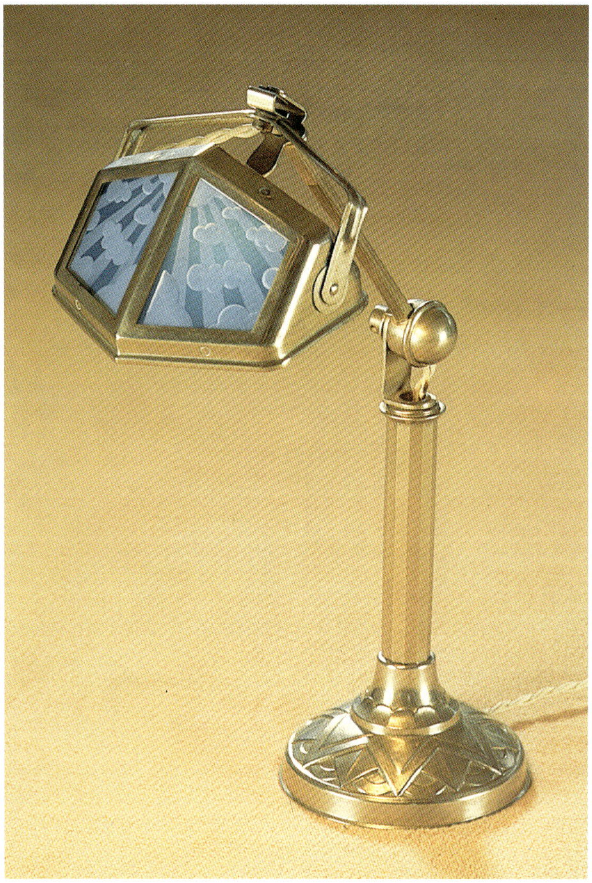

55 Stehlampe »Mazda«

Frankreich, 20er Jahre.
Neu vernickelt und neu schwarz lackiert.
H. 80 cm, D. 26 cm
1.000,– bis 1.300,–

*

Die Lampe wurde auch in Holz, Kupfer, Aluminium und Furnier hergestellt und ist heute auch als Nachbau im Handel.

56 Schreibtischlampe »Pirouette«

Frankreich, Nizza, 20er Jahre.
Vernickelter Fuß und Sonnenaufgangsdekor.
700,– bis 1.750,–

Zwei Klassiker des Lampendesigns in eher traditionsgebundenem Gewande. Trotz ihrer technischen Anmutung will und kann die »Pirouette« nicht auf zumindest verhalten angebrachte Schmuckmotive am Sockel und den symbolischen Sonnenaufgang am Lampenschirm verzichten, so daß diese zu den technischen »Schmuckmotiven« der Gelenkteile und Verschraubungen in eine reizvolle Konkurrenz treten.

Die Stehlampe »Mazda« (weder verwandt noch verschwägert!) verlegt sich demgegenüber mehr auf die Schönheit der konstruktionsbedingten Formen, wobei das schlichte Schwarz heute gegenüber dem ursprünglich auch üblichen bronze- oder messingfarbenen Schaft bevorzugt wird. Da es sich hier nicht um Museumsstücke handelt, sind solche auch historisch verbürgten Neufassungen durchaus erlaubt, wenngleich nicht immer unbedingt wertsteigernd. Wenn eine Neulackierung allerdings an einem Modell vorgenommen wird, das in der entsprechenden Farbe nie existiert hat, ist die Sache problematischer.

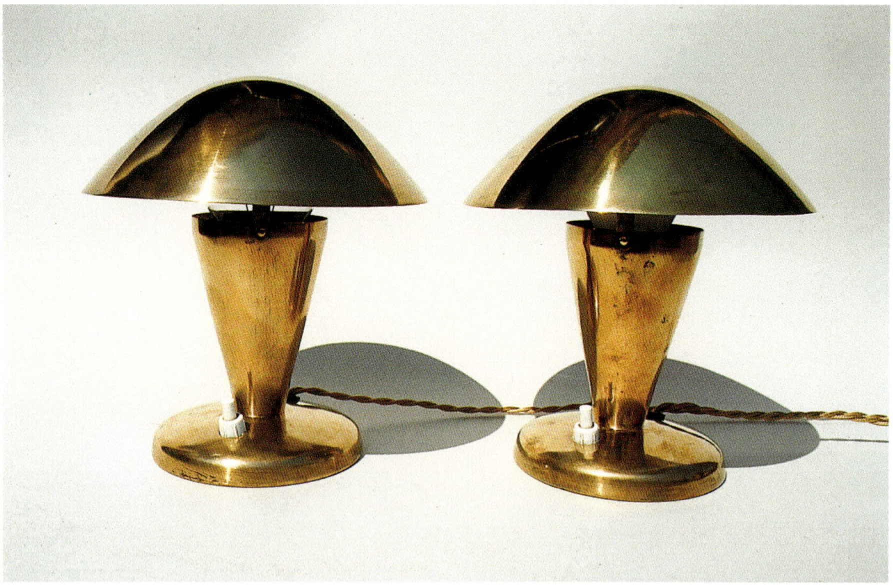

57 Paar Tischlampen

30er Jahre.
Vermessingt. Kippbar.
H. 18 cm, D. 17 cm
Zus. 600,– bis 700,–

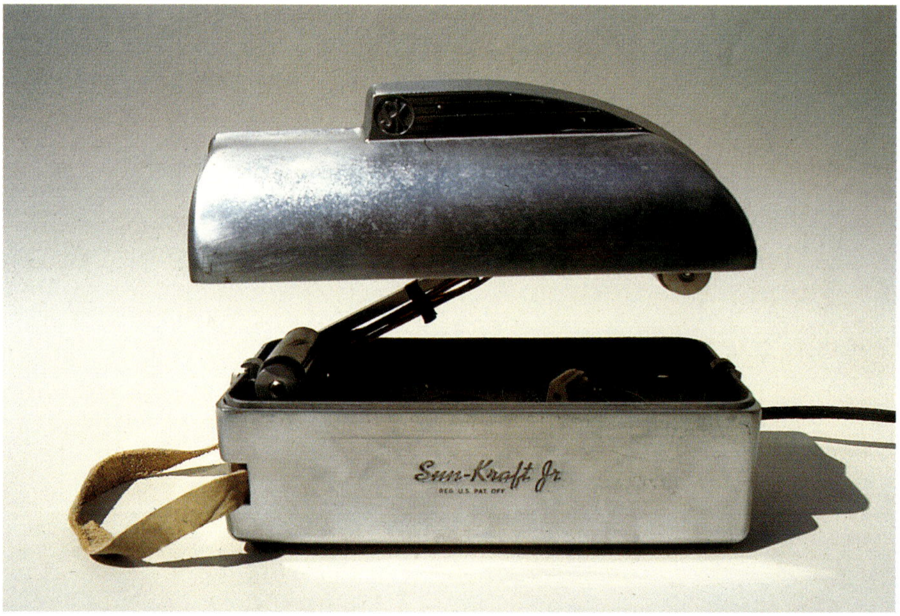

58 Schreibtischlampe

USA, Sun-Kraft, um 1930.
Aluminium. Patent zum Zusammenklappen.
L. 22 cm, B. 9,5 cm, H. 14 cm
1.000,– bis 1.500,–

Während die legendäre »Sun-Kraft-Lampe« nicht nur windschnittig aussieht, sondern tatsächlich zum raschen Ortswechsel mit einem Zusammenklappmechanismus und einer Trageschlaufe versehen ist – eine Konstruktion, die sich in der Folgezeit als wenig zukunftsweisend herausstellte –, gehört das traute französische Lampenpaar zur Familie der bodenständigen Pilzgewächse, die normalerweise dort, wo sie aus dem Schreibtisch gewachsen sind, auch stehen bleiben und auf Knopfdruck ruhig und beschaulich ihr Licht verströmen.

Vergleichbare Lampen werden auch heute wieder gefertigt.

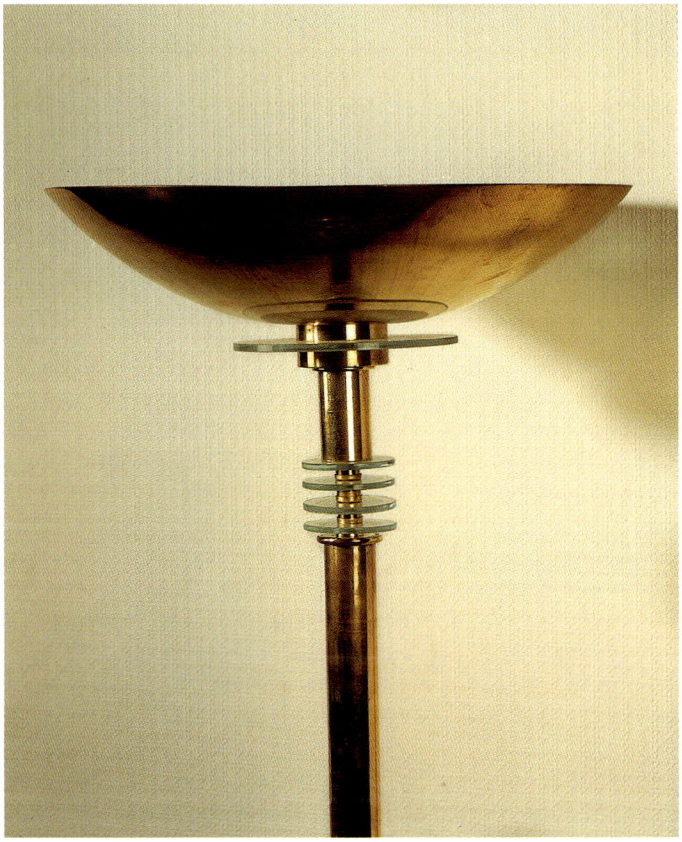

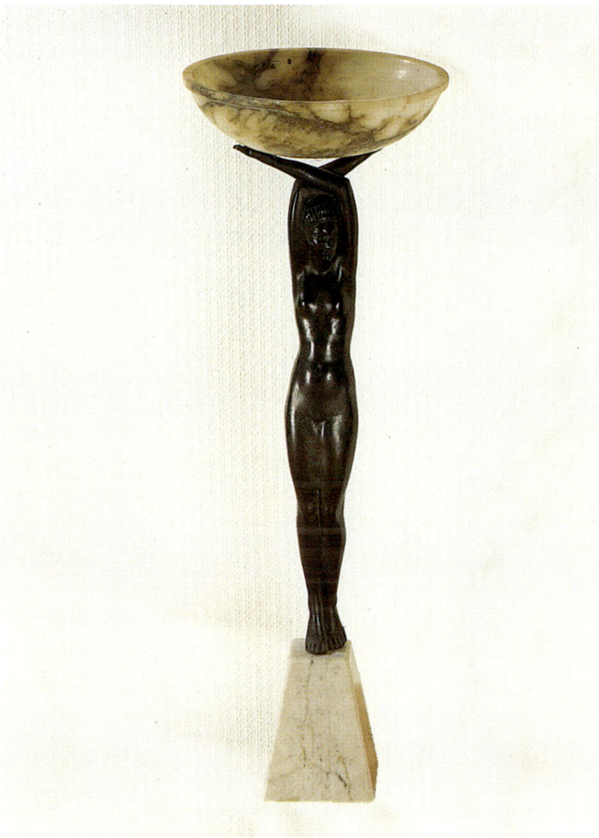

59 Stehlampe

Frankreich, 20er Jahre.
Messing mit verschiedenen Glaseinsätzen.
H. 190 cm, D. ca. 50 cm
2.800,– bis 3.200,–

Pierre Le Faguays gilt als einer der führenden Art déco-Bildhauer Frankreichs, der, anders als etwa Demetre Chiparus, weniger naturalistisch exakt als vielmehr in einem stark stilisierten und ungemein elegant vereinfachten Stil arbeitete. Die Figur ist dabei so zurückhaltend und stilisiert geformt, daß sie kaum als solche in Erscheinung tritt und sich ganz der stützenden Funktion unterordnet.

Elegant ist aber auch die modernistische Stehlampe aus der gleichen Zeit, bei der mit ganz anderen Mitteln ein skulpturaler, rhythmischer Effekt erzielt wird. Beide Male entstand ein Objekt, das nicht nur leuchtet, sondern auch unbeleuchtet dem Raum ein gewisses Etwas zu verleihen vermag.

60 Stehlampe

Frankreich, Pierre Le Faguays, 20er Jahre.
Bronze und Alabaster.
H. ca. 70 cm
40.000,– bis 60.000,–

*

Sehr seltenes und künstlerisch außergewöhnliches Sammlerstück.
Keramiken des gleichen Künstlers sind demgegenüber manchmal schon für wenige hundert Mark zu bekommen (vgl. S. 93).

Glas

Glas wurde dank Tiffany, Gallé, Daum und Lötz das künstlerische Medium des Jugendstil schlechthin, und noch heute erzielen seine damals wie heute vielbewunderten, überwiegend farbigen Wunderwerke Höchstpreise. René Lalique, der bedeutende Entwerfer und Hersteller von Art déco-Glas, konnte, bevor er 1910 seine erste Glasfabrik erwarb, auf eine mehr als erfolgreiche Karriere als Jugendstil-Schmuckkünstler zurückblicken.

Vom Jugendstil zum Art déco

Auch andere im Jugendstil berühmt gewordene Glashersteller haben sich später stilistisch mehr oder weniger umgestellt und von den fließenden, biomorphen, dem Herstellungsprozeß des Glasblasens so adäquaten Formen des Jugendstil zu den spröderen, geometrisch vereinfachten, mit zackigem, spitzwinkligem Dekor ausgestatteten Formen des Art déco bekehrt.

Obwohl die Farbe dabei nicht gänzlich aus dem Glas verbannt wurde, verlor sie doch viel von ihrer prägenden Rolle. Von einer diffusen, ineinanderfließenden, irisierenden und rauchigen Ausprägung gewann sie dafür zunehmend strahlende Klarheit und kontrastierende Brillanz.

In der Glasherstellung gab es zur Zeit des Art déco eine Fülle neuer technischer Herstellungsverfahren, etwa die Entwicklung des Preßglases, das unter anderem Lalique perfektionierte und das in der Zeichnung des Reliefs eine deutliche Verbesserung mit sich brachte. Schon Anfang der 30er Jahre war Glas ein ausgesprochenes Massenprodukt geworden. In den USA bekam man sogenanntes Krisenglas als kostenloses Zugabegeschenk, etwa beim Möbelkauf.

Der Stil

Während die fließenden Linien des Jugendstil in den Hintergrund rückten, zeichnete sich das Art déco vor allem durch kantige, kristalline Umrisse aus, die beim Schliff und bei den Flakonformen besonders zum Tragen kamen. Es war allerdings der Zeichenkunst Laliques vorbehalten, den Charme des Jugendstil, eine perfekt beobachtete Naturform und die strenge und herbe Stilisierung des Art déco zu einer klassischen Einheit zu verschmelzen. Wie kaum ein anderer Künstler wurde er stilbildend und von vielen Nachahmern mehr oder weniger frei kopiert.

Glastechnik

Neben dem einfachen Glas fanden verschiedene Zusammensetzungen des Materials Verwendung: Kristallglas, Halbkristallglas und das sog. gefrostete Glas, das Lalique überwiegend benutzte. Mit Säure und Sandstrahlung erzielte man spezifische Reliefs und Oberflächen. Beliebt waren auch opalisierende Effekte.

Neben den streng im Art déco-Stil dekorierten oder stilisierten Gläsern gab es aber auch eine zukunftsweisende Form der Glasherstellung, für die vor allem der berühmte Glaskünstler Marinot steht. Seine stark an der Herstellung inspirierten, oft sehr einfach gehaltenen, dickwandigen und mit Lufteinschlüssen usw. experimentierenden Gläser kündigen bereits das Kunstglas der 50er Jahre an.

Neben den französischen Herstellern, etwa in Nancy, waren es Schweden mit Orrefors und Kosta sowie traditionsgemäß Böhmen, die bedeutende Gläser herstellten.

Italien, wo hervorragende Gläser produziert wurden, stand stilistisch etwas abseits.

Wichtig für Sammler

Im Bereich des Glases kommt es vermehrt zu Neuauflagen alter Gläser. Bedeutende Firmen wie Lalique produzieren gewisse Klassiker bis heute.

Dazu sind in letzten Jahren vor allem aus dem Osten verstärkt Fälschungen gekommen. Da die Preise so stark angezogen haben und hier Arbeitskräfte auf hohem handwerklichen Niveau vorhanden sind, ist Fälschung zu einem lohnenden Geschäftszweig geworden.

Neben der regelrechten Fälschung neuer Objekte, die man allerdings meist mit etwas Erfahrung an Material, Verarbeitung und Oberflächenbeschaffenheit identifizieren kann, gibt es beim Glas auch die Signaturveränderung oder das Anbringen von ursprünglich nicht vorhanden Signaturen auf originale Gläser. Signaturen sind im Bereich der Glaskunst, sofern sie echt sind, wichtige Hinweise auf Hersteller, Herstellungsort und Herstellungszeit und haben großen Einfluß auf den Sammelwert. Mit Hilfe der heute verfügbaren Spezialliteratur, etwa dem Œuvrekatalog von Lalique, der auf den originalen Firmenkatalog zurückgeht, lassen sich die Stücke genau identifizieren und in ihrer Entstehungszeit eingrenzen.

Glas ist leicht zu beschädigen. Hier gilt, daß auch relativ kleine Sprünge und Absplitterungen zu erheblichen Preiseinbußen führen. Achten Sie deshalb vor dem Kauf sehr sorgfältig auf eventuelle Restaurierungen, Abschleifungen, Ausschleifungen von Beschädigungen oder Sprüngen.

61 Schale mit Eidechse

Frankreich, Nancy, Almaric V. Walter,
Anfang 20er Jahre.
Pâte-de-verre, formgeschmolzen.
Entwurf von Henri Bergé. Signiert.
H. 9,7 cm
12.000,– bis 13.000,–

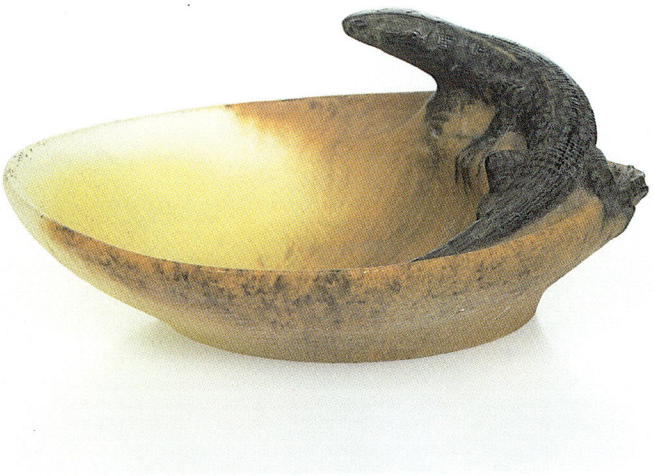

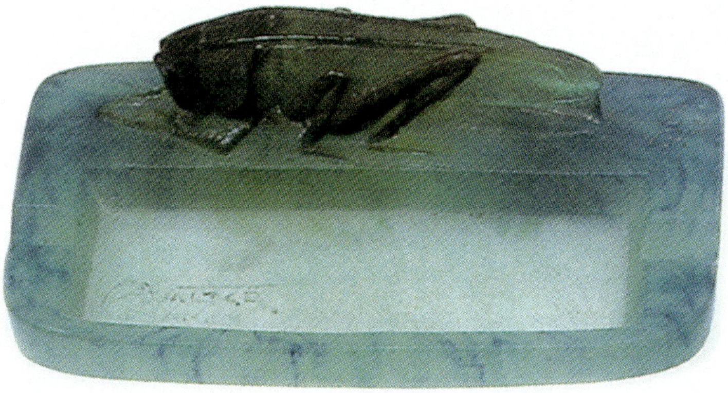

62 Aschenbecher mit Heuschrecke

Frankreich, Nancy, Almaric V. Walter,
Anfang 20er Jahre.
Pâte-de-verre, formgeschmolzen.
Entwurf von Henri Bergé. Signiert.
L. 12 cm, B. 6,5 cm
3.500,– bis 4.000,–

Almaric V. Walter arbeitete zunächst für Antonin Daum in Nancy an der Lösung vorwiegend technischer Probleme, bevor er nach dem Kriegsdienst im Ersten Weltkrieg nicht zu Daum zurückkehrte, sondern eine eigene Werkstätte eröffnete. Henri Bergé, Chefdekorateur bei Daum und Professor für Kunstgewerbe, entwarf für Walter einen ganzen Zoo an naturgetreu modellierten Tieren, die in vielen Farben und Farbmischungen – in der reizvollen Pâte-de-verre-Technik – ausgeführt wurden.

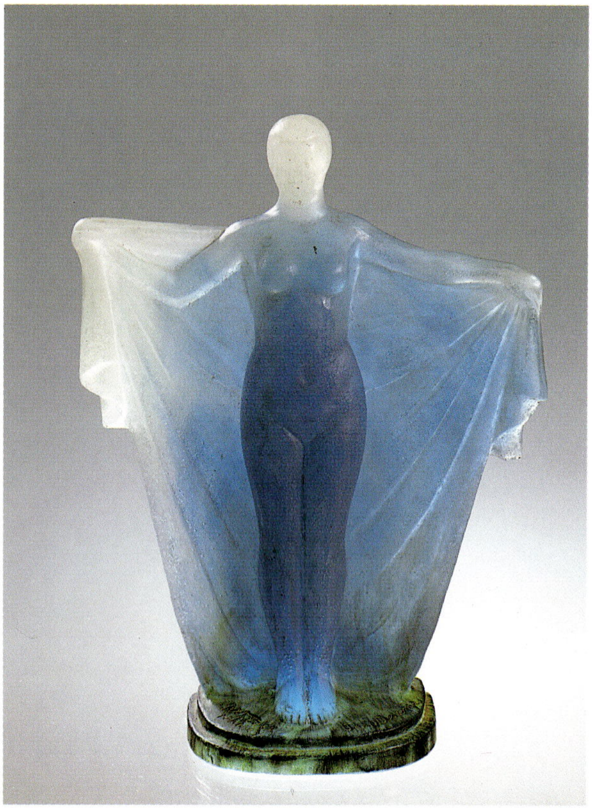

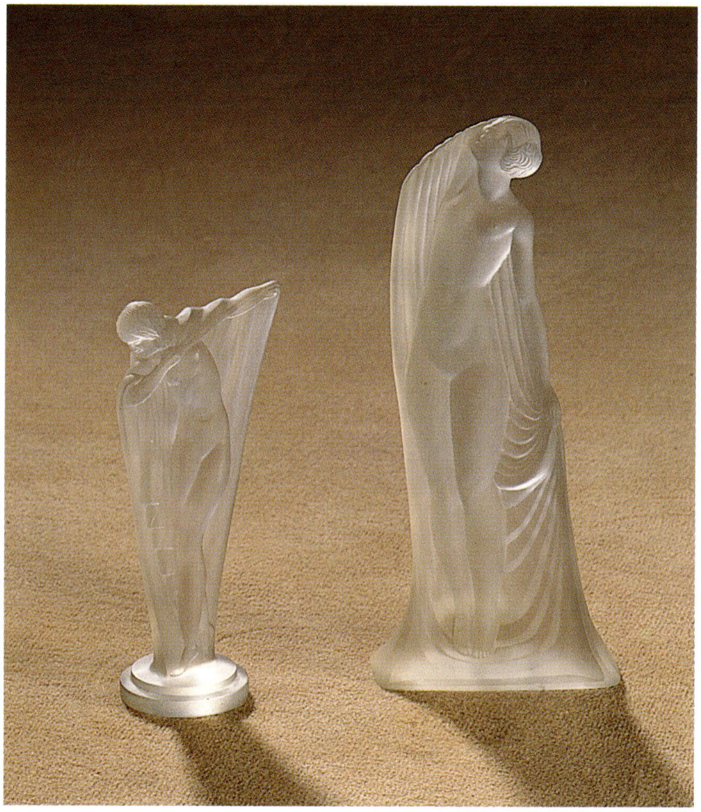

63 »Loïe Fuller«

Frankreich, Almaric V. Walter, nach 1919.
Pâte-de-verre. Signiert.
15.000,– bis 20.000,–

Während Almaric V. Walter ein spezialisierter Glaskünstler, ja ein immer neue technische Verfahren besonders zur Einfärbung der Glasmasse ersinnender Tüftler war, gehörte die Firma Etling zwischen den beiden Kriegen zu den wichtigsten Lieferanten gefälliger Kleinskulpturen in den verschiedensten Materialien, etwa auch jene heute so geschätzten Gold-Elfenbein-Figuren des Demetre Chiparus.

Glasskulpturen mehr oder weniger bekleideter Damen, wohl an Laliques berühmter »Susanna im Bade« inspiriert, wurden auch in opalisierter Fassung hergestellt. Loïe Fuller war eine vor allem zur Zeit des Jugendstil häufig dargestellte Tänzerin, die mit flatternden Tüchern als »lebende Skulptur« auftrat.

64 Glasfiguren

Paris, 20er Jahre.
Signiert »Etling«.
Ca. 2.000,– bzw. ca. 3.500,–

*

Noch gesuchter und entsprechend kostspieliger sind die opalisierenden Ausformungen.

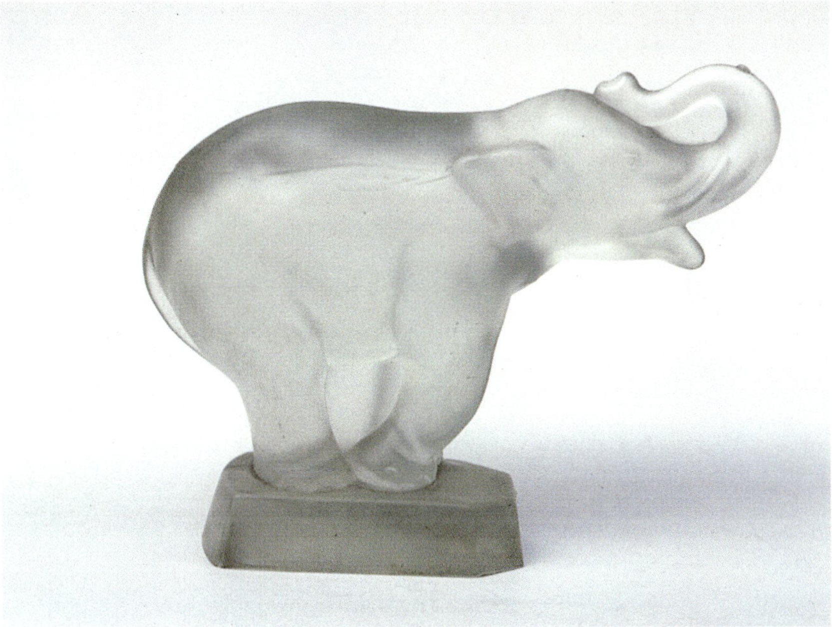

65 Elefant

Wohl Frankreich, um 1930.
L. 18 cm
350,– bis 400,–

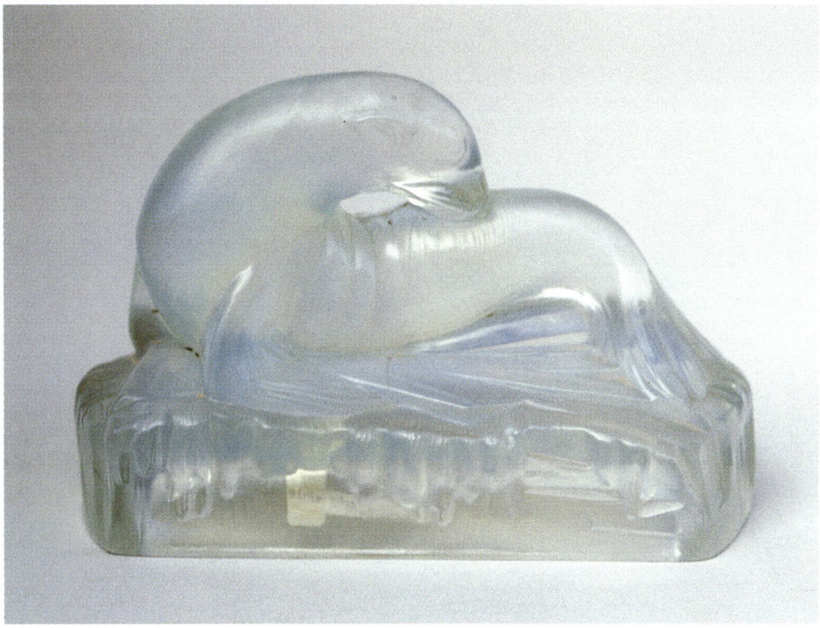

66 Seehund

England, Firma Jobling, nach 1933.
Signiert »Opalique«.
L. 15 cm
1.000,– bis 1.200,–

Die herausragende Qualität und der ungeheure Erfolg der oft nach naturalistischen Vorbildern ausgeführten Entwürfe von René Lalique rief eine Menge Nachahmer auf den Plan. Diese suchten entweder anonym oder, wie die Firma Jobling in England, mit ihren aus opalisierendem Glas geschaffenen, überwiegend Tiere darstellenden Figuren auch im Namen die Ähnlichkeit zu Lalique (»Opalique«). Nachdem dieser sich anfangs gründlich über diese Art des Beifalls von der falschen Seite geärgert hatte, nahm er es später gelassener und sogar als Kompliment. Allerdings war der Firma Jobling in England damit kein nachhaltiger Erfolg beschieden, so daß sie ihre Produktion wieder auf einfache Gläser umstellen mußte.

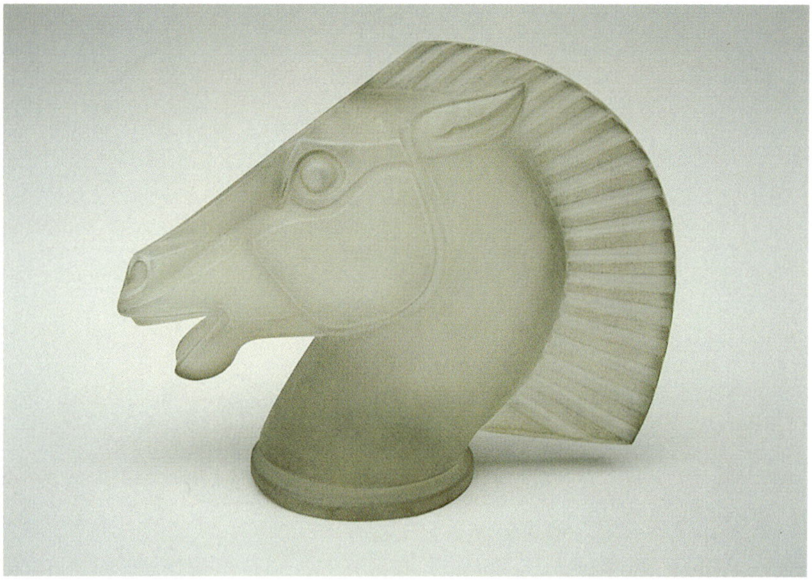

67 Pferdekopf

Böhmen, wohl 30er Jahre.
H. 12 cm
400,– bis 450,–

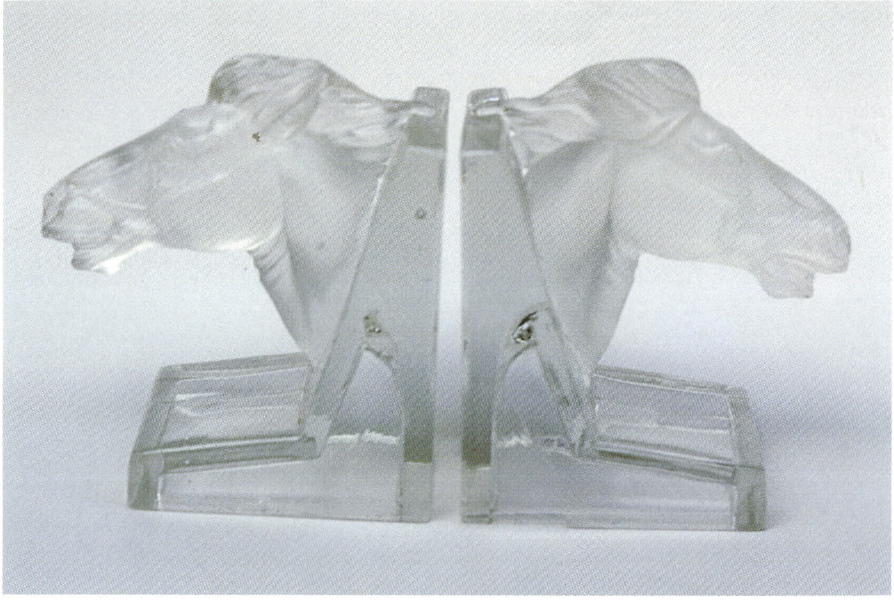

68 Pferdeköpfe

Um 1925.
Buchstützen aus Preßglas.
H. 11 cm
1.200,– bis 1.300,–

Nach 1920 stellte Lalique eine ganze Reihe gläserner Kühlerfiguren her. Neben dem berühmten »Spirit of the Wind« waren darunter auch die vier springenden Pferde und ein Pferdekopf, der hier offensichtlich als Vorbild gedient hat. Diese Kühlerfiguren, die auch als Briefbeschwerer oder Kunstobjekt hergestellt wurden, waren zum Teil mit einer Beleuchtungsanlage verbunden, die über die Strommaschine in Betrieb gesetzt werden konnte. Als die Autofirmen den Werbeeffekt dieses Kühlerschmucks erkannten und ihre eigenen, meist aus Metall gefertigten Embleme anbrachten, war jene kurze spielerisch-kunstreiche Zeit der Kühlerfiguren auch schon wieder vorbei, während Buchstützen nach wie vor gebraucht werden.

René Lalique stellte nicht nur im Bereich des Jugendstilschmucks, sondern nach dem Ersten Weltkrieg auch beim Art déco-Glas eine Klasse für sich dar. Er war der »Michelangelo des Glases«. Dies gilt sowohl für die Qualität seiner auf Naturformen basierenden oder in freien Ornamenten gehaltenen Stücke als auch für die Professionalität der Herstellung und die Zahl der Entwürfe. Trotz ihrer weiten Verbreitung sind sie bei Sammlern hochbegehrt, wobei die selteneren farbigen Gläser im Preis deutlich höher liegen als die üblichen aus farblosem Halbkristallglas.

Die mit »R. Lalique« signierten Gläser sind ganz allgemein noch vor Ende des Zweiten Weltkrieges zu datieren, da danach sein Sohn die Firma zum Teil mit den gleichen Designs, aber der Signatur ohne »R.« weiterführte.

Die Bibel der Sammler stellt der komplette, illustrierte Katalog von 1932 dar, der 1981 in New York nachgedruckt wurde und ca. 2.000 Nummern umfaßt.

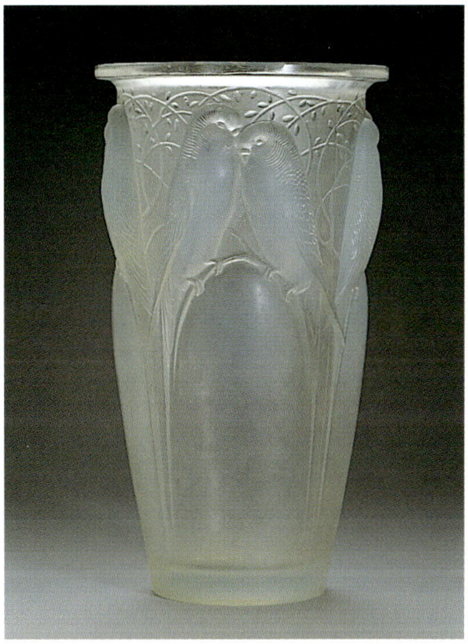

69 »Perruches«

Frankreich, René Lalique, 1925–1932.
Vase aus farblosem, opalisierendem Glas mit Wellensittichrelief, in die Form gepreßt. Signiert »R. Lalique«.
7.000,– bis 10.000,–

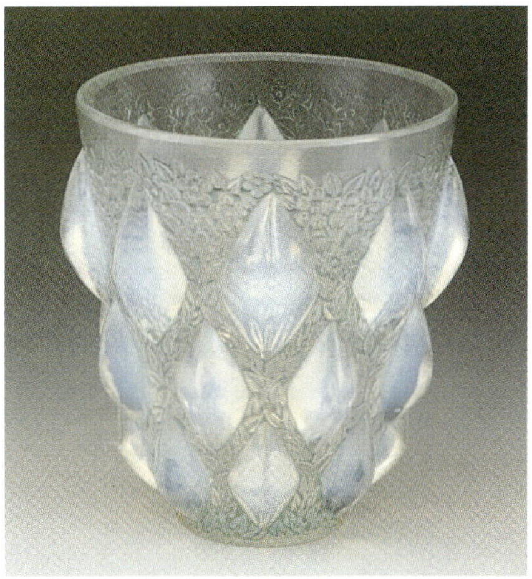

70 »Rampillon«

Frankreich, René Lalique, um 1928.
Vase aus farblosem, opalisierendem Glas mit Diamantnoppen und Blattwerkdekor, in die Form gepreßt. Signiert »R. Lalique«. France. No. 991. H. 12,5 cm
2.000,– bis 3.000,–

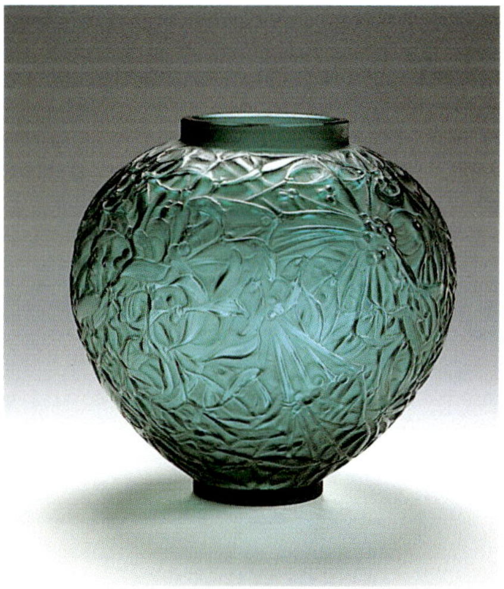

71 »Mistel«

Frankreich, René Lalique, 1925–1932.
Vase aus smaragdgrünem Glas, in die Form gepreßt. Ätzsignatur »R. Lalique«.
10.000,– bis 14.000,–

*

Der oben genannte Preis gilt auch für blaues und schwarzes Glas. Vasen aus rotem und gelbem Glas sind etwas billiger. Aus opalisierendem Glas liegen sie bei 4.000,– bis 6.000,–, für farbloses Glas wegen ihrer viel größeren Häufigkeit auf dem Markt sogar nur bei etwa 1.000,– bis 1.500,–.

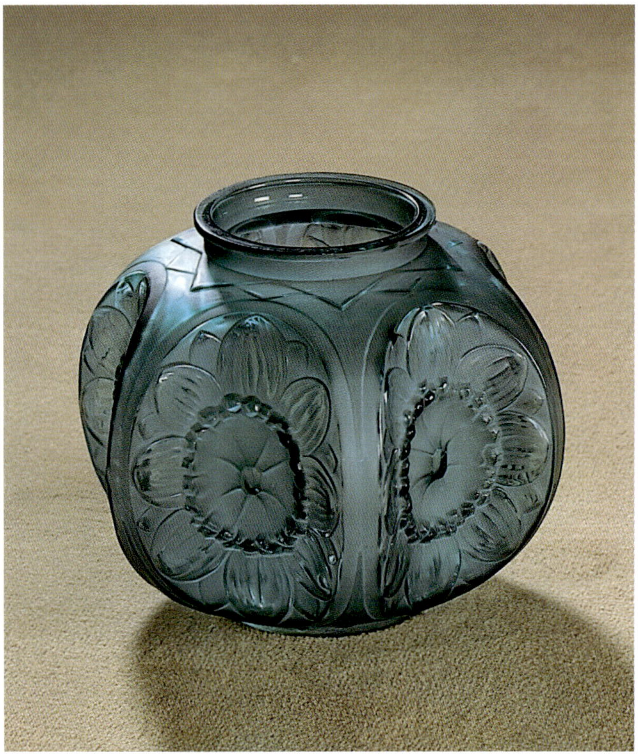

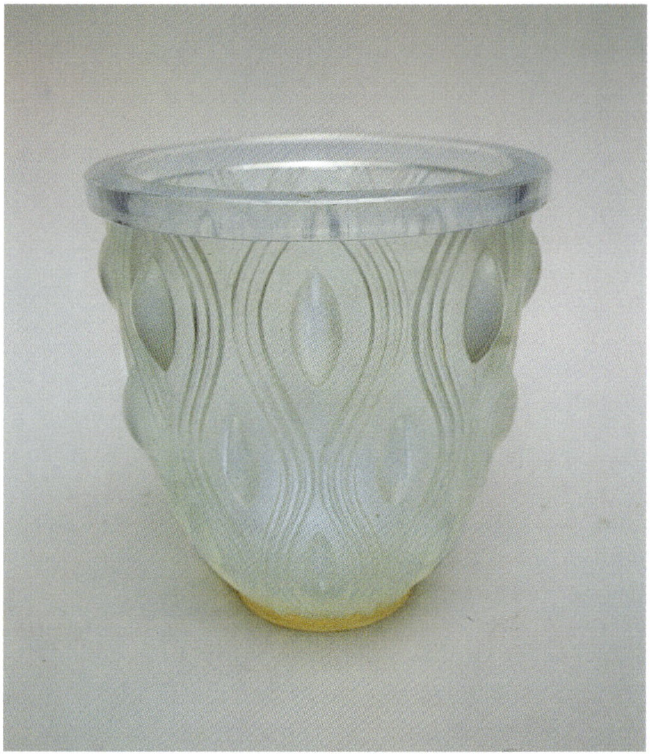

72 Vase

Frankreich, Sabino, 20er Jahre.
Türkisfarbenes Glas.
H. 30 cm
1.400,– bis 1.600,–

Sabino, der als Holzschnitzer ausgebildet war, baute nach dem Ersten Weltkrieg eine der erfolgreichsten Glasfirmen Frankreichs mit einem umfangreichen Programm – angefangen von Lampen aller Art bis hin zu einer umfangreichen Palette von Zierglas – auf. Berühmt war sein opalisierendes Glas.

Da die Firma nach dem Zweiten Weltkrieg weitergeführt wurde, sind hier auch einzelne spätere Ausformungen mit einer allerdings deutlich milchigeren Opaleszenz auf dem Markt.

73 Vase

Frankreich, Sabino, 20er Jahre.
Opalisierendes Glas. Signiert.
H. 14,5 cm, D. 13 cm
1.500,– bis 2.000,–

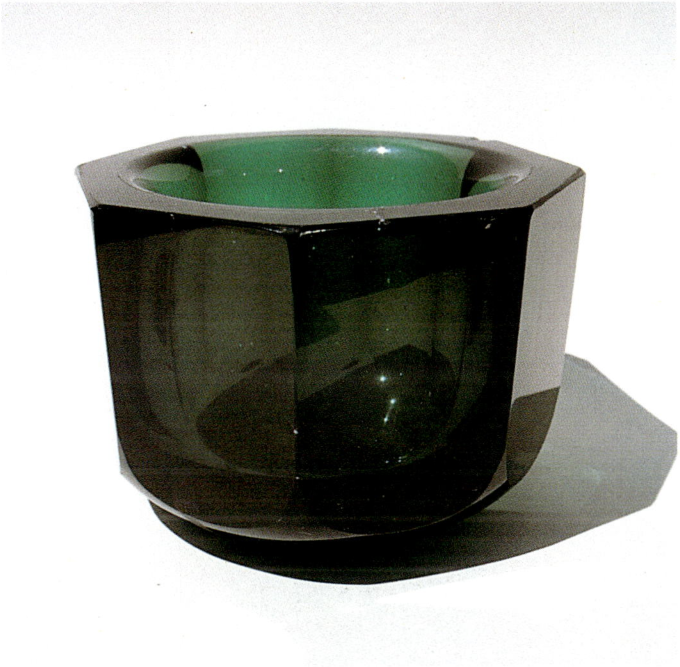

74 Kristallschale

Frankreich, Daum, Nancy, um 1930.
Geschliffenes Kristallglas. Signiert.
H. 10 cm, D. 13,5 cm
900,– bis 1.000,–

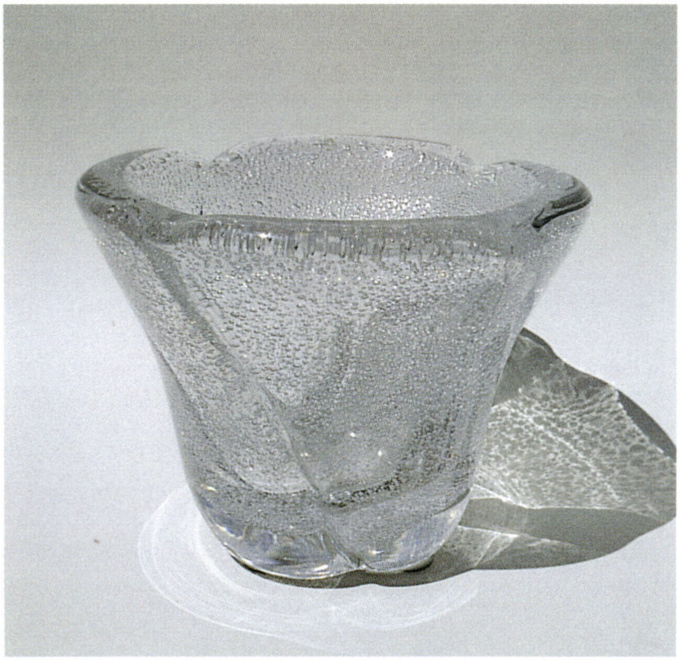

75 Vase

Frankreich, Daum, Nancy,
Zweite Hälfte 30er Jahre.
Schwerwandige Kristallvase mit geschliffener Signatur.
H. 17 cm, D. 21,5 cm
1.200,– bis 1.300,–

Nachdem Daum bereits zu den führenden Glasherstellern des Jugendstil gehört hatte, stellten sich die Gebrüder nach dem Ersten Weltkrieg rasch auf die neuen, kantigeren und einfacheren Formen des Art déco um und bestätigten ihre Weltgeltung. Obwohl Paul Daum 1944 in einem deutschen Konzentrationslager starb, wurde die Firma nach dem Krieg mit Erfolg weitergeführt. Die Manufaktur Daum war vor allem für ihr meist einfarbiges, dickwandiges, geätztes oder in geschmiedete Eisenrahmen geblasenes Glas bekannt. Der Einfluß von Marinots modernistischen Entwürfen ist mitunter deutlich zu spüren.

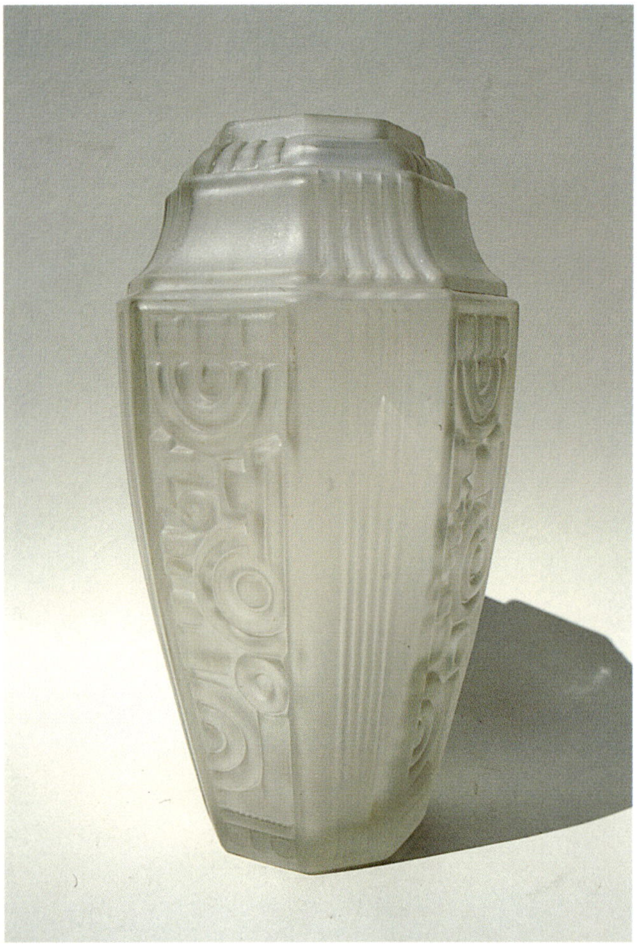

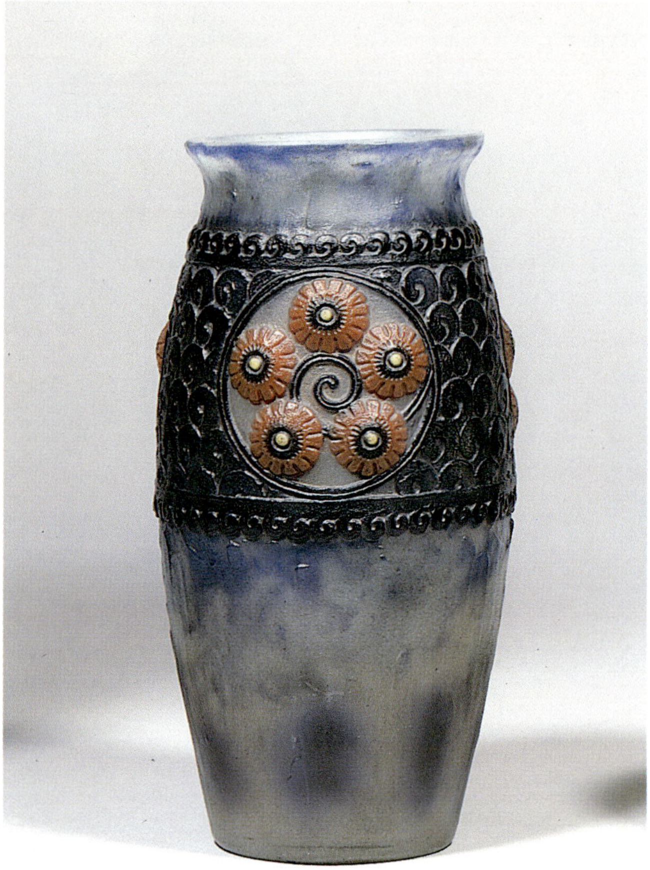

76 Vase

Frankreich, um 1925.
Gefrostetes Glas. Signiert
»ETALUNE PARIS FRANCE«.
H. 25,5 cm
350,– bis 400,–

77 Vase

Frankreich, Argy-Rousseau, um 1923.
Pâte-de-verre.
H. 24 cm
15.000,– bis 20.000,–

Während Etalune vor allem einfarbige, gefrostete Vasen und Lampen herstellte, war Argy-Rousseau neben Décorchemont der führende Künstler des Pâte-de-verre. Dabei wird zerstoßene Glasmasse modelliert und bei reduzierter Hitze regelrecht zusammengebacken. Die dabei entstehenden Farbeffekte verleihen den Objekten einen eigentümlichen Reiz, der Argy-Rousseau neben vielen Preisen auch einen beträchtlichen kommerziellen Erfolg eintrug, den er aber nicht über den Zweiten Weltkrieg hinüberretten konnte.

Obwohl er auch in späteren Jahren noch immer seine Erzeugnisse ausstellte, wurden sie doch weitgehend ignoriert. Er starb 1953 arm und vergessen.

Heute kommt es bei Auktionen zu regelrechten Bietergefechten um seine Vasen und Lampen.

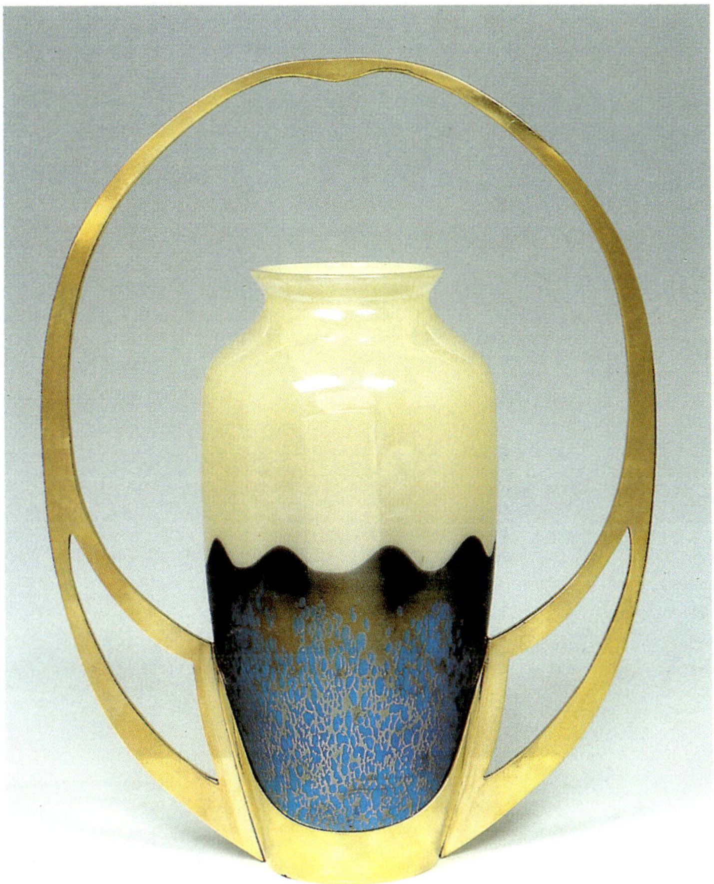

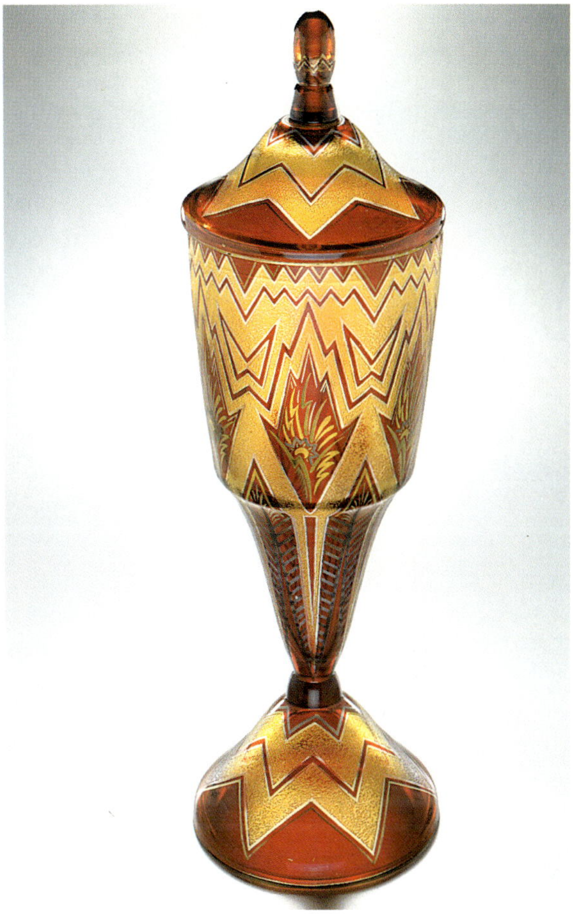

78 Ziervase

Böhmen, Joh. Loetz Wwe, Klostermühle, um 1925.
Gelb-rotes Überfangglas mit eingewalztem Silbergelbkrösel in Messingmontierung.
H. 42 cm
9.000,– bis 11.000,–

Die vor allem für die gekämmten, irisierenden Effekte ihrer Jugendstilgläser weltberühmte Firma Loetz in Böhmen trat bereits früh in den Kontakt mit den Wiener Werkstätten und ihren streng vereinfachten Formen, die sie auch als Komissionsware ausführte. Obwohl man sich nach dem Krieg auf die geometrisierende Formensprache des Art déco einstellte, konnte man bei Loetz doch langfristig nicht mehr an die früheren Erfolge anknüpfen. Bei den geometrischen Dekoren wird der Einfluß des extrem eckigen und kristallin arbeitenden tschechischen Kubismus deutlich, der sogar in der Architektur ein ganz eigenes, splittriges Gepräge entwickelte.

79 Deckelpokal

Böhmen, Joh. Loetz Wwe, Klostermühle, um 1925.
H. ca. 40 cm
3.500,– bis 4.000,–

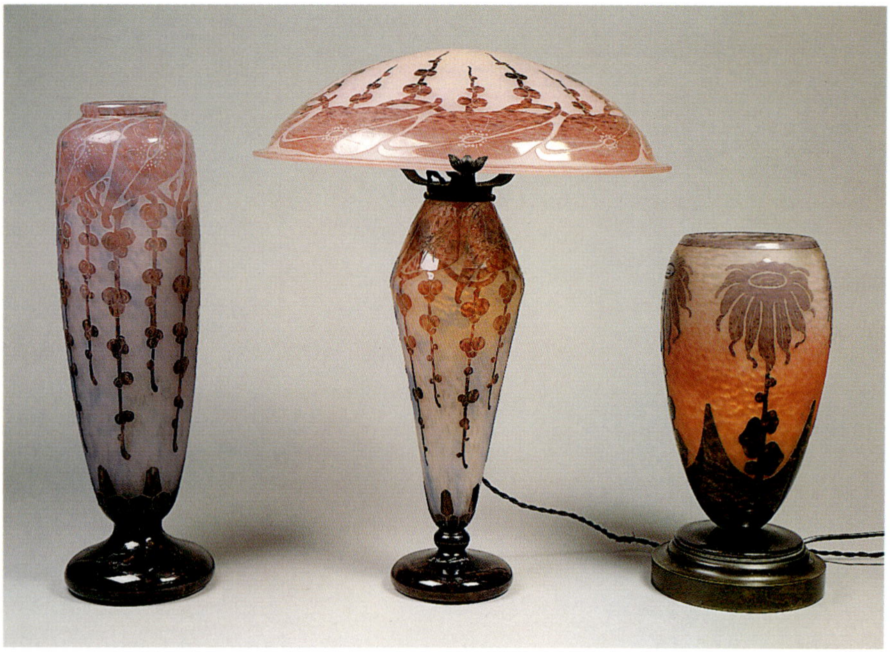

80 Le Verre Français

Frankreich, Schneider, um 1925.
Zwei Vasen und eine Lampe in stilisiertem Blütendekor.
Vasen je 3.000,– bis 3.500
Lampe 6.000,– bis 7.000,–

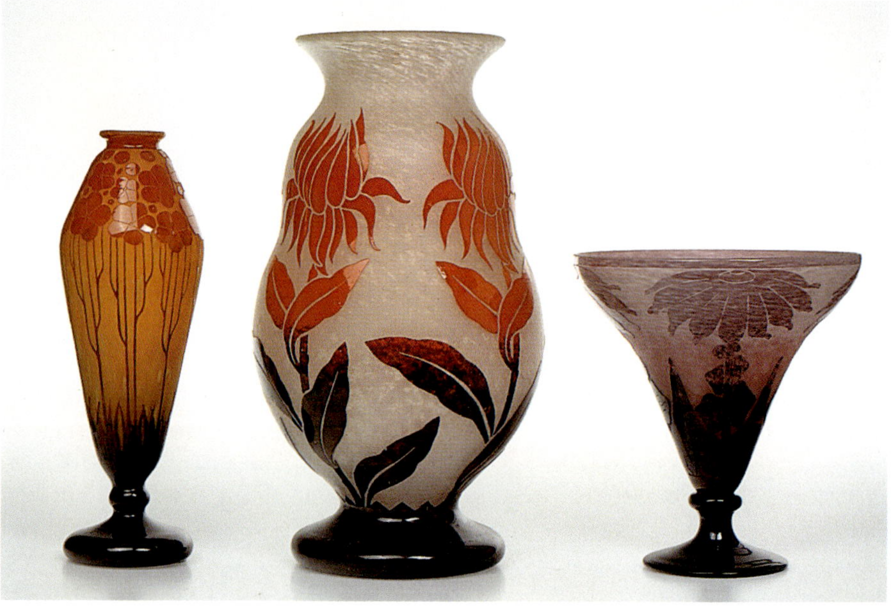

81 Drei Gläser

Frankreich, 20er Jahre.
Verreries Schneider (außen) und Verrerie d'Art Degué (Mitte).
Signiert.
H. 39 bzw. 48 bzw. 28 cm
Je 5.000,– bis 6.000,–

Victor Arwas schreibt in seinem opulent bebilderten und umfassend recherchierten Standardwerk des Jugendstil- und Art déco-Glases über die Glasmanufaktur Schneider und ihre stilistischen Experimente: »Die bemerkenswertesten dieser Kreationen im Mischstil waren zweifellos die »le verre français« genannten Kunstglasvasen, Schalen, Beleuchtungsgläser, Dosen und Krüge aus zwei oder dreischichtigem opakem Glas, geätzt und poliert in stark stilisierten, sich wiederholenden, geometrischen Mustern nach Vorbild von Früchten, Blumen, Insekten, Vögeln, Pilzen, Schnecken oder Schwänen. Es handelte sich dabei um eine merkwürdige, aber äußert wirkungsvolle abstrakte Dekorationstechnik.«

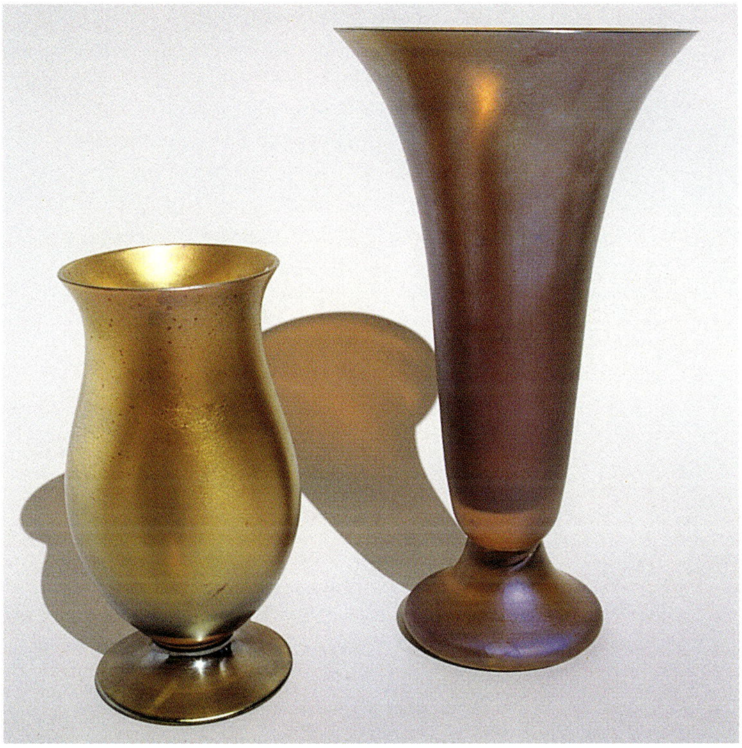

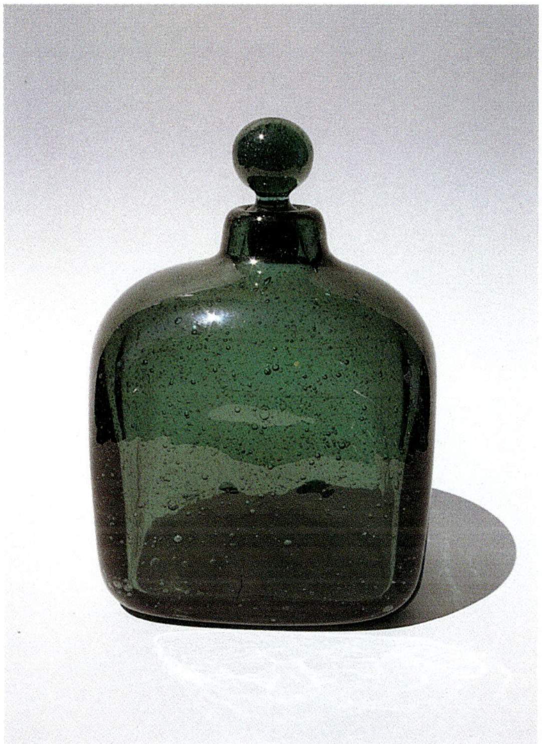

82 Myra-Gläser

Deutschland, WMF, um 1930.
Irisierendes Kristallglas.
H. 15 bzw. 23 cm
Je ca. 500,– bzw. 800,–

Neben den geometrisch verzierten Gläsern stand vor allem der französische Glaskünstler Marinot für einfachere, oft unverzierte und meist nur durch Materialeffekte strukturierte Gläser in überwiegend massigen, dickwandigen Formen. Diese wurden vor allem in den 30er Jahren zunehmend nachgeahmt und weisen bereits auf die Formensprache der 50er Jahre voraus.

Dies gilt auch für die Gläser der Württembergischen Metallwarenfabrik in Geislingen an der Steige (WMF). Unter der Leitung Karl Wiedmanns wurde 1925 das Myra-Glas entwickelt, dem 1926 das ebenso beliebte Ikora-Glas folgte. Insgesamt wurden bis zum Ausbruch des Zweiten Weltkriegs etwa 150 verschiedene Modelle hergestellt.

83 Flakon

Frankreich, um 1935.
Aufgeschäumtes Glas im Stile Marinots.
H. 19 cm
700,– bis 800,–

*

Die Originale von Marinot liegen eher im fünfstelligen Bereich.

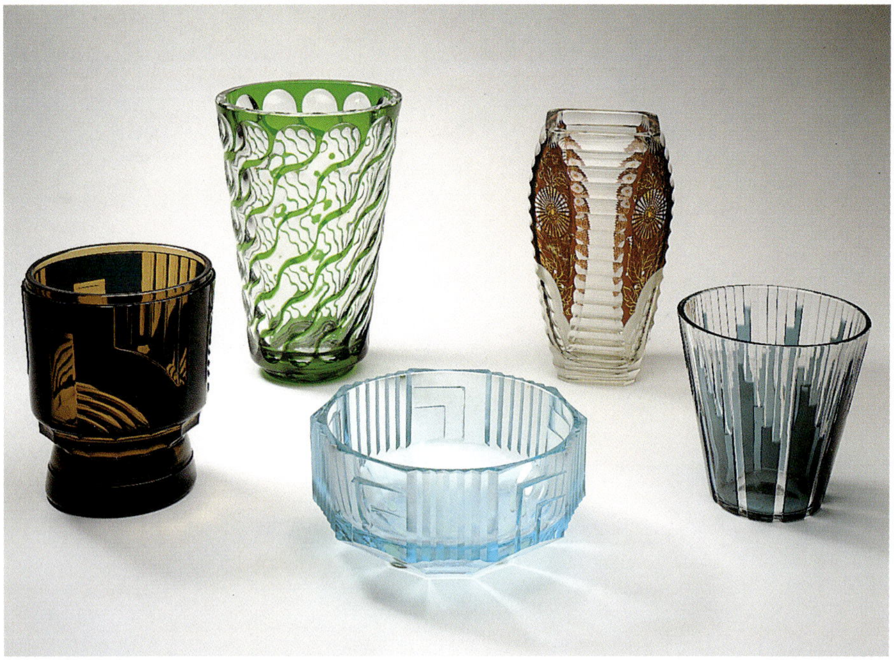

84 Fünf Vasen

Böhmische Fachschule, 20er Jahre.
Verschiedene Formen mit unterschiedlich eingefärbtem und dekoriertem Glas, teilweise geätzt, geschliffen und farbig gebeizt.
H. von 10 bis 25 cm
Je ca. 2.000,– bis ca. 3.000,–

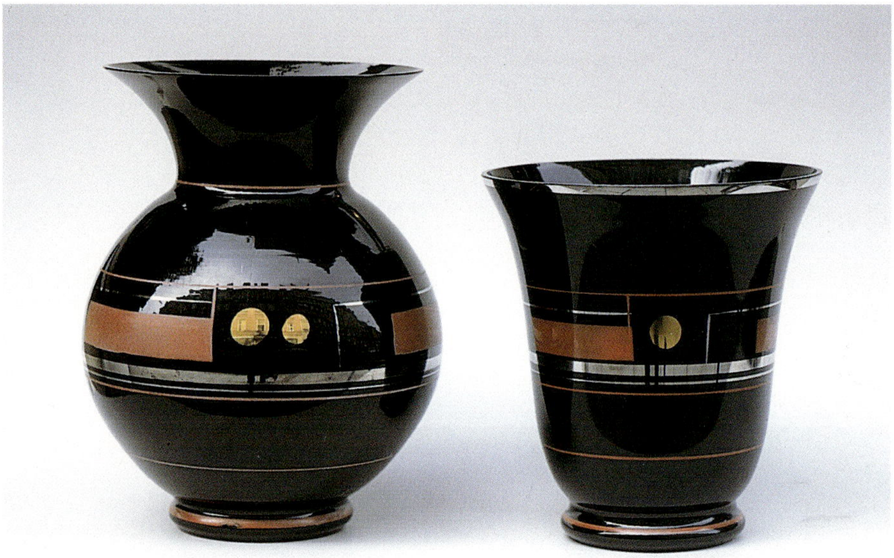

85 Zwei Vasen

Belgien, Boom, um 1925.
Schwarzes Glas mit geometrischer Bemalung.
H. 20,5 bzw. 16 cm
Je 400,– bis 500,–

Das Art déco-Glas zeichnet sich durch seine Vielfalt in Form und Dekor aus. Sehr unterschiedliche Entwürfe und Fertigungsverfahren kamen zur Anwendung. Auch innerhalb eines Werkstattverbandes wurden verschiedene Formen und Dekors nebeneinander hergestellt. Zum Teil gibt es aber auch zusammenhängende Dekorfamilien, und verschiedene Grundformen wurden mit dem jeweils gleichen, meist geometrischen Dekormotiv ausgestattet.

Während bei den Gläsern der Böhmischen Fachschule der Materialcharakter des Glases im Vordergrund steht und vom Dekor nicht grundsätzlich verdrängt wird, ist bei den schwarzen Vasen der Firma Boom zunächst gar nicht erkennbar, ob es sich überhaupt um Glaserzeugnisse handelt.

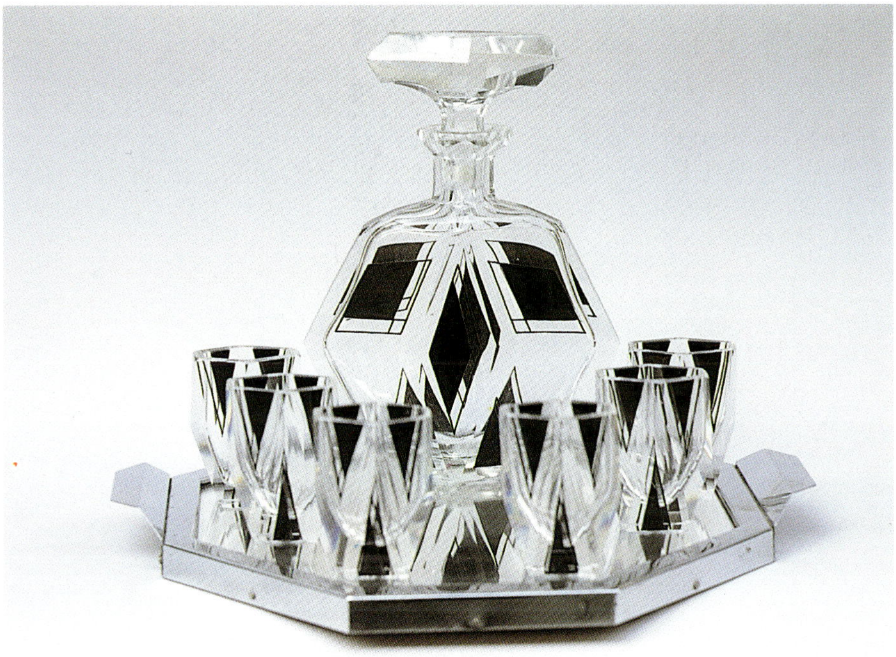

86 Likörset

Böhmen, 20er Jahre.
Glaskaraffe mit sechs Gläsers.
Kristallglas mit Schwarzlotmalerei.
H. 22 bzw. 7 cm
1.300,– bis 1.500,–
Tablett 130,– bis 150,–

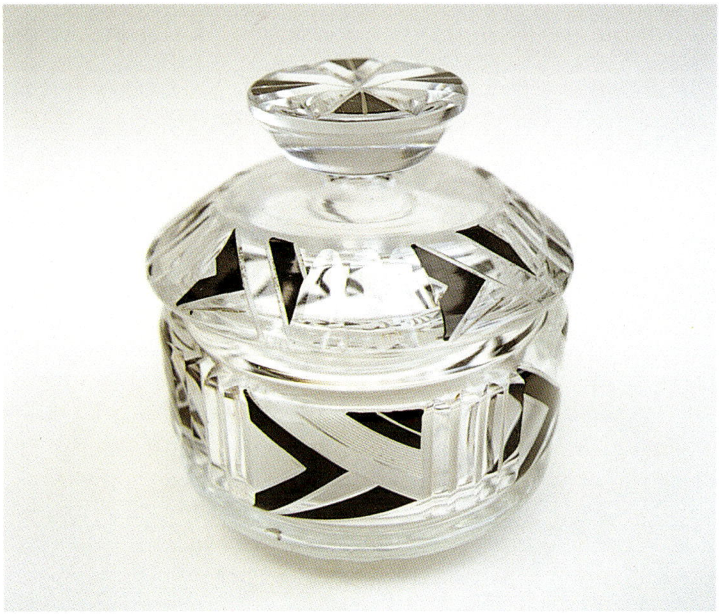

87 Deckeldose

Böhmen, 20er Jahre.
Kristallglas mit Schwarzlotmalerei, geätzt und geschliffen.
H. 12,5 cm
300,– bis 400,–

Vor allem in Böhmen, aber auch in Frankreich, Deutschland und England wurden in den 20er und 30er Jahre Flakons, Glasgefäße, Porzellane und sonstige Gegenstände des täglichen Gebrauchs mit den typischen Formen des Kubismus bzw. Konstruktivismus und ihrem scharfkantigen und prismatischen Gepräge versehen. Dies eignete sich beim Glas vor allem im Zusammenhang mit den geschliffenen, grundsätzlich prismatischen Formen zur Herstellung von Trinkgläsern, Karaffen und Flakons. So entstanden hier regelrechte Dekorklassiker, die heute wieder zunehmend begehrt sind.

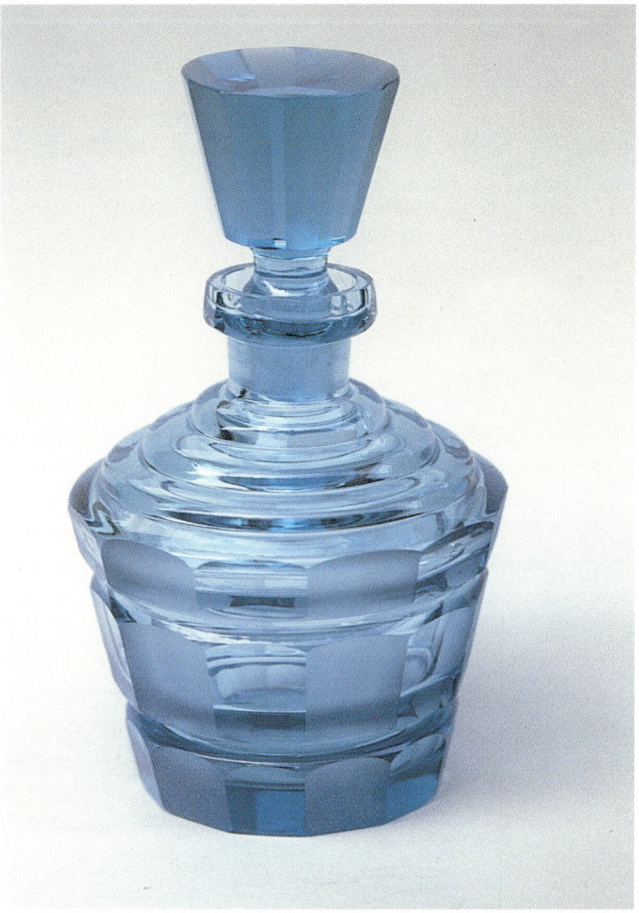

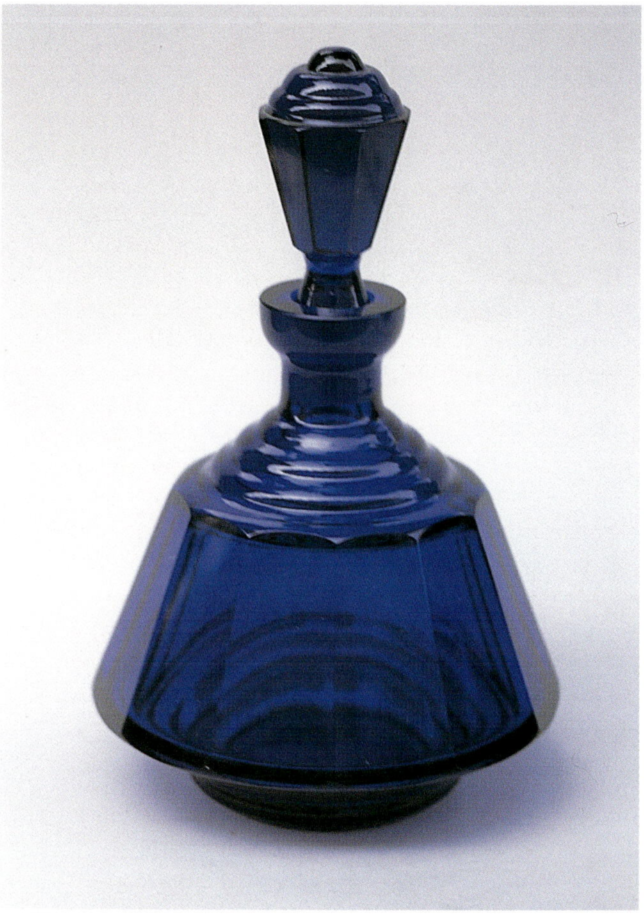

88 Hellblauer Flakon

Böhmen, um 1930.
Teilweise geätzt.
H. 19 cm
150,– bis 250,–

Neben den farbig abgesetzten Dekorformen gab es eine große Anzahl sehr effektvoller, einfarbiger Flakons und Karaffen, die nur von der prismatischen Preßform leben oder – entsprechend aufwendiger – zurechtgeschliffen wurden. Die heute begehrtesten Stücke dieser Art kommen allerdings nicht aus Böhmen, sondern stammen aus der altehrwürdigen französischen Bleikristallfirma Baccarat, die bereits 1764 gegründet wurde. Ihre Erzeugnisse überflügeln in der Sammlergunst heute sogar die des erfolgsverwöhnten Lalique, was der gegenwärtigen Wendung des Geschmacks weg vom Jugendstil, hin zu den strengen Formen der 30er Jahre entspricht.

89 Blauer Flakon

Böhmen, 20er Jahre.
Preßglas geschliffen.
H. 20,5 cm
200,– bis 300,–

Keramik und Porzellan

Die mehr oder weniger manufakturmäßig gefertigten Waren der Keramik und des Porzellans stellten nach ihrem künstlerischen Höhepunkt im 18. und ihrer historistischen Nachahmungsphase im 19. Jahrhundert in den ersten Jahrzehnten des 20. Jahrhunderts einen Bereich der angewandten Künste dar, in dem auf breiter Ebene neue Formen und Dekors entwickelt wurden, die z. T. von beachtlicher, eigenständiger und künstlerisch hochwertiger Qualität waren.

Keramik

Allerdings setzten die technischen und handwerklichen Eigenarten der Keramik dem Gestaltungswillen der Entwerfer durchaus Grenzen. Dies führte dazu, daß die Formen des Art déco in der Keramik bisweilen eigenwillige und ungewohnte Ausprägungen erfuhren und sich auch bizarre Sonderformen entwickelten, wofür etwa die trendsetzenden und an volkstümlichen Vorbildern orientierten Entwürfe der Vally Wieselthier für die Wiener Werkstätten stehen.

Ganz im Gegensatz zu Metall und Glas war die Präzision und Formdifferenzierung der Technik in Formgebung und Dekor begrenzt und gerade die präzise Scharfkantigkeit und filigrane Raffinesse vieler Art déco-Entwürfe nicht entsprechend umsetzbar. So finden wir in der Keramik auch unscharfe und weich verfließende Dekore, wie sie in keinem anderen Medium üblich waren und unserer Vorstellung von Art déco oft diametral widersprechen. Auch wurden nicht selten den typisch plumpen und behäbig dickbäuchigen Grundformen der Töpferwaren die charakteristischen Art déco-Dekore nur aufgesetzt, so daß ein eigentümlicher Kontrast von Gesamtform und Dekor entsteht.

Trotz dieser Schwierigkeiten entstanden eine Vielzahl eigenständiger und reizvoller, auch durchaus typischer, Art déco-Erzeugnisse, wobei die Schwierigkeiten bei größeren Formaten deutlich abnehmen bzw. weniger ins Gewicht fallen. So finden wir charakteristische Art déco-Keramikfiguren mit Frauenakten oder schreitenden Panthern als typische Kaminfiguren von relativ großen Proportionen. Bei diesen steigern sich die Wärme des Materials und die transparente Kälte der meist einfarbigen Glasierung zu einer überzeugenden Gesamtwirkung.

Porzellan

Etwas anders liegen die handwerklichen und technischen Voraussetzungen beim Porzellan. Dieses kann präziser, scharfkantiger und filigraner verarbeitet werden und hat gerade im Art déco zu Höchstleistungen bei Figuren und Gefäßen zurückgefunden, die denen der glorreichen Frühzeit eines Bustelli oder Kändler im 18. Jahrhundert durchaus ebenbürtig sind. Erwähnt seien hier vor allem die Figuren der Firma Rosenthal oder der Porzellanmanufaktur Meißen mit dem genialen Paul Scheurich, die zu den wirklich klassisch gültigen künstlerischen Äußerungen des Mediums gehören.

Im Bereich der Geschirre gibt es zum einen Beispiele, die für einen betont zeitgenössischen Entwurf der Form stehen. In anderen Fällen wurden nur auf konventionelle und gebräuchliche Formen entsprechende zeitgenössische kubistisch, konstruktivistisch oder futuristisch inspirierte Dekors aufgetragen. Vorläufer gibt es hier vor allem im Konstruktivismus des revolutionär bewegten Rußlands wo so profilierte Künstlerpersönlichkeiten wie Kandinsky und Malewitsch ihre Formensprache auf Porzellan übertrugen.

Nationale Eigenarten

Insgesamt schlagen die nationalen Eigenarten und lokalen Traditionen bei der Keramik besonders stark durch. So finden wir eine eigene, sehr englische Ausprägung mit einem spezifisch britischen Hang zur Exzentrik in der Keramikgröße Clarice Cliff.

In Frankreich wurden sehr elegante und mondäne Formen hergestellt. Eine eigene Keramiktradition gibt es auch in Belgien mit der Firma Boch Frères, ein Ableger der hauptsächlich durch ihre Sanitärkeramik bekannten deutschen Firma Villeroy & Boch.

In Böhmen und Ungarn wird der Wiener Einfluß deutlich spürbar. In Deutschland wirkte die große Tradition der alteingesessenen Porzellanfirmen nach. In Italien finden wir eher formstrenge Entwürfe, etwa von Gio Ponti, die bereits auf die große Zeit des italienischen Designs der Nachkriegszeit vorausweisen.

Kühl stilisierte Formen zeichnet das skandinavische Porzellan aus, in dem sich etwa Jean Gauguin, der Sohn des weltbekannten impressionistischen Malers Paul Gauguin, einen Namen machte.

Hinweis für Sammler

Wie beim Glas gilt auch bei Keramik und Porzellan, daß Sammler zunehmend sensibel gegenüber Beschädigungen, Sprüngen und Reparaturen werden und diese sich daher stark wertmindernd auswirken.

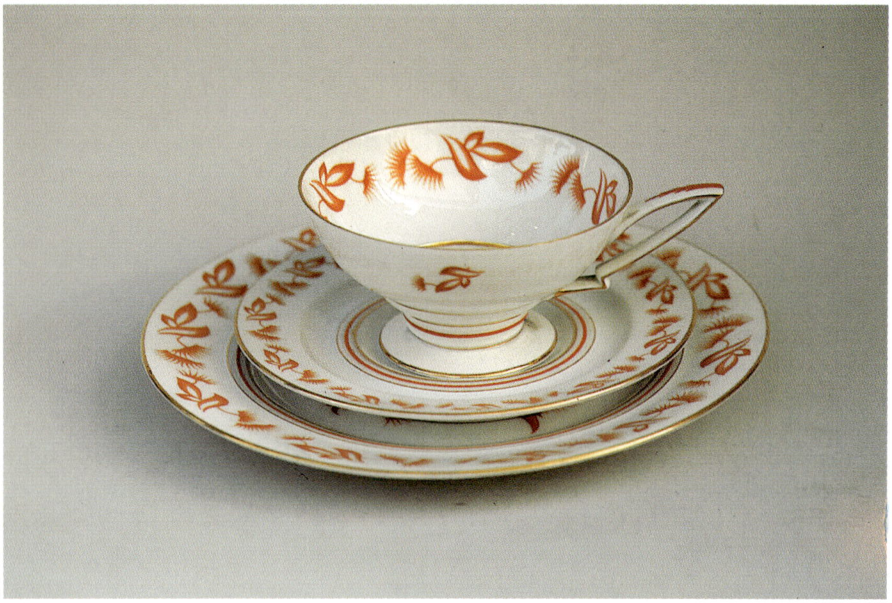

90 Tasse

Mit Untertasse und Kuchenteller.
Weimar, um 1930.
220,– bis 270,–

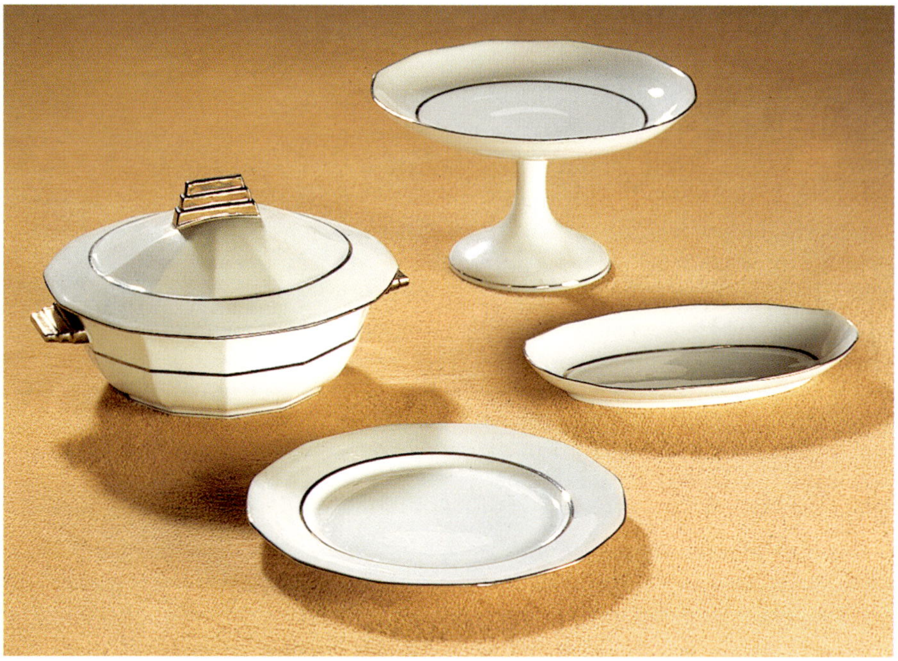

91 Speiseservice

Frankreich, Limoges, 20er Jahre.
Porzellan. Für 12 Personen.
3.400,– bis 3.600,–

Auch das Porzellan des täglichen Gebrauchs wurde in Form oder Dekor oder beidem zusammen im hochmodernen Art déco-Stil neu entworfen, wobei die Ergebnisse entweder eher schrill und mondän oder klassisch und zurückhaltend ausfallen konnten. Typisch Art déco waren etwa spitz-aggressiv stilisierte Pflanzendekore in plakativen Farbkontrasten oder einfache sachlich geometrische Motive wie hier die getreppten Griffe. Nicht selten wurde beim Entwickeln moderner Dekore das Formenarsenal des Kubismus geplündert.

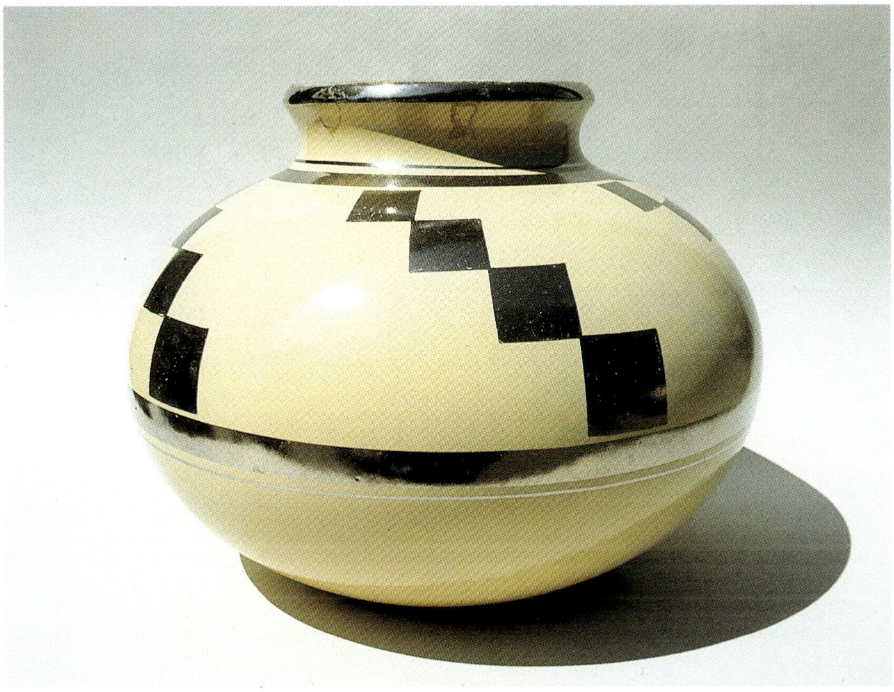

92 Vase

Frankreich, 20er Jahre.
Keramik, gelblich glasiert und versilbert.
H. 22 cm
450,– bis 550,–

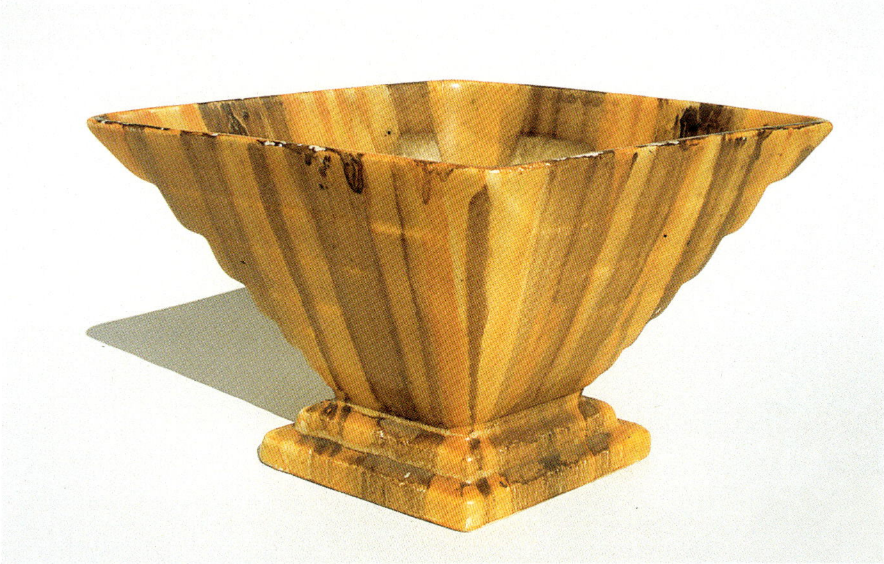

93 Vase

England, um 1925.
Handbemalte Keramik.
H. 15 cm
250,– bis 350,–

In der streng stilisierten Vase oben kontrastiert die runde Kugelform des Korpus sehr effektvoll mit den silbern aufgesetzten, getreppt angeordneten Quadraten des Dekors. Ein virtuelles Raster überzieht geradezu die Oberfläche, in das sie eingeschrieben sind.

Das Treppenmotiv finden wir auch bei der eindrucksvollen englischen Vase, wo die lockere, in weichen, verfließenden Farbkombinationen aufgesetzte Handbemalung die schroffen und spitzen Formen abmildert und überspielt.

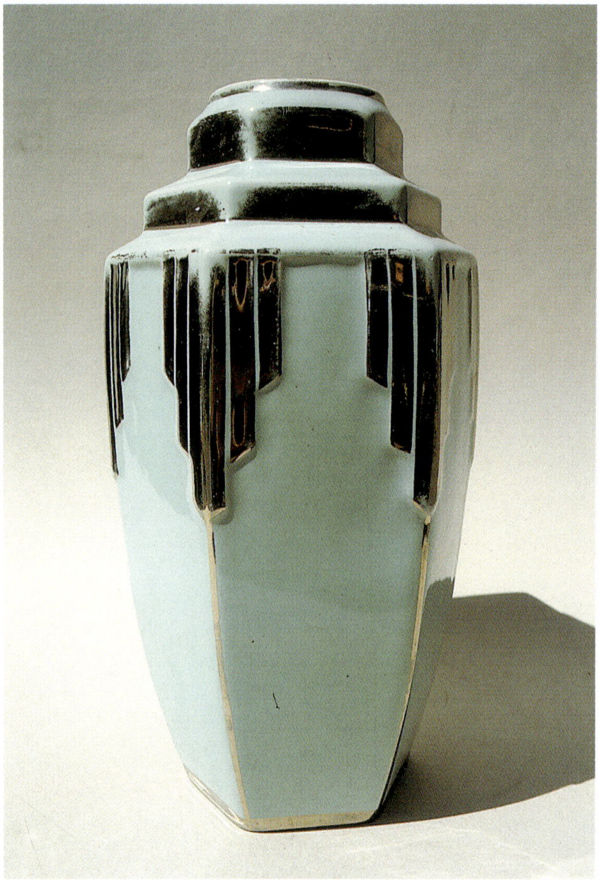

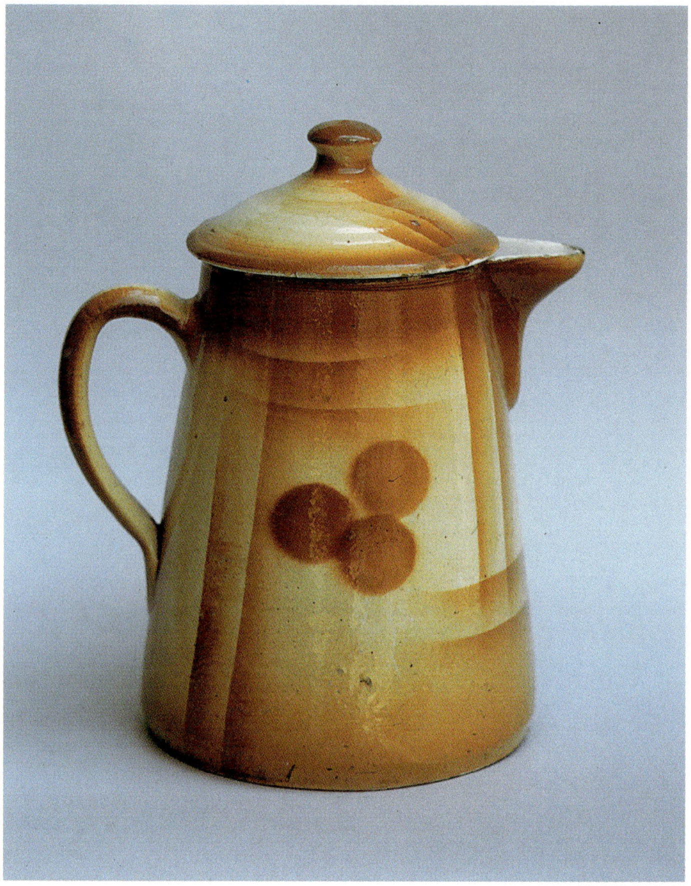

94 Vasenpaar

Frankreich, 20er Jahre.
Hellgrün glasierte Keramik, Silberbemalung teilweise abgerieben.
H. 27,5 cm
Zus. 300,– bis 400,–

Nicht selten erinnert der elegant stilisierte, zurückhaltende Dekor der Art déco-Keramik an fernöstliche Vorbilder. Hier harmoniert die hellgrüne Glasur vortrefflich mit der leider teilweise etwas abgeriebenen Silberauflage.

Doch auch in den rustikaleren Bereichen setzten sich kubistisch inspirierte Formen durch. Scharfkantige, durch einfache Schablonen erzeugbare Facetten mit einem einseitigen Farbverlauf kontrastieren rechts mit einem Arrangement an Kreisformen, wobei das deutsche Ordnungsbedürfnis in der senkrechten und waagrechten Ausrichtung unübersehbar bleibt.

95 Kanne

Deutschland, um 1930.
Steingut, glasiert.
H. 24 cm
70,– bis 150,–

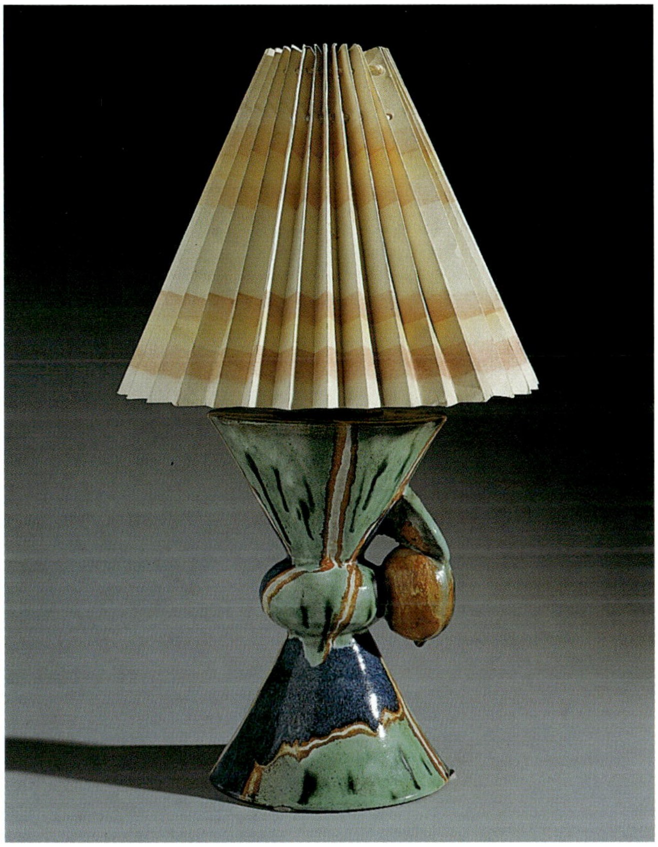

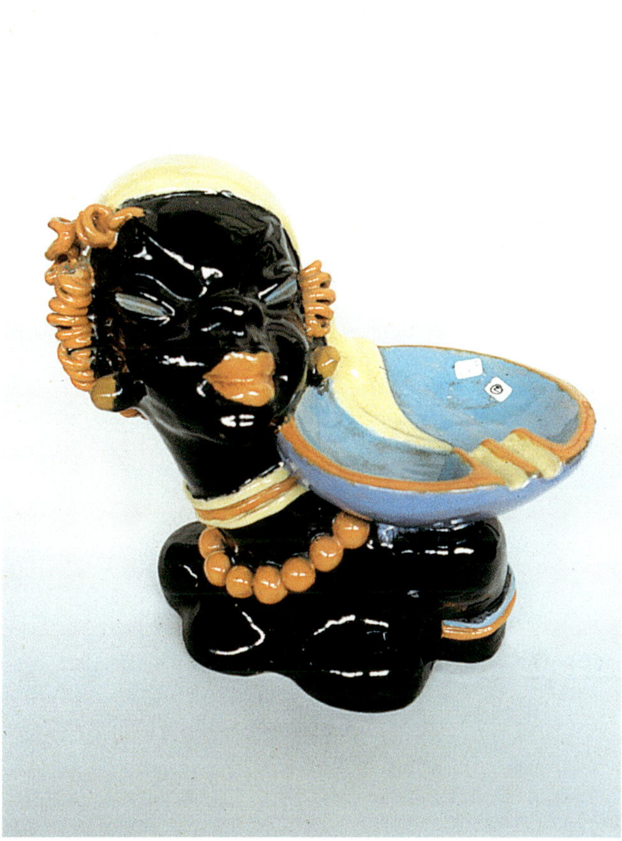

96 Tischlampe

Wiener Werkstätten, Vally Wieselthier (Entwurf), um 1928.
Keramik mit farbigem Dekor und originalem Papierschirm.
H. 42 cm
7.000,– bis 8.000,–

Gerade die Keramik kam mit ihren handwerklich bedingten Ungenauigkeiten und dem Verlaufen der Glasur dem klassischen, geometrisch ausgerichteten Art déco-Verständnis nicht gerade entgegen. Und durch Vally Wieselthier entwickelte sie eine reizvolle, geradezu demonstrativ schnoddrige und volkstümlich angelegte Sonderform, die heute wieder zunehmend Sammlerherzen höher schlagen läßt.

Auswirkungen dieser auf schrägen und schrillen Farbdissonanzen basierenden Richtung waren auch in Ungarn spürbar, wie unsere reizvolle, auf der Welle des Exotismus reitende Negerin demonstriert.

97 Negerin

Ungarn, Komlós, 20er Jahre.
Bunt bemalte Keramik als Aschenbecher.
H. ca. 25 cm
200,– bis 300,–

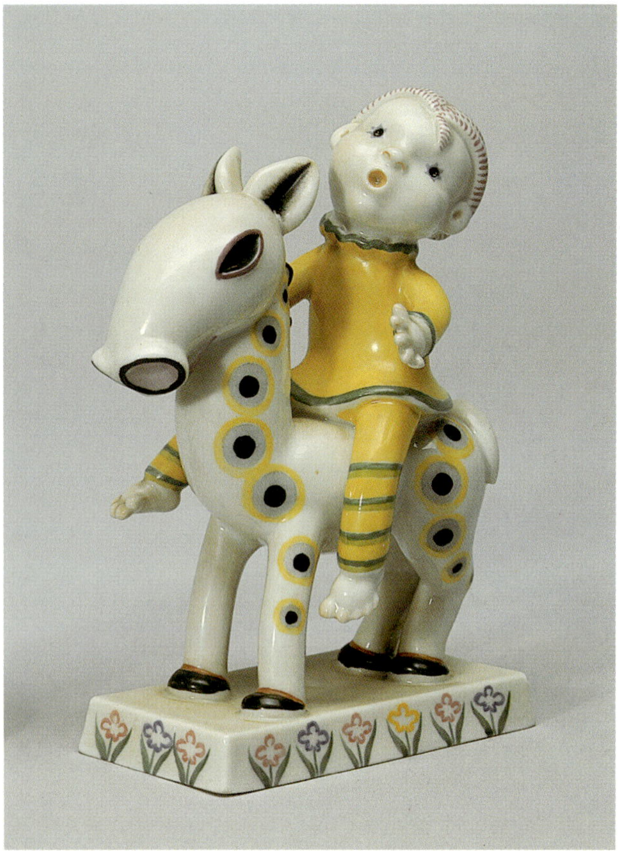

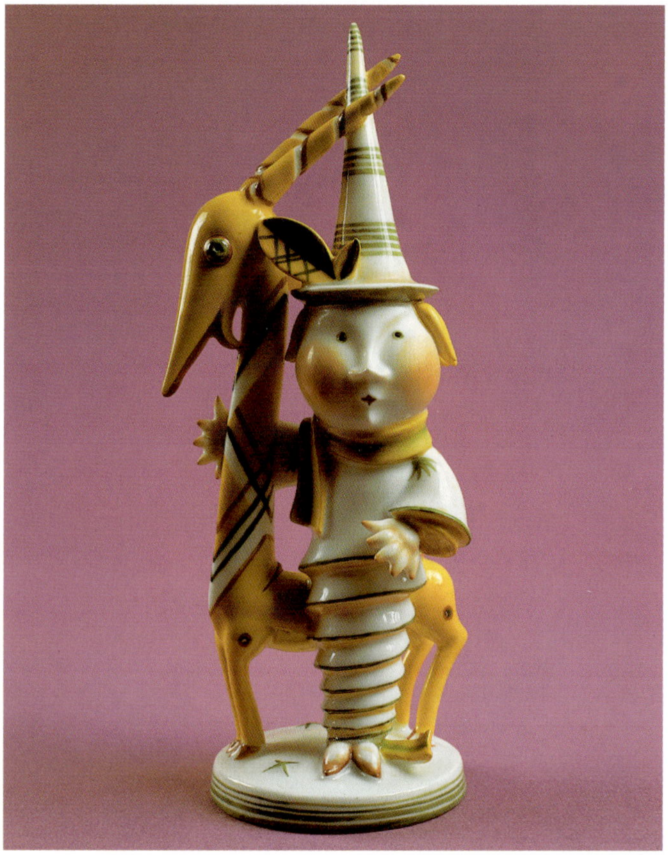

98 Junger Reiter

Deutschland, Ilmenau
(Metzler & Orloff), 20er Jahre.
Porzellan mit unterglasurgrüner Marke.
H. 16 cm
400,– bis 600,–

*

Außergewöhnliches Sammlerstück im Capri-Stil.

Daß das Art déco auch Humor hatte, beweist Walter Bosse mit seiner reizvollen Gruppe, in der gerade die geometrische Stilisierung die komisch-groteske Wirkung noch steigert. Reizvolle Details sind der schraubenförmige Unterleib des Mannes, der geometrisch verzierte Hals des Tieres und das liebevoll innige Verhältnis seiner beiden Hörner mit der formanalogen Hutspitze.

Nicht weniger humorvoll, doch eher anrührend als komisch, gewinnt der Junge auf dem Pferd sogleich unser aller Herzen, weil es ihm gelingt, süß zu sein, ohne ins Süßliche abzugleiten.

99 Mann mit Tier

Wiener Porzellanmanufaktur Augarten,
Walter Bosse (Entwurf), um 1925.
Porzellan, Marke 306, bez. Muster, 5.
H. 20 cm
3.000,– bis 4.000,–

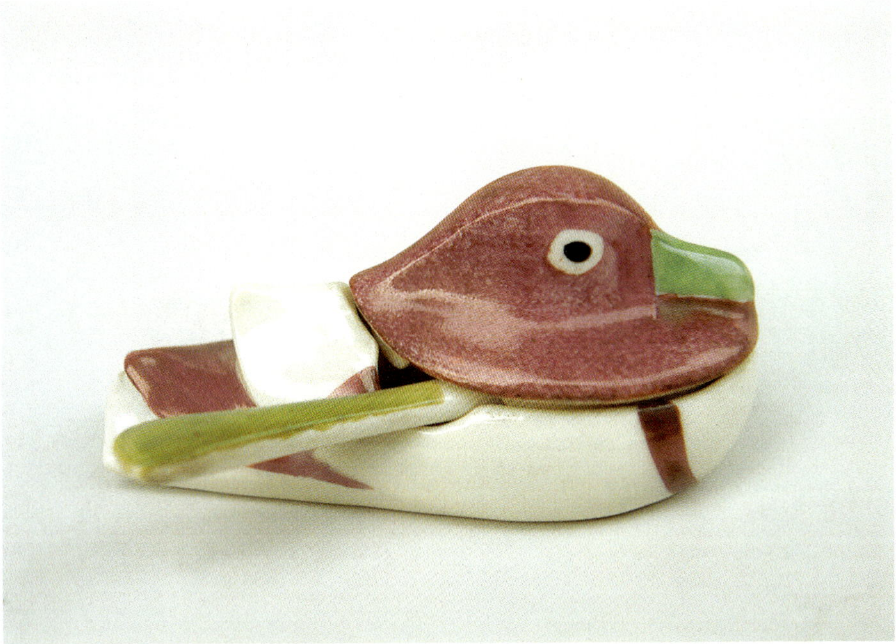

100 Zuckerdose

Frankreich, Edouard-Marcel Sandoz, Limoges, 20er Jahre.
Teil eines Services. Porzellan, farbig glasiert.
L. 9 cm
400,– bis 500,–

*

Das ganze Set ist als Sammlerstück hochbegehrt und auf mehrere tausend Mark zu taxieren.

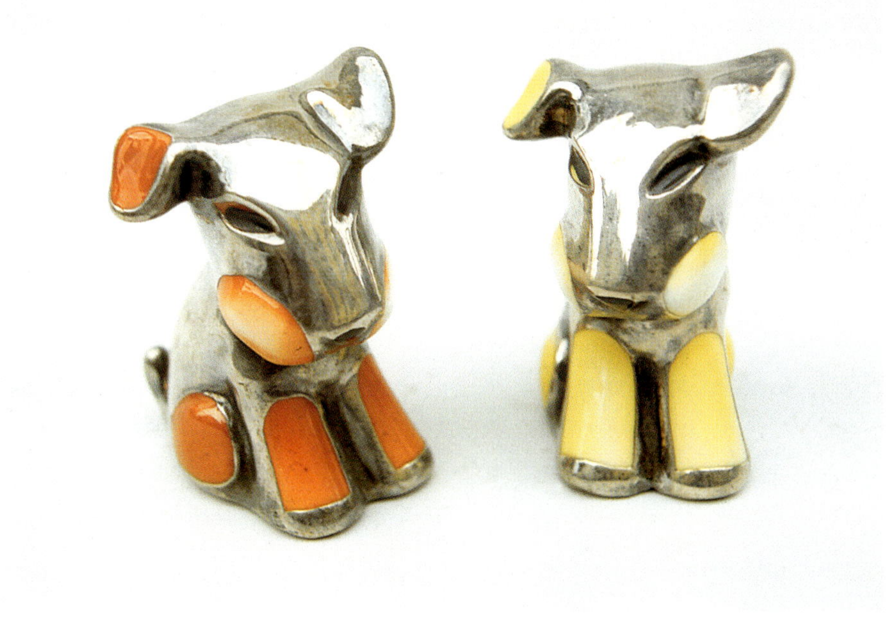

101 Salz- und Pfefferstreuer

Thüringer Porzellan, 20er Jahre.
Mit Silberauflage.
H. ca. 6 cm
150,– bis 200,–

Unter anderem berühmt für seine Service in Tierform, von denen hier eine Zuckerdose abgebildet ist, war der 1881 geborene Tierbildhauer Edouard-Marcel Sandoz (nicht zu verwechseln mit dem bedeutenden, modernistischen Schmuckentwerfer Gérard Sandoz!), der bis ins hohe Alter Tiere aller Gattungen und aller Formen und Materialien darstellte.

Mit keinem berühmten Namen verknüpft, aber nicht minder reizvoll, sind jene beiden Hunde aus Thüringen, die trotz ihrer schrägen Farbigkeit und ihrer futuristischen Versilberung einfach süß und komisch zugleich wirken.

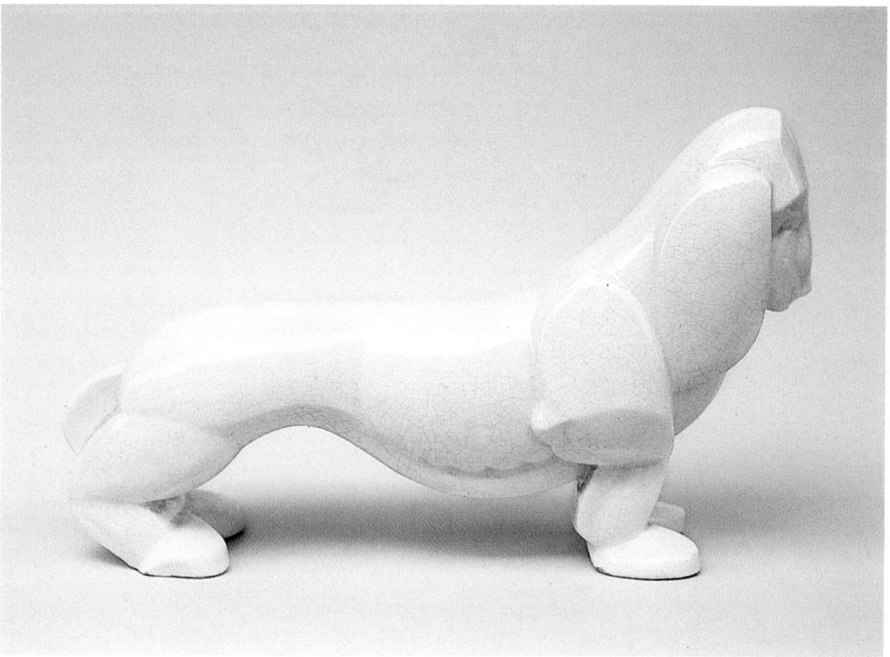

102 Hund

Frankreich, Le Manceau, 20er Jahre.
Keramik mit Krakelee. Signiert.
L. 28 cm
1.000,– bis 1.500,–

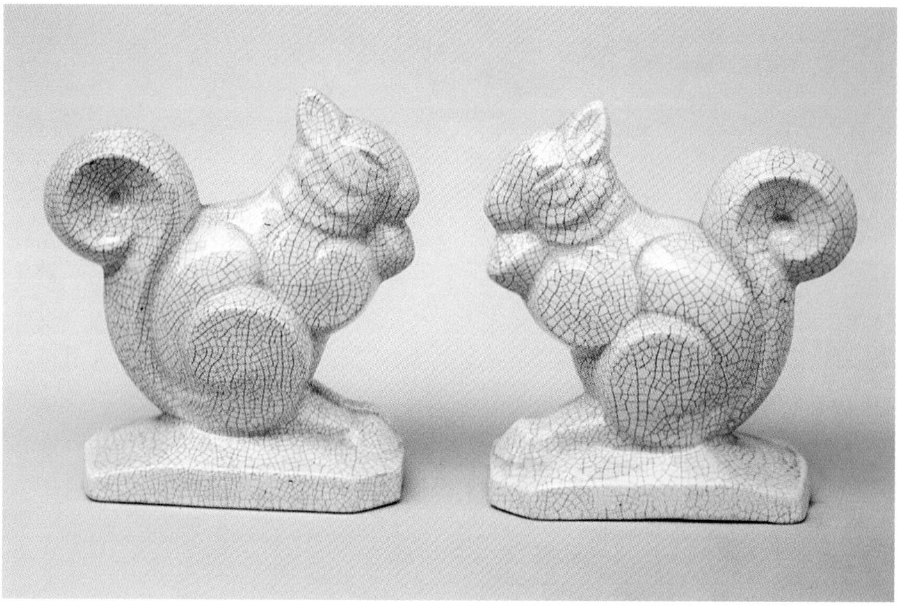

103 Eichhörnchen als Buchstützen

Frankreich, L. Fontinelle, um 1930.
Keramik mit Krakelee.
H. 15,5 cm
400,– bis 500,–

Eine Besonderheit stellt das Porzellan mit Krakelee dar, bei dem die gesamte Oberfläche mit einem gleichmäßigen Gespinst feiner Sprünge überzogen ist, die einen spezifischen, ornamentalen Reiz ausüben.

Der zugegebenermaßen etwas eigentümlich aussehende Hund stammt von dem bedeutenden Entwerfer Le Manceau, der es verstand, ein banales Tier wie ein interessantes Monstrum aussehen zu lassen.

Ganz auf Rundungen und Voluten sind die beiden entzückenden Eichhörnchen aufgebaut, die nicht nur ganz putzig aussehen, sondern auch noch als Buchstützen zu gebrauchen sind.

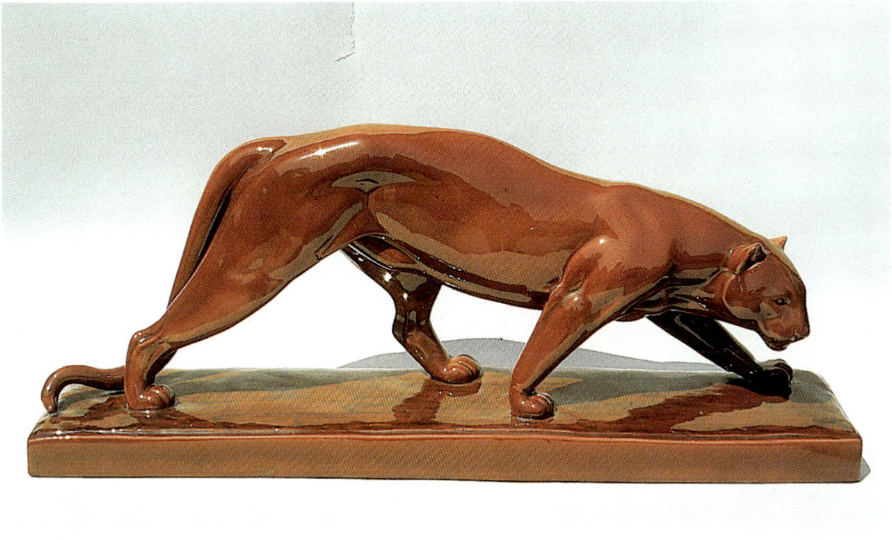

104 Panther

Frankreich, J. Rockard, 20er Jahre.
Rot glasierte Keramik. Signiert.
L. 62 cm
500,– bis 700,–

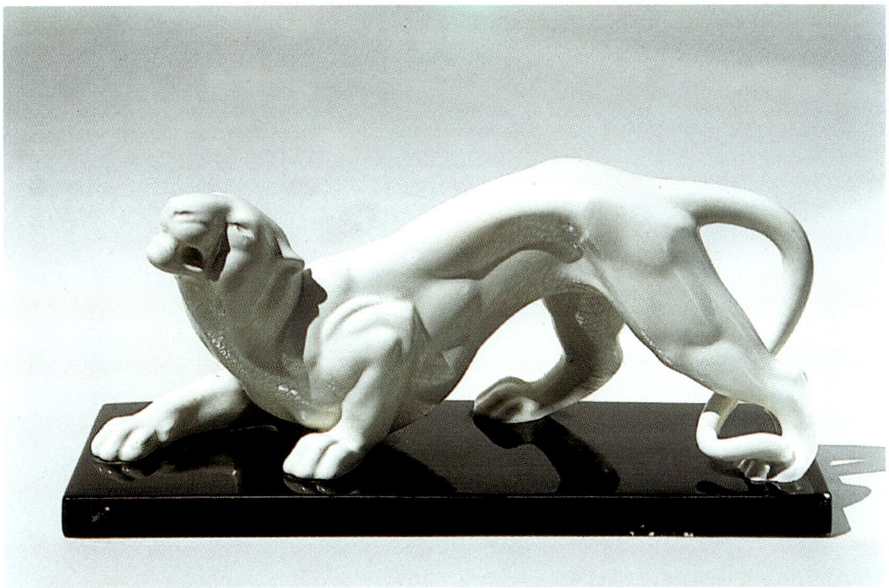

105 Panther

Frankreich, um 1925.
Weiße Keramik mit schwarzem Keramiksockel verschraubt.
L. 41 cm
1.000,– bis 1.300,–

Nicht der Löwe, sondern der Panther war König im Tierreich des Art déco, sozusagen ein unentbehrliches Haustier, sofern man es sich in Bronze oder Keramik über den Kamin stellen wollte. Seine Geschmeidigkeit und Eleganz, seine Gefährlichkeit und Exotik reizten nicht nur die Damenwelt, sondern strahlten selbst etwas Weibliches aus. In dieser Hinsicht war der Panther als androgynes Tier ein Symbol der modischen Wildkatze Frau, die sich nicht länger mit ihrer Kätzchenrolle zufriedengab, sondern gewaltig fauchte und die Krallen zeigte. Daß auch rote Panther eine gute Figur machen, beweist das obere Exemplar.

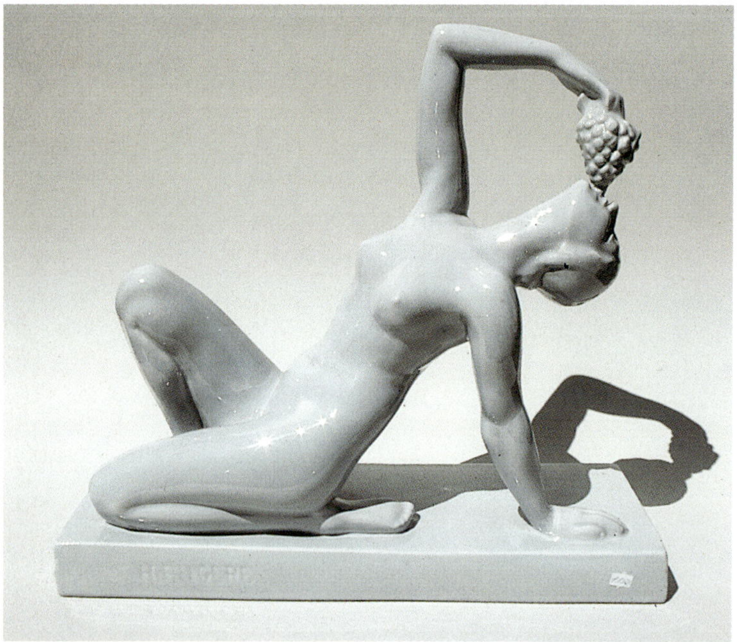

106 Weintraubenesserin

Frankreich, Saint Clément, H. Fugère,
20er Jahre.
Hellblau glasierte Keramik. Signiert.
L. 36 cm
1.100,– bis 1.200,–

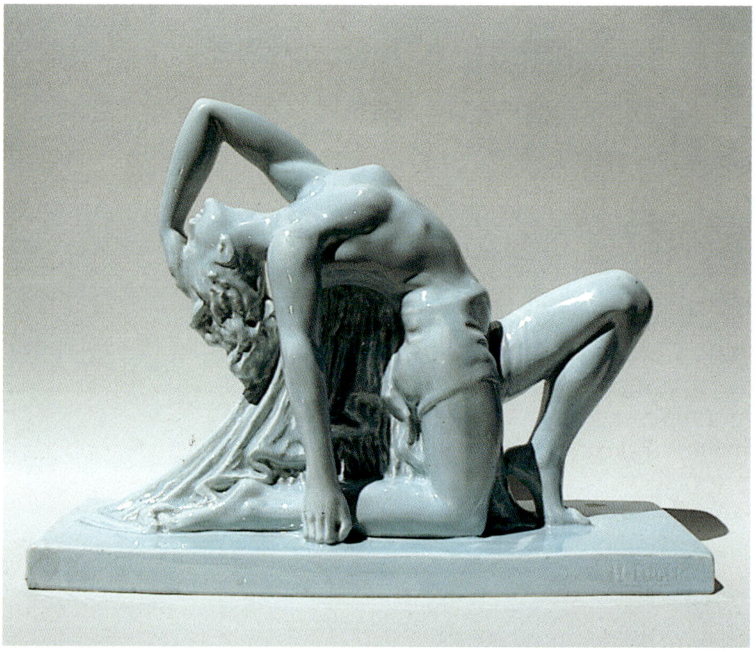

107 Tänzerin

Frankreich, Saint Clément, H. Fugère,
20er Jahre.
Hellblau glasierte Keramik. Signiert.
L. 44 cm
1.300,– bis 1.500,–

Geschmeidigkeit und Eleganz zeichneten die neue Frau aus, aber auch spitze Winkel und kantige Konturen. Energisch stoßen ihre sportlichen Glieder in den Raum vor, und in den raumgreifenden Gesten steckt ein gesundes Maß an Selbstbewußtsein. Nackttanz war der große Schrei der Saison und Anita Berber im Berlin des Malers Otto Dix ein großer Star.

Doch auch in Porzellan gab die holde Weiblichkeit eine glänzende Figur ab, und gerne stellte man sie sich ins elegante Ambiente. Viele weibliche Figuren tragen dabei den Kopf erstaunlich weit in den Nacken geworfen.

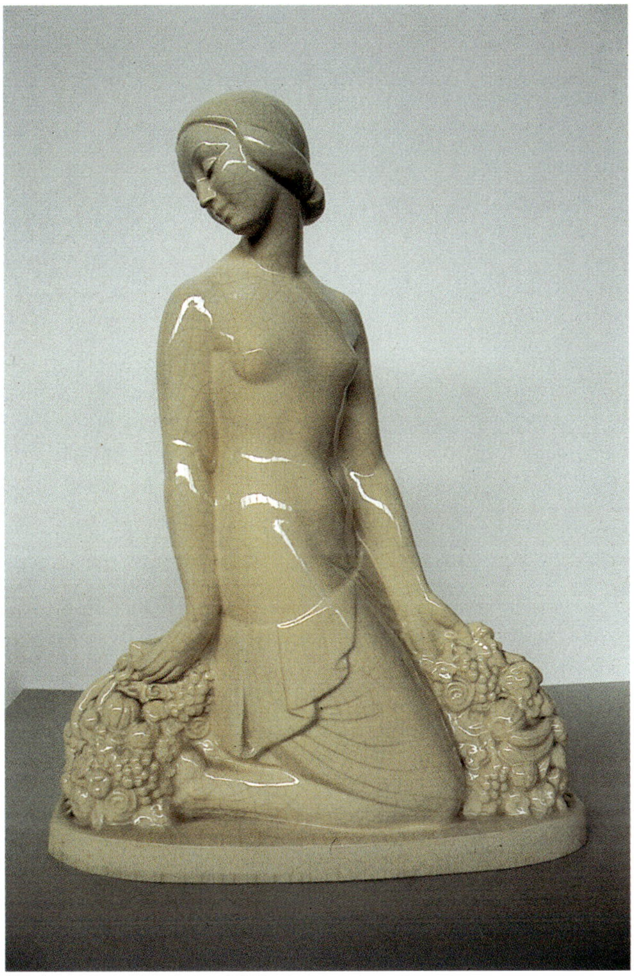

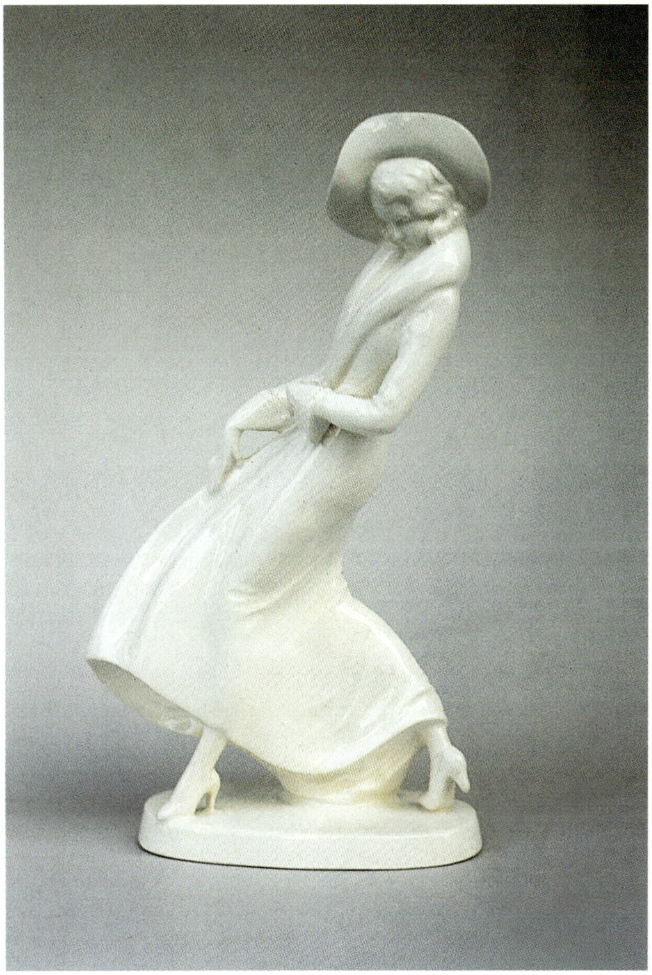

108 Frauenakt

Frankreich, Le Faguays, 20er Jahre.
Keramik. Signiert.
H. ca. 50 cm
700,– bis 800,–

Neben öffentlichen Denkmälern und figuralen Lampen (siehe S. 67) entwarf Pierre Le Faguays vor allem auch dekorative Skulpturen in Bronze, Marmor, Terracotta und Keramik, die seine hohe Meisterschaft bezüglich der stilisierten menschlichen Figur unter Beweis stellen.

Die glatte, glasierte Oberfläche der Keramik eignete sich hervorragend für die Umsetzung einer stark stilisierten, nach eleganter Formvereinfachung strebenden plastischen Auffassung und gab in ihrer hellen, glänzenden Oberfläche auch einem anonymen Figürchen wie jener affektiert schreitenden Dame den entscheidenden Kick.

109 Tänzerin

Um 1930.
Fayence.
H. 23,5 cm
450,– bis 500,–

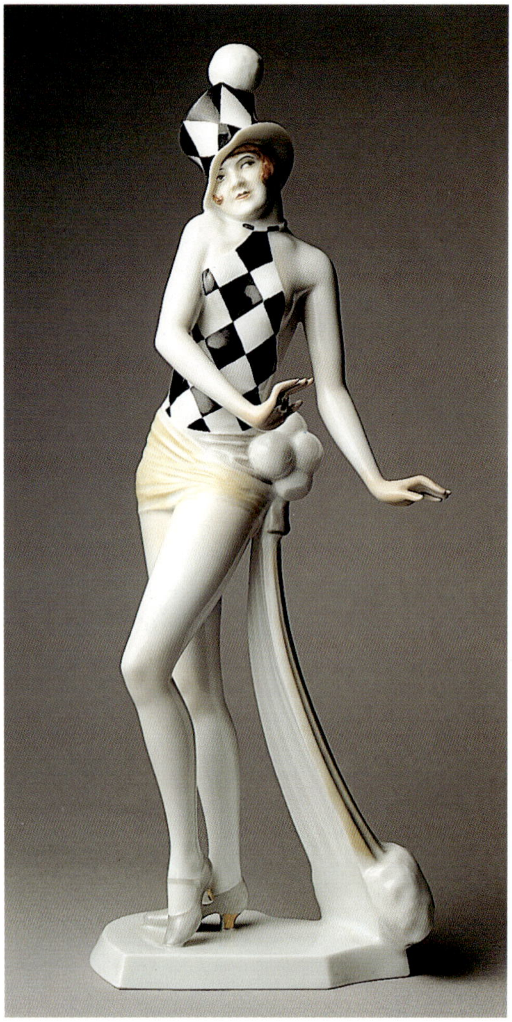

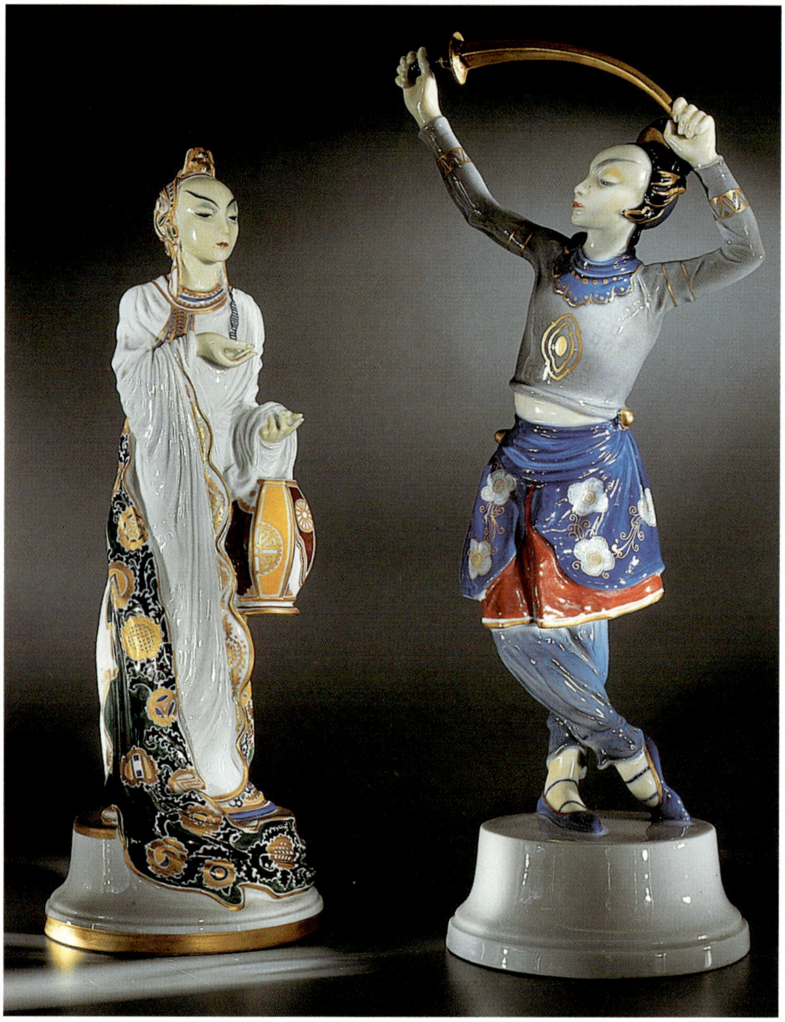

110 Tänzerin

Deutschland, Rosenthal, Dorothea Charol, um 1925.
Bemaltes Porzellan.
H. 34 cm
2.500,– bis 3.500,–

111 »Tschaokium«

Deutschland, Rosenthal, Holzer-Defanti, um 1920.
Porzellan, Aufglasurdekor, teilweise vergoldet.
H. 38 cm
2.000,– bzw. 1.200,–

Die erst 1891 gegründete Porzellanmanufaktur Rosenthal gehört heute neben den großen Traditionsbetrieben zu den wichtigen Namen des Porzellans und war auch im Zeitalter des Jugendstil und Art déco stets um Entwürfe führender Künstler bemüht. Diese Figuren – nicht selten Tänzer und Tänzerinnen – knüpften sowohl thematisch als auch qualitativ erfolgreich an die hohe Zeit des Porzellans im 18. Jahrhundert mit Entwerfern wie Kändler und Bustelli an und setzten Maßstäbe für die Zukunft.

Heute gilt Rosenthal als *das* um moderne Gestaltung im Bereich des Porzellans bemühte Unternehmen, wenngleich nicht alle zeitgenössischen Erzeugnisse den gleichen Charme wie jene hinreißende Tänzerin von Dorothea Charol oder die exotischen Tänzer von Constantin Holzer-Defanti aufweisen.

Metallfiguren

Nachdem die elfenartigen Jugendstil-Mädchen mit wallenden Haaren und flatternden Gewändern nach kurzer Ekstase schnell wieder aus der Mode gekommen waren, traten nach dem Ersten Weltkrieg knabenhafte, sportlich-schmalhüftige und mit kurzem Haarschnitt versehene Damen des Art déco-Zeitalters an ihre Stelle. Statt schwülstiger Naturmystik voll vaginaler Aufdringlichkeit verbreiteten sie die Aura mondänen Schicks, exotischer Erotik, sportlicher Beweglichkeit und einer zwitterhaften Frivolität, die ganz nebenbei auch ins Sado-Masochistische umschlagen konnte.

Neben den kessen Girls und einigen wenigen Männern und Kindern waren es vor allem Panther, die geschmeidig und gravitätisch zugleich auf leisen Sohlen über die Marmorpodeste schlichen.

Außer den reinen Zierfiguren gab es aber auch solche, die nützlichen Zwecken dienten, wobei etwa nackte Damen in sportlichen Verrenkungen Lampenschirme halten oder Bücher stützen. Doch auch sie sind eher als dekorative Skulpturen denn als funktionale Lampen anzusprechen und wurden daher in dieses Kapitel aufgenommen.

Die Materialien

Neben der traditionellen Bronze wurden diese vielleicht von manchen abfällig als Nippesfiguren bezeichneten Erzeugnisse eines versierten Kunsthandwerks aus verschiedenen Legierungen zwischen Zinn und Zink (im Französischen »régule« genannt) gegossen, die man meist noch zusätzlich patinierte und lackierte.

Besonders beliebt und aufwendig aber waren die nun in Mode kommenden sog. Chryselephantin-Figuren, bei denen geschnitztes Elfenbein mit Bronze kombiniert wurde, wobei das Elfenbein überwiegend den Fleischpartien vorbehalten blieb. Die paßgenaue Kombination beider Materialien war technisch ziemlich aufwendig. Auch heute noch sind sie gesuchter und teurer als Figuren aus Bronze oder Elfenbein allein.

Während im Jugendstil alle Linien ineinanderfließen, ist es im Art déco der Form-, Farb- und Materialkontrast, der hier die spezifische Wirkung ausmacht und heute wieder so sehr geschätzt wird, daß die Preise für solche Figuren, die noch Anfang der 60er Jahre bei den großen Auktionshäusern gar nicht zugelassen waren, heutzutage bisweilen sogar die Hunderttausend-Mark-Grenze überschreiten.

Die Künstler

Letzteres gilt vor allem für den aus Rumänien stammenden Künstler Dimitri Chiparus, der später seinen Vornamen und seine Nationalität dem Gastland anpaßte. Seine stark vom russischen Ballett inspirierten Tänzerinnen in exotisch extravaganten Phantasiekostümen sind besonders gesucht. Daneben dominieren die Deutschen Preiss und Poerzel sowie der Wiener Zach das Terrain.

Obwohl stilistisch eindeutig dem Art déco zuzuschreiben, sind viele dieser Figuren noch überraschend naturalistisch, wobei nicht wenige Bildhauer daneben auch in einem stärker stilisierten und gestrafften Stil arbeiteten. Doch der Hang zur geometrisierenden Stilisierung ist auch den relativ naturalistischen Figuren mit ihrer gegenüber dem Jugendstil kantigeren Linienführung deutlich anzumerken, und sei es nur in der wie in einem geometrischen Raster erstarrten Pose.

Die Technik

Ein besonderes Augenmerk wurde bei diesen Figuren auf die meist aus Marmor oder Halbedelsteinen wie Onyx bestehenden, oft aus farblich unterschiedlichen Materialien effektvoll kombinierten oder mit geometrischen Appliken versehenen Sockel gelegt.

Die Figuren waren kunsthandwerkliche Serienprodukte und keine künstlerischen Einzelwerke und wurden in mehr oder weniger großer Stückzahl manufakturartig oder handwerklich hergestellt, wobei beispielsweise die Elfenbeinteile oft von einer ganzen Reihe von Schnitzern von Hand gearbeitet und eingepaßt wurden.

In Deutschland hatte die Elfenbeinschnitzerei in Erbach im Odenwald eine seit langem gepflegte Tradition. Wegen des sehr aufwendigen Verfahrens der Elfenbeinbearbeitung wurden auch Imitationen aus Kunststoff gebräuchlich, denen allerdings die scharfe Präzision des Originalmaterials fehlt.

Hinweis für Sammler

Heute werden auch Nachahmungen und regelrechte Fälschungen auf den Markt geworfen, weswegen vor allem bei den besonders teuren und gesuchten Modellen zur Vorsicht und zur genauen Untersuchung der Objekte zu raten ist.

Wichtig ist auch der Erhaltungszustand der Stücke, wobei besonders abgebrochene Teile oder Sprünge im Material als wertmindernd anzusehen sind.

Die wirklich wertvollen Stücke, etwa von Chiparus, tauchen heute bestimmt nicht auf Flohmärkten, seltener im Handel, häufiger dagegen in speziellen Auktionen auf.

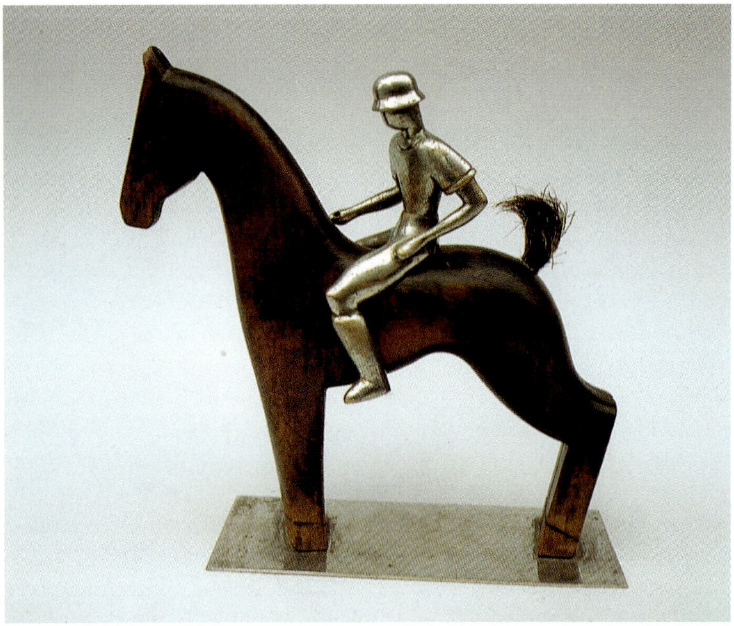

112 Reiter

Wien, Werkstatt Hagenauer, um 1925.
Verchromtes Metall und Holz.
Nicht signiert.
H. 18 cm
800,– bis 900,–

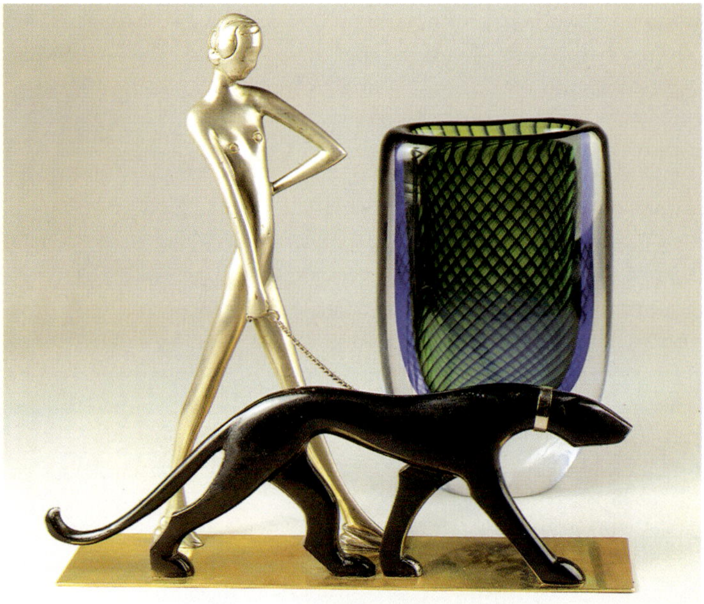

113 Frau mit Panther

Wien, Werkstatt Hagenauer, um 1925.
Bronze und Holz.
H. ca. 24 cm
3.000,– bis 5.000,–

*

Die Murano-Vase stammt aus den 50er Jahren.

Die von Carl Hagenauer 1898 in Wien gegründete Werkstätte war berühmt für ihre Metallfiguren. 1919 beteiligte sich Sohn Karl an der Entwurfsarbeit, ebenso wie später sein Bruder Franz, von dem nicht wenige der Entwürfe für figürliche Skulpturen stammten.

Der Stil der Werkstätte ist typisch und unverwechselbar, streng auf die einfachen Gliedmaßen reduziert und erinnert schon fast an Figuren aus den 50er Jahren.

Dabei ist die Themenwahl sehr typisch für das Art déco, etwa die Begeisterung für den Sport und die Kombination von nackter Frau und schwarzem Panther.

Überhaupt waren Panther in der zeitgenössischen Skulptur auch ohne weibliche Begleitung relativ häufig anzutreffen. Nicht immer aber zeigten sie eine so schön »ausgesägte« Umrißlinie wie hier.

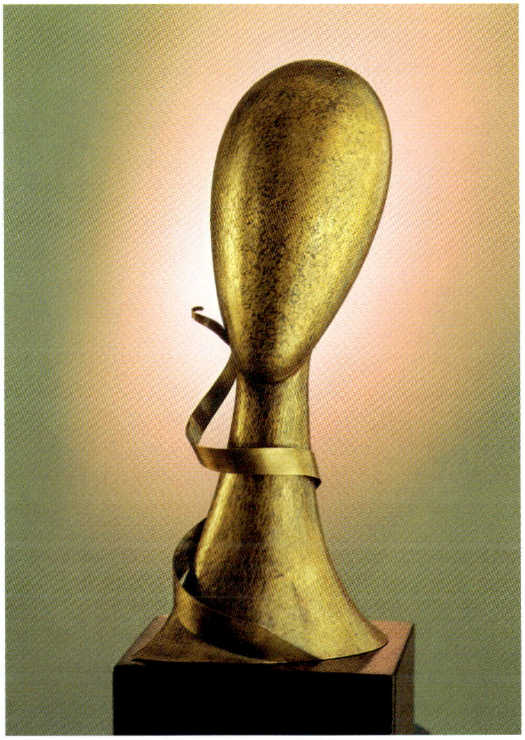

114 Frauenkopf mit Band

Wien, Werkstätte Hagenauer, Franz Hagenauer (Entwurf), um 1930.
Messing, patiniert.
10.000,– bis 15.000,–

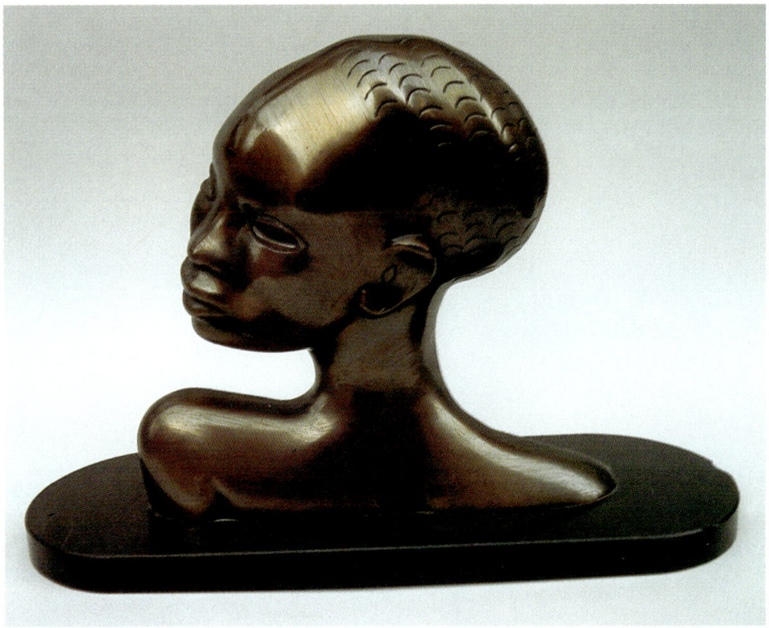

115 Negerinnenkopf

20er Jahre.
Bronze und Marmor.
H. 22 cm
300,– bis 400,–

Da es nicht einfach ist, die Entwürfe der drei Hagenauer zu unterscheiden, hat es sich eingebürgert, einfach von der »Werkstatt Hagenauer« zu sprechen. Mit welch einfachen Mitteln hier enorm plastische und dekorative Wirkungen erzielt wurden, zeigt eindrucksvoll der Kopf oben, dessen gewundenes Band fast gestische Ausdruckskraft entwickelt.

Den Hang zur Exotik bei gleichzeitiger fast stromlinienförmiger Stilisierung bestätigt der anonyme, dabei durchaus eindrucksvolle Negerinnenkopf nachdrücklich. Ähnlich wie bei den Figuren der Hagenauer Werkstatte gewinnt hier der Umriß ein streng stilisiertes Eigenleben, wobei bei aller Formenstrenge eine größere Natürlichkeit gewahrt bleibt.

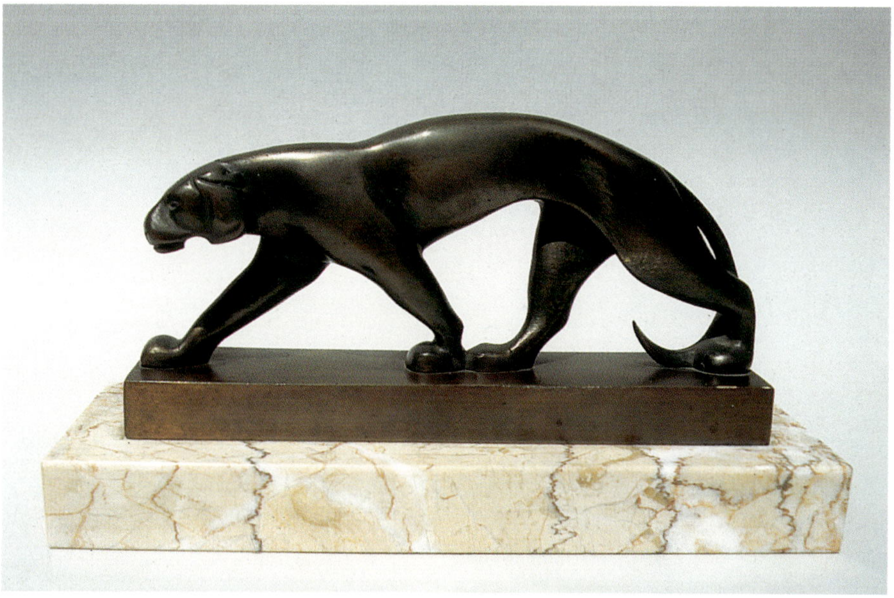

116 Panther

Frankreich, um 1925.
Patinierte Bronze auf Marmor.
L. 26 cm
500,– bis 700,–

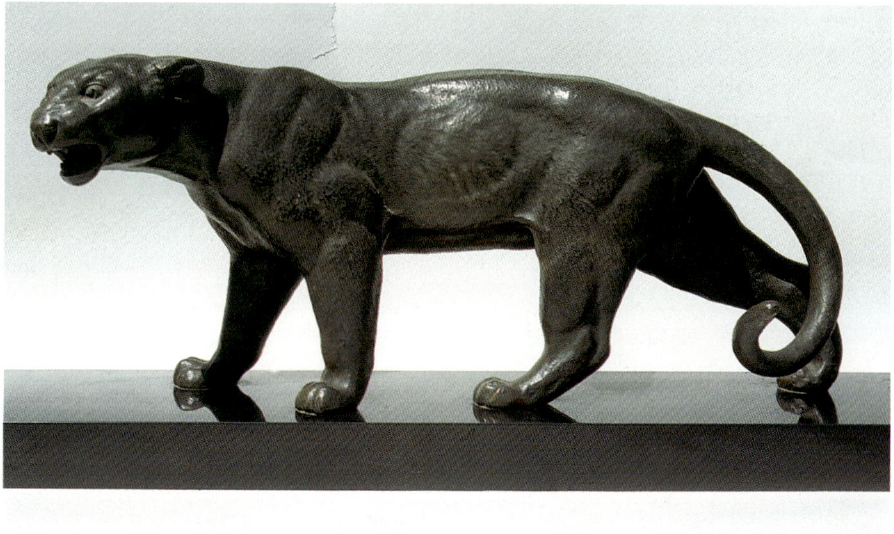

117 Panther

Frankreich, E. Guy, um 1925.
Patinierte Bronze auf Marmor. Signiert.
L. 68 cm
2.500,– bis 3.500

Wenn die jungen Damen der 20er Jahre nicht gerade zerbrechlich schlanke Windhunde spazieren führten, dann mußte es wenigstens ein Panther sein, der mit seiner federnden Geschmeidigkeit und exotischen Gefährlichkeit dem Zeitgeist in wundersamer Weise entsprach. Hatte man aber kein lebendes Exemplar an der Leine, dann konnte man sich immerhin eine verkleinerte Fassung aus Bronze, patiniertem Metall oder auch aus Keramik auf den Kamin stellen.

Unsere Beispiele zeigen oben eine fast an die Hagenauer Werkstätte in Wien erinnernde Umrißbetonung, während das größere, untere Exemplar eines Panthers einen geradezu beängstigenden Naturalismus aufweist.

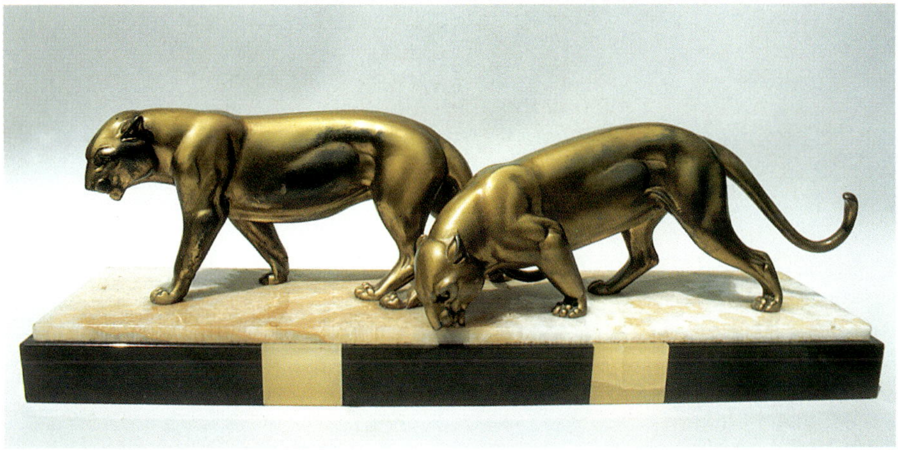

118 Zwei Panther

Frankreich, um 1925.
Golden patinierter Zinnguß auf Marmor.
L. 55 cm
1.200,– bis 1.400,–

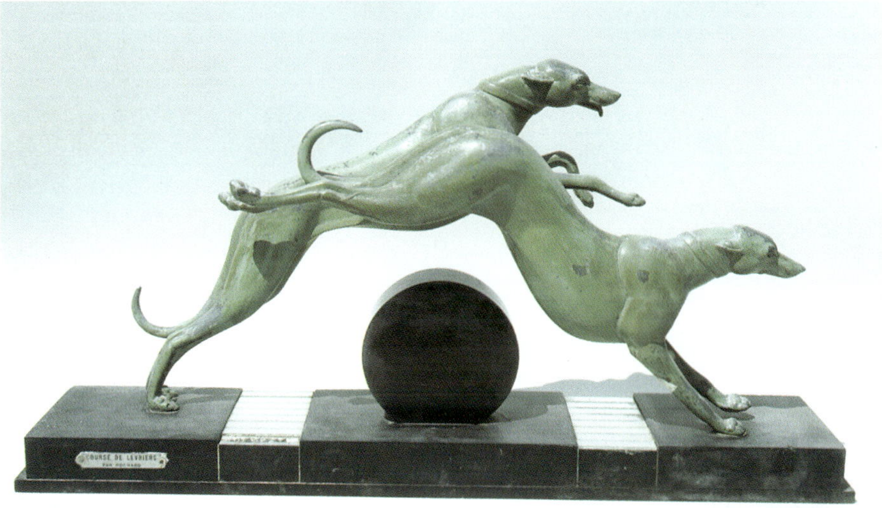

119 »Course de Levriers«

Frankreich, Rochard, um 1925.
Patinierter Zinnguß auf Marmor mit Spiegeleinlage.
L. 53 cm
600,– bis 700,–

*

Die Preisangabe berücksichtigt die leichten Beschädigungen.

Die Panther des Art déco waren keine ausgeprägten Einzelgänger, sondern traten durchaus auch paarweise auf. Nicht nur in geheimnisvollem Schwarz, sondern auch goldbronzen schimmernd machten sie eine gute Figur.

Windhunde waren demgegenüber überwiegend gesellige Wesen. Und wenn sie nicht gerade eine elegante Dame im Schlepptau hatten, dann vertrieben sie sich die Zeit mit Hindernislaufen.

Übrigens stammt auch das berühmte Emblem der amerikanischen Greyhound-Busse aus dieser Zeit der ausgeprägten Begeisterung für Windhunde.

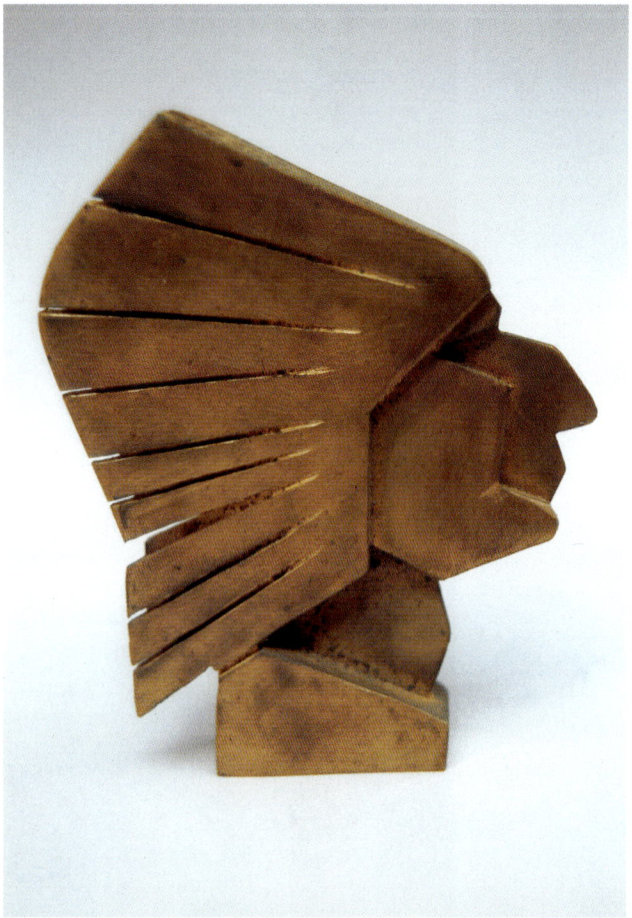

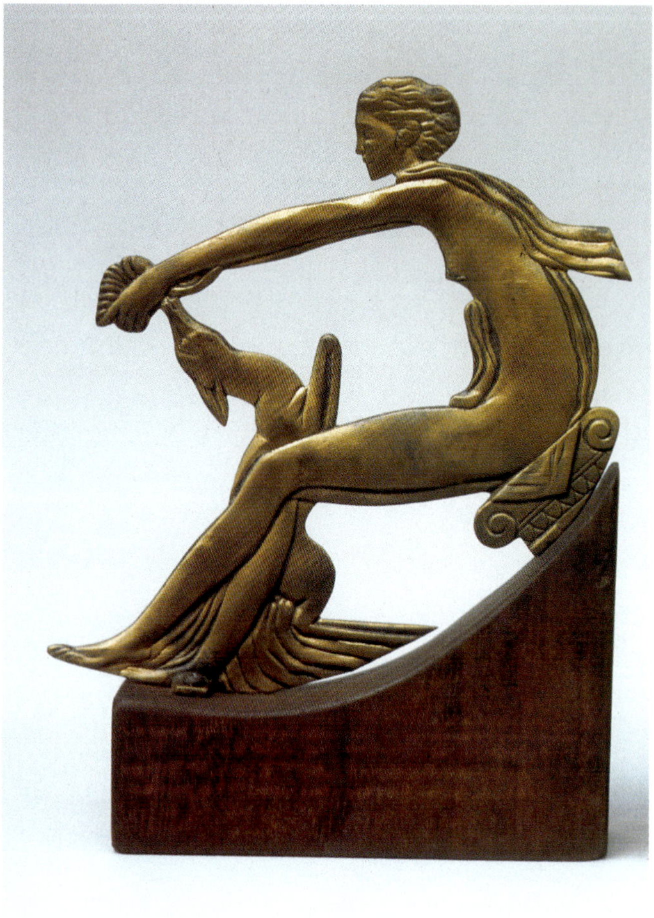

120 Indianerkopf

20er Jahre.
Kühlerfigur aus Messing.
H. ca. 8 cm
400,– bis 600,–

Wie jene berühmten Exemplare aus Glas von Lalique, gab es Kühlerfiguren auch aus Metall, wie in unserem Beispiel der kantige, energisch dreinblickende Indianerkopf. Heute wird man ihn allerdings weniger als Motorhaubenschmuck, sondern eher als Briefbeschwerer benutzten.

Welcher Funktion jene langgliedrigen jungen Damen in auffälliger Symmetrie als Nebenbeschäftigung zu dienen hatten, ist demgegenüber leichter zu erraten. Man mißbrauchte sie schlichtweg als schnöde Buchstützen.

121 Mädchen mit Hunden

Frankreich, 20er Jahre.
Paar Buchstützen aus Bronze auf Holz (nur eine abgebildet).
H. 25 cm
Paar 1.200,– bis 1.300,–

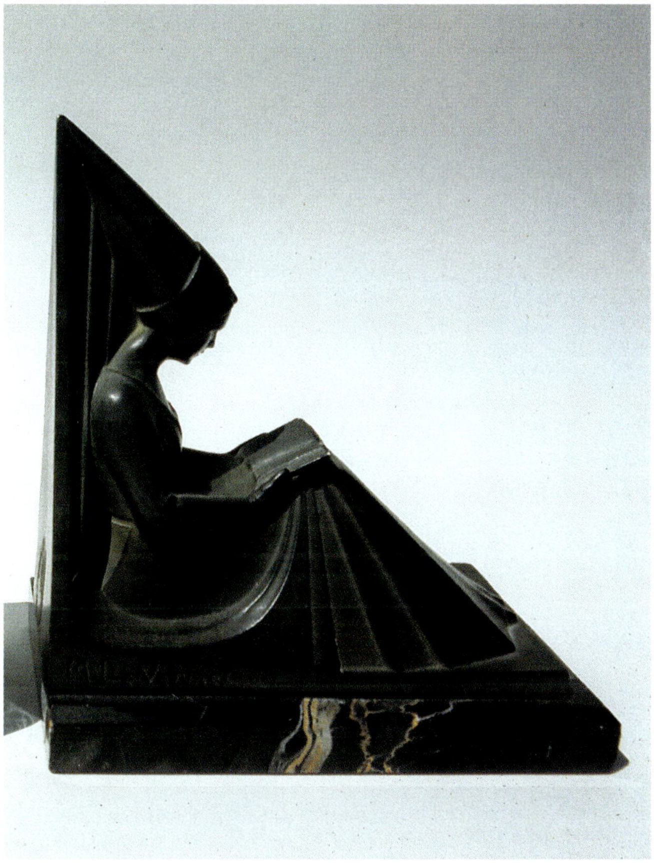

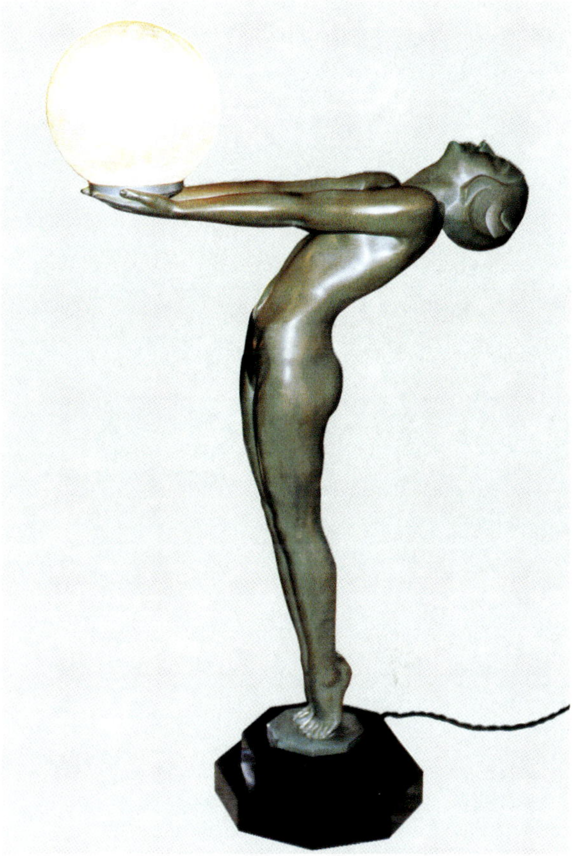

122 Lesende Burgfräulein

Paris, Max Le Verrier, 20er Jahre.
Paar Buchstützen aus Bronze auf Marmor (nur eine abgebildet). Signiert.
H. 17 cm
Paar 1.100,– bis 1.200,–

123 Lampenträgerin

Paris, Max le Verrier um 1925.
Patinierter Zinnguß.
H. 82 cm
5.000,– bis 10.000,–

Lesende Fräulein sind zwar thematisch für die Verwendung als Bücherstützen durchaus nicht ungewöhnlich, doch für die Ikonographie des Art déco sind es Burgfräulein durchaus. Im Historismus würde man sie eher erwarten. Aber hier sitzen sie aus einem einzigen, letztendlich formalen Grund: Durch die langen spitzen Hauben erlauben sie es dem Künstler Le Verrier, einem der großen Lampen- und Kleinskulpturenhersteller seiner Zeit, die beiden sitzenden Gestalten in ein perfektes rechtwinkliges Dreieck einzuspannen.

Ebenso geometrisch ausgerichtet ist die sportliche Lampenträgerin, eine der berühmtesten Art déco-Skulpturen überhaupt. Sie hält die Arme in einer perfekten Waagerechten, an deren einer Seite die Kugel der Lampe nach oben, am anderen Ende aber die Kugel des Kopfes nach unten hängt. Eingebunden ist dieser in die große Bogenlinie des Körpers. Dadurch entsteht ein spannungsvoll asymmetrisches Gleichgewicht, das diese Figur zu etwas so überaus Besonderem und Einprägsamem macht.

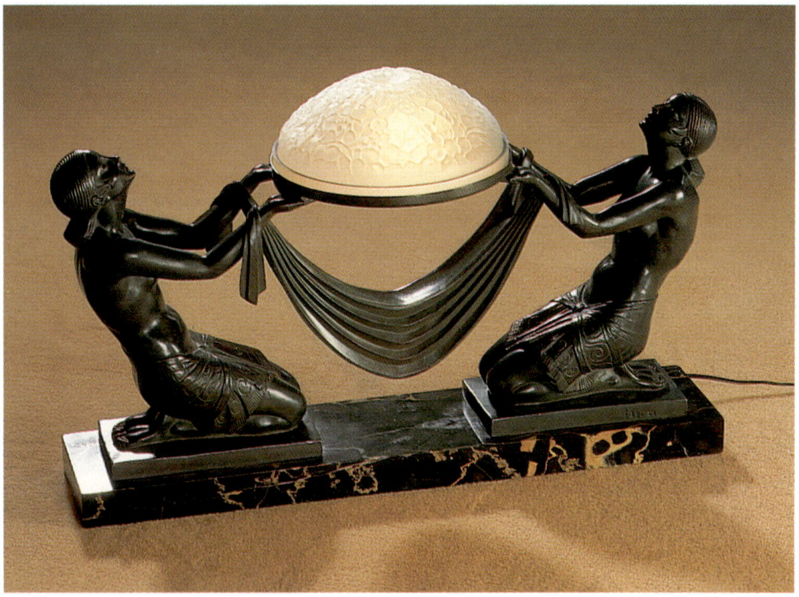

124 Lampenträgerinnen

Paris, Max le Verrier, 20er Jahre.
Patinierte Bronze.
H. 30 cm
4.500,– bis 5.000,–

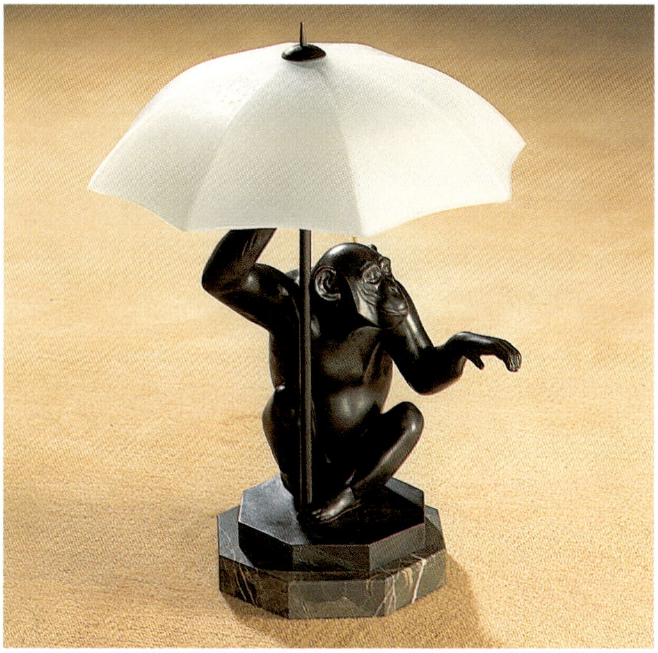

125 Affe mit Sonnenschirm

Paris, Max le Verrier, 20er Jahre.
Leuchtobjekt aus patinierter Bronze.
6.000,– bis 7.000,–

Das Motiv der ornamentalen Trägerfigur ist in der Kunstgeschichte uralt, am bekanntesten etwa bei jenen weltberühmten, gemalten Ignudi, den nackten Jünglingen des Michelangelo an der Sixtinischen Decke, die nur dasitzen, um irgendwelche Schilde zu halten. Im Grunde handelt es sich um die Vermenschlichung einer sachlichen Funktion oder, wie im anderen Beispiel, um eine »Veraffung«, wobei der Sonnenschirm in einen Lampenschirm umfunktioniert wurde.

Während die beiden Damen auf eine ornamentale Tradition zurückblicken können, in die Max le Verrier sie bewußt stellte, ist der Affe als Lampenobjekt ein witzig-mutwilliges Objekt, dessen Originalität uns noch heute zum Schmunzeln reizt und zugleich die Reputation eines ernsthaften Kunstwerks – vielleicht zu Unrecht – verweigern läßt.

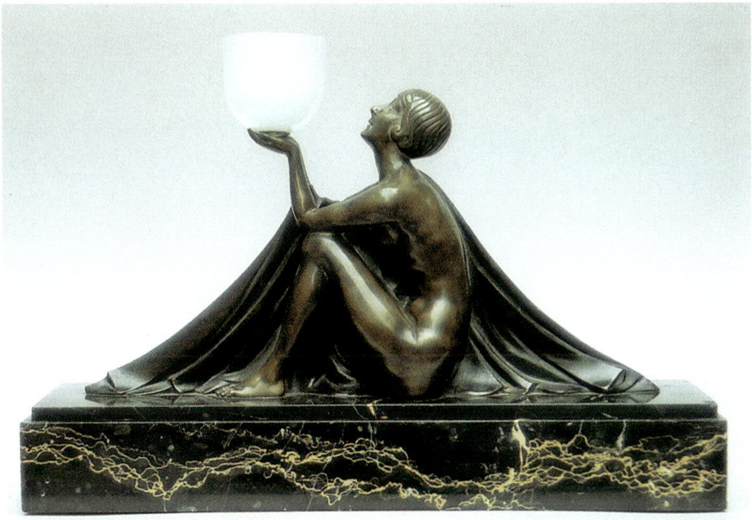

126 Hockende mit Lampe

Frankreich, 20er Jahre.
Bronzeguß.
L. 46 cm
3.000,– bis 4.000,–

*

Die Lampe ist nicht zugehörig.

127 Mädchen im Spagat

Frankreich, 20er Jahre.
Bronze.
H. 47 cm
4.000,– bis 4.500,–

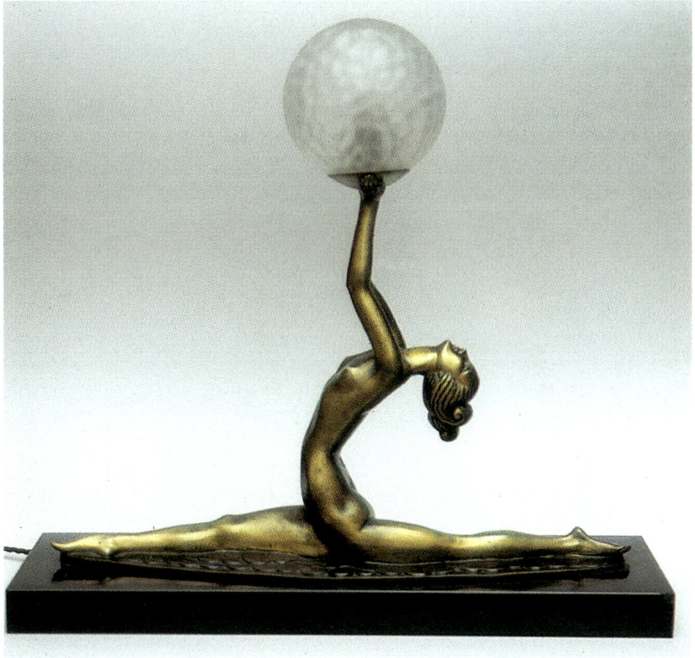

Die Drapierung der hockenden jungen Dame dient weder der Bedeckung anstößiger Stellen noch dem Schutz vor Kälte, sondern einzig und allein zur Erzeugung einer flächenhaften, plakativen Dreieckskomposition, deren Bekrönung in dem ausgesprochen perfekt spiegelbildlichen Motiv der Hände und des Kopfes besteht.

Ganz linear, fast an die Stilisierung der Hagenauer-Werkstätte erinnernd, turnt dagegen das Mädchen im Spagat. Ihr Körper ist zu einem einzigen großen Bogen gekrümmt. Die Gerade der Beine bildet die Basis, und die Arme ragen als Lampenfuß empor. Runde und eckige Formen ergeben dabei eine reizvolle Mischung aus erotischen Wölbungen und prismatischen Brechungen, die auch bei dieser anonymen Figur von einem hohen künstlerischen Standard zeugen.

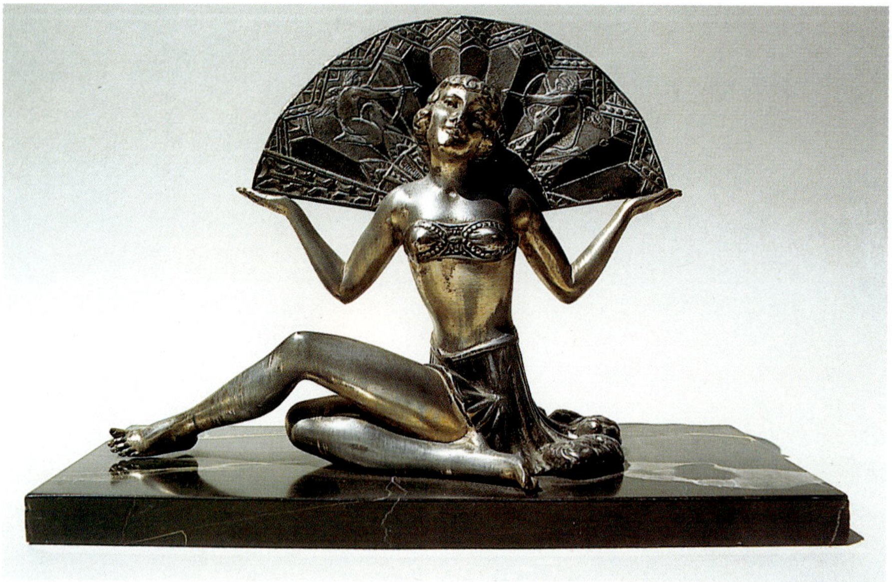

128 Tänzerin mit Fächer

Frankreich, 20er Jahre.
Patinierter Zinkguß. Auf dem Fächer zwei Amorknaben.
L. 31 cm
1.200,– bis 1.300,–

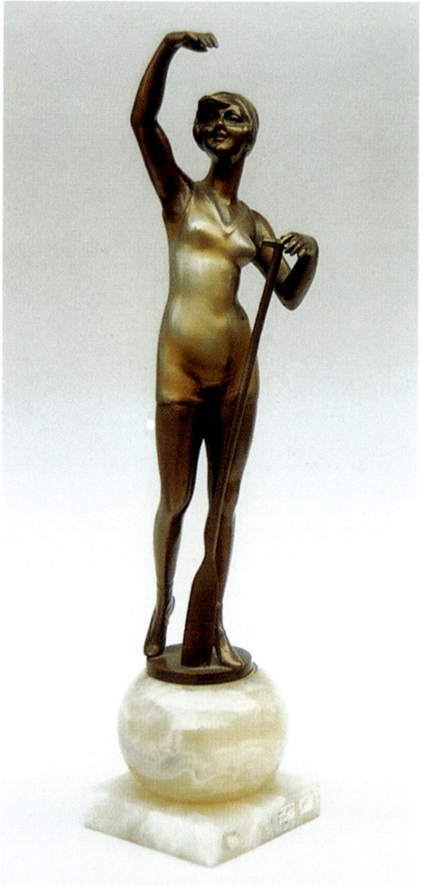

129 Ruderin

Wien, Josef Lorenzl, um 1925.
Patinierte Bronze.
H. 39 cm
2.000,– bis 3.000,–

Die Tänzerin mit Amorfächer entwickelt eine reizvolle, an ägyptische Gestaltungsweisen erinnernde kontrastierende Synthese von Frontalität und Seitenansicht, von Symmetrie und Asymmetrie. Frau Venus tritt als zeitgenössisches Mädchen des Tingeltangel auf, und ihr traditionelles Muschelmotiv findet sich in einen Fächer transformiert.

Klassische Vorbilder von Michelangelo bis Sansovino übersetzte Lorenzl souverän in die Welt des modernen Sports, banalisiert damit die einst der antiken Götterwelt vorbehaltenen Posen bzw. adelt die zeitgenössische Begeisterung für Körperertüchtigung und Freikörperkultur.

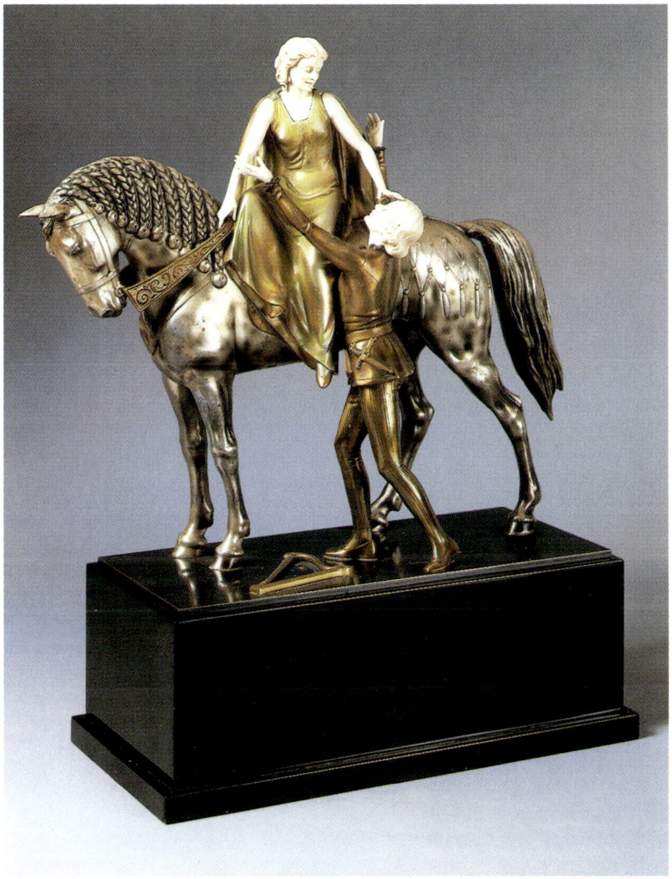

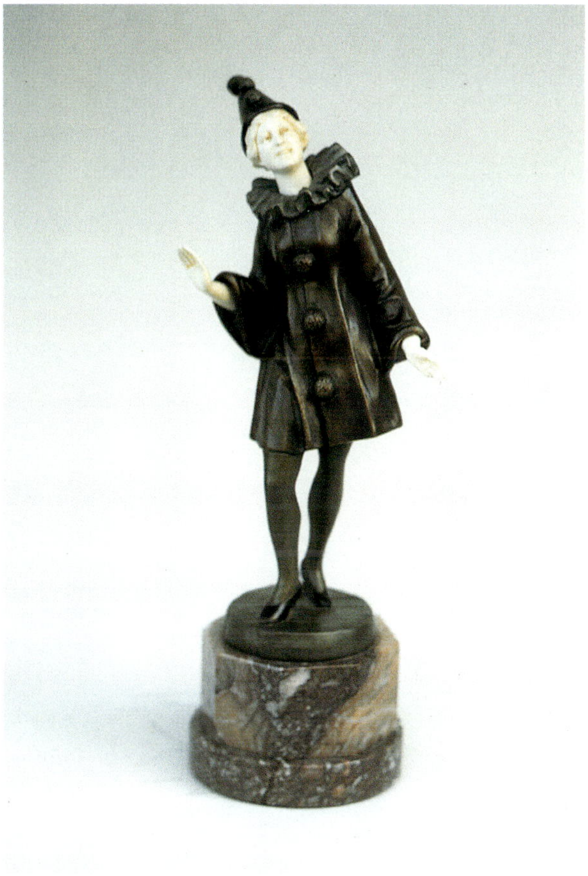

130 »Tom der Reimer«

Deutschland, Otto Poertzel, 20er Jahre.
Brünierte Bronze, versilbert, vergoldet und hellgrün patiniert. Signiert. Fleischteile aus Elfenbein.
H. mit Marmorsockel 56 cm
12.000,– bis 15.000,–

131 Pierrot

20er Jahre.
Bronze, Elfenbein auf Marmorsockel.
H. 22 cm
1.600,– bis 2.000,–

Daß neben keiner Kleidung oder dem zeitgenössischen Sportdreß im Art déco auch historische Kostümierungen möglich waren, zeigt diese an spätgotische Darstellungen, etwa das berühmte Goldene Rößl, erinnernde Figuren von Otto Poertzel, der übrigens bei keinem geringeren als Adolf von Hildebrandt in München studiert hatte. Die Darstellung bezieht sich auf einen mittelalterlichen Reimeschmied im Dienste der Minne, ein zeitgemäßes Thema also.

Und da die Frauen sich emanzipierten, konnten sie auch komische Rollen übernehmen, zumal dann, wenn das Pierrot-Kostüm sich als so kleidsam erwies wie das der rechten Darstellung. Die Kombination von Bronze und Elfenbein war damals sehr beliebt und ernahrte eine Vielzahl von Schnitzern, die nach der Vorlage bekannter Entwerfer arbeiteten.

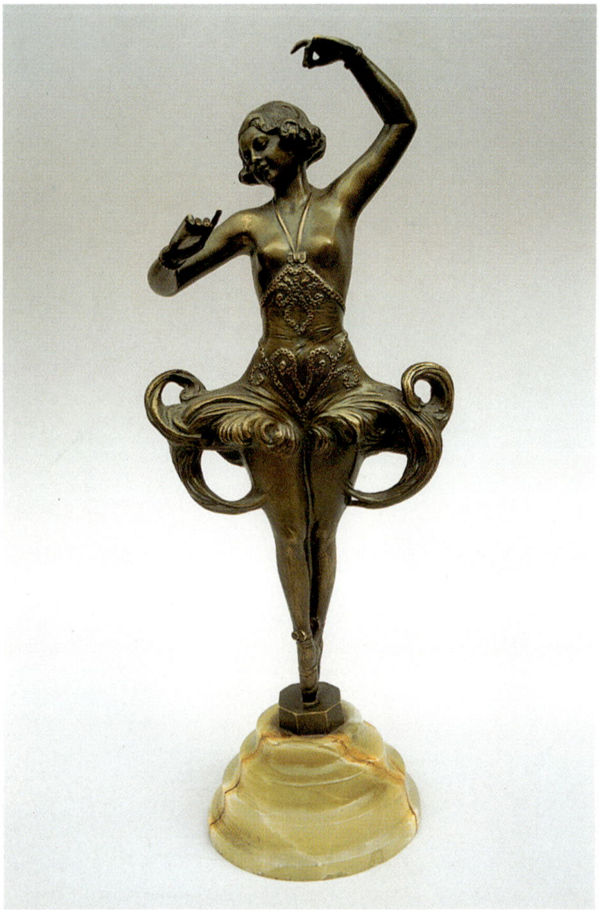

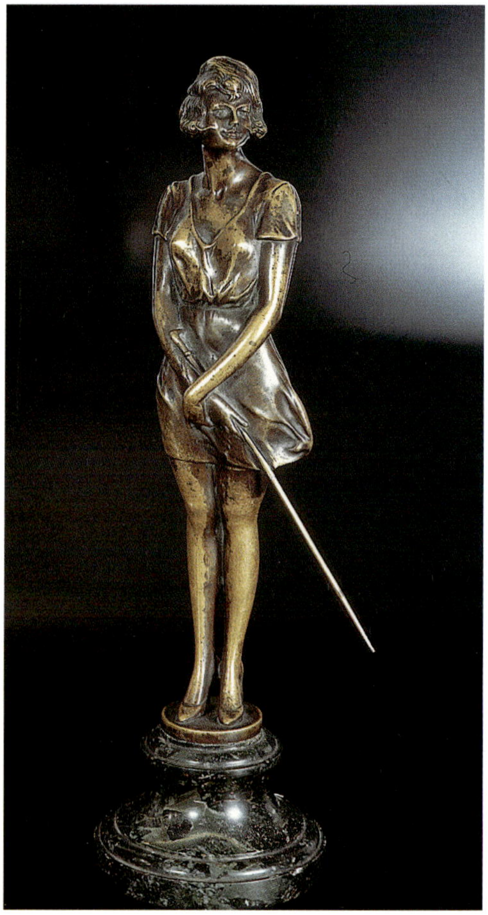

132 Tänzerin

Österreich, Bruno Zach, 20er Jahre.
Grün patinierte Bronze. Signiert.
H. 29 cm
2.000,– bis 2.500,–

133 Mädchen mit Reitgerte

Österreich, Bruno Zach, 20er Jahre.
Schwarz patinierte Bronze auf Marmorsockel. Guß von Argentor/Wien.
H. 35 cm
3.000,– bis 3.500,–

Während die Figur links ein zwar verführerisch herausgeputztes und barbusiges Revuegirl in relativ konventionellem Schema darbietet, gibt sich die Bronzeskulpur »Mädchen mit Reitgerte« schon etwas perverser. Fraglich bleibt nur, wer oder was da geritten werden soll, ob die Reitgerte zur Auspeitschung eines willigen Liebhabers oder für das Mädchen selbst bestimmt ist.

Zach war richtiggehend spezialisiert auf das auch heute wieder gesellschaftsfähig werdende und hochmodische Sado-Maso-Genre, dessen masochistischer Namensgeber Graf Masoch nebenbei bemerkt ebenso wie Zach ein Wiener war und von Sigmund Freud, ebenfalls einem Wiener, zum Gegenstand der Wissenschaft erhoben wurde.

Über den Lebenswandel des Künstlers selbst ist leider praktisch nichts bekannt.

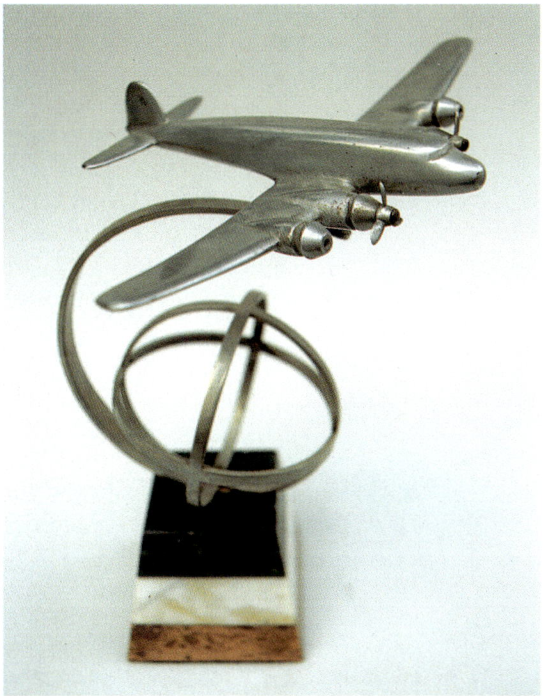

134 Flugzeug

30er Jahre.
Verchromtes Metall auf Marmorsockel.
H. ca. 25 cm
500,– bis 600,–

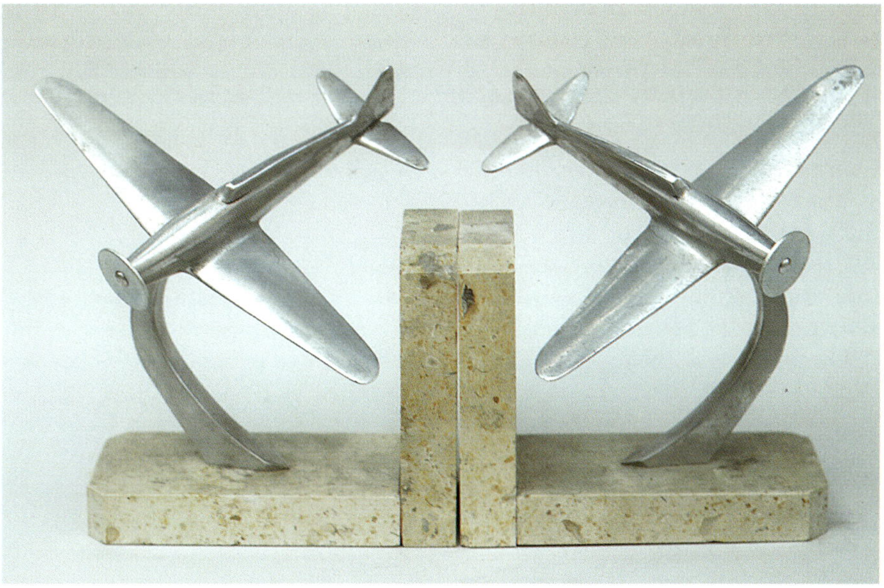

135 Zwei Flieger

30er Jahre.
Buchstützen aus verchromtem Metall auf Marmor.
H. ca. 17 cm
900,– bis 1.000,–

Neben Panthern und Mädchen waren Flugzeuge ein weiterer beliebter Gegenstand der kleinformatigen Art déco-Skulptur, die meist drehbar auf einem Ständer plaziert in verchromtem Metall oder Aluminium mit und ohne Propeller ausgeführt waren. Sie konnten auch als Bücherstützen nützliche Dienste leisten oder sich gar als verstecktes Feuerzeug herausstellen, das beim Drehen des Propellers hervorsprang. Flugzeuge verkörperten neben ihrer symbolischen Männlichkeit die Leidenschaft des Zeitalters für Geschwindigkeit und die Überwindung von Raum und Zeit. Sie galten als Vorboten der Zukunft und ersetzten mit ihren metallenen Flügeln die traditionellen Engel.

Daß sie auch abstürzen konnten, übersah man in einer Zeit voll übersteigertem Optimismus allerdings meist geflissentlich.

Metallobjekte

Die geometrischen, scharfkantigen und modisch eleganten Formen des Art déco liebten das Metall, vor allem das Silber, und das seinen Glanz erfolgreich, aber wesentlich billiger kopierende Chrom. Die Zeit war so begeistert von diesem neuen, dem modernen Lebensgefühl so adäquaten Werkstoff, daß Chromwaren zu einem eigenen, wichtigen Bereich des Art déco werden konnten.

Neben dekorativen Statuetten aus Bronze und Zinnguß entstand ein ständig wachsender Bedarf an Behältnissen, Dosen, Schalen, Bechern und Servicen in Metall, wobei Bakelit für wärmeisolierende Griffe bald Elfenbein und Ebenholz zu verdrängen begann.

Silber

Im Bereich der Silberschmiedekunst waren es neben dem auch weiterhin führenden Frankreich mit seinem Spitzenmatador der modernistischen Gestaltung, Puiforcat, die skandinavischen Länder, in denen es der Däne Georg Jensen zu einer in der ganzen Welt bekannten Firma brachte und sich auch den strengeren Formen des Art déco zunehmend öffnete.

Schweden gewann vor allem mit Wiwen Nilsson eine Bedeutung, die das skandinavische Design in den kommenden Jahrzehnten noch weiter ausbauen sollte.

Alltagskultur

Stärker noch als die Silberarbeiten wurden die Metallarbeiten für den Alltag von den funktionalistischen Bestrebungen des Bauhauses, des Werkbundes und der modernistischen Trendsetter erfaßt und warfen zunehmend Dekor und Verzierung ab, um nur noch als nüchterne und funktionelle Form ihr Dasein zu fristen.

Das Chrom trat seinen Siegeszug durch die Küchen und Eßzimmer vor allem in den USA und England an, also gerade in den Ländern, die sich den modernistischen Bestrebungen gegenüber zunächst noch reserviert gezeigt hatten.

Eine wichtige Firma für Metallwaren in Deutschland war die Württembergische Metallwarenfabrik – kurz WMF –, deren Erzeugnisse auch heute noch einen hervorragenden Ruf genießen. In England bemühte sich PEL (Practical Equipment Ltd.) um gute und moderne Formgebung.

Das Zeitalter der Designer hinterließ im Bereich des Metalls seine Spuren. Auf den prismatischen Stil folgte die Stromlinienform, und bei den Möbeln (siehe dort) hielt das Metall zunehmend Einzug und wurde zur Glaubensfrage. Metall war *der* Werkstoff der modernen Zeit. Durch die Mechanisierung des Haushalts eröffneten sich zunehmend neue Anwendungsgebiete. Bald aber sah es sich bedrängt und teilweise ersetzt durch das leichtere Bakelit. Im Konflikt zwischen von Hand und maschinell gefertigten Metallwaren bekamen letztere zunehmend die Oberhand und setzten die ästhetischen Standards.

Hinweis für Sammler

Auch Metallwaren unterliegen vor allem beim Gebrauch dem Zahn der Zeit. Nicht wenige Verchromungen oder Lackierungen werden deshalb erneuert, was einerseits durchaus notwendig sein kann, bisweilen aber auch als übertriebener Perfektionswahn gewertet werden muß. Jede Erneuerung der Oberfläche ist immer auch ein Verlust an Authentizität und originaler Patina.

Zur Pflege und Konservierung reicht häufig ein wenig Öl, besser noch sog. Büchsenöl, das man in jedem Waffengeschäft bekommt. Zu häufiges Polieren und Scheuern kann die früher mitunter nur sehr dünn aufgebrachte Chromschicht nicht nur verkratzen, sondern gänzlich zum Verschwinden bringen. Von allen scharfen und ätzenden Mitteln ist grundsätzlich Abstand zu nehmen. Vorsichtig von Hand spülen und nicht in die Spülmaschine!

Bei robusten Oberflächen können mit Stahlwolle der Sorte 00 und feiner beim Polieren erstaunliche Ergebnisse erzielt werden.

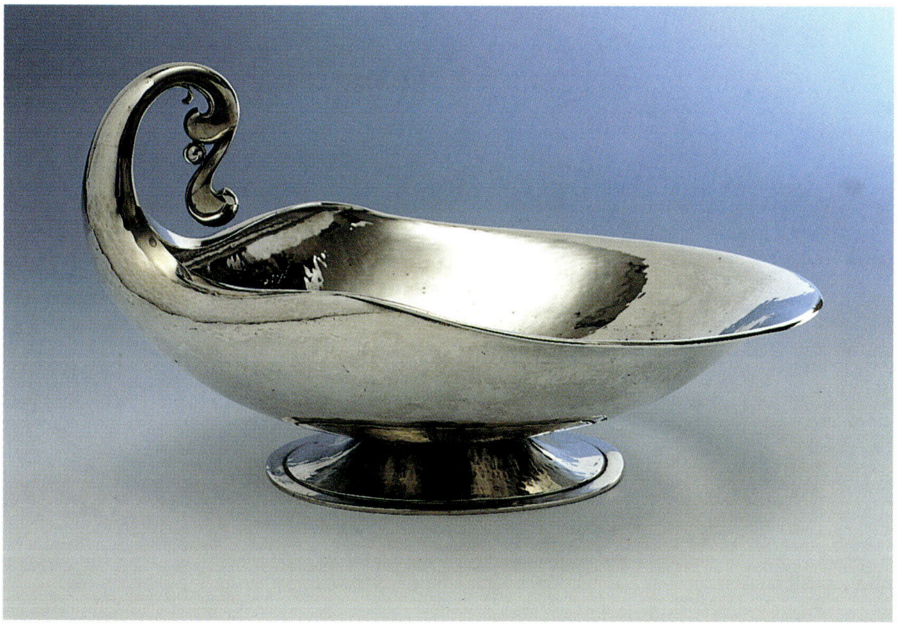

136 Fruchtschale

Dänemark, Karl Gustav Hansen (Entwurf), Kolding, 1934.
Silber. Signiert, datiert und gestempelt.
5.000,– bis 8.000,–

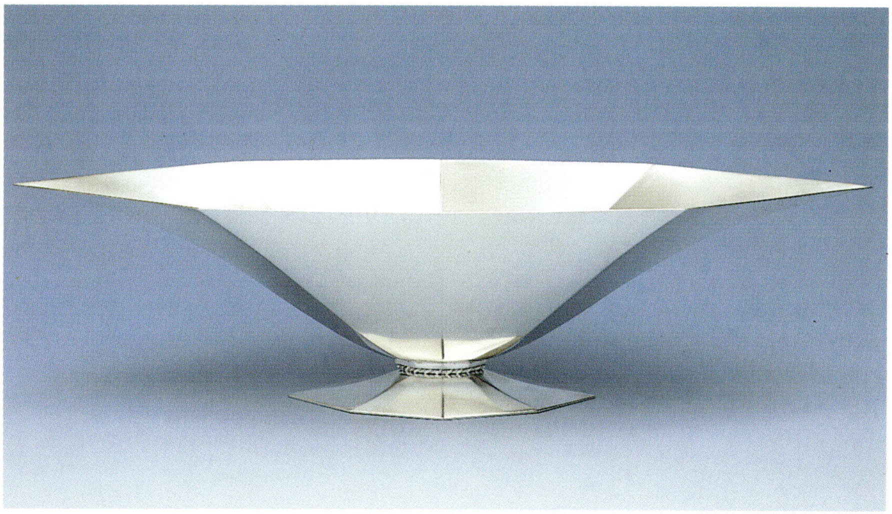

137 Große Schale

Schweden, 1929, Entwurf Wiwen Nilsson, 1926.
Sterlingsilber. Signiert, datiert und gestempelt.
L. 62 cm, B. 18 cm, H. 20 cm
40.000,– bis 60.000,–

Der Vergleich der beiden Schalen zeigt deutlich den Gegensatz einer weichen, fließenden, biomorphen, einerseits noch vom Jugendstil beeinflußten, andererseits bereits auf die Nierentischformen der 50er Jahre vorausweisenden und einer streng geometrischen, scharfgeschnittenen Formauffassung. Beide zeichnet dabei jenes Bemühen um Schlichtheit und innere Logik der Form als Vertreter des skandinavischen Stils aus. Der schwedische Silberschmied Wiwen Nilsson wurde an der Zeichenakademie für das Edelmetallgewerbe in Hanau ausgebildet, Deutschlands damals ältester und renommiertester Goldschmiedeschule.

Gustav Hansen steht demgegenüber klar unter dem Einfluß von Georg Jensen, dem berühmten und bis heute einflußreichen dänischen Silberschmied.

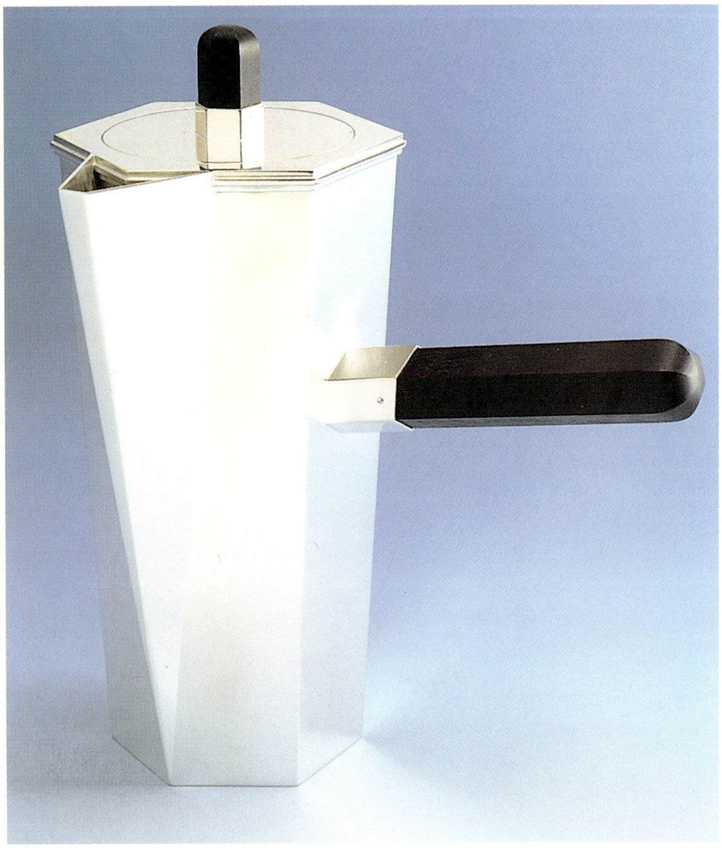

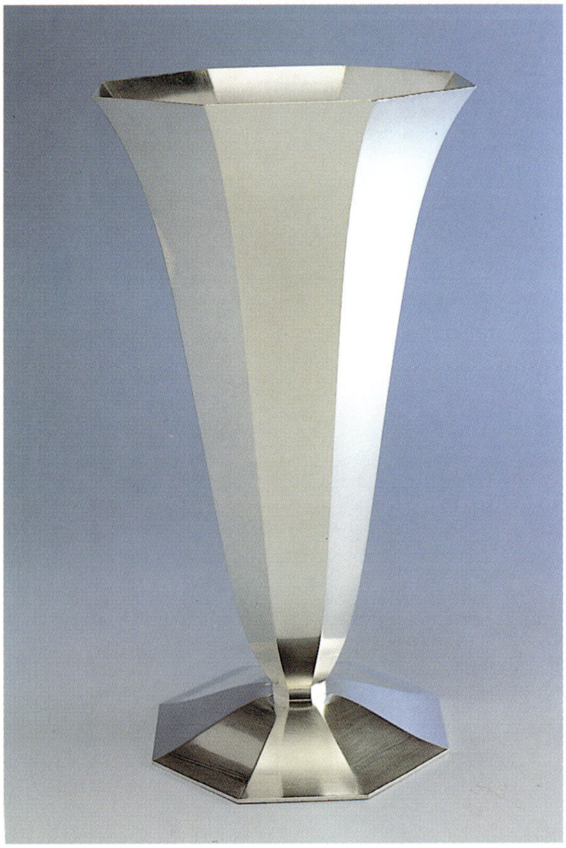

138 Kaffeekanne

Schweden, Wiwen Nilsson, 1938.
Silber mit Ebenholz. Signiert, datiert und gestempelt.
15.000,– bis 25.000,–

Auch heute noch haben diese scharfgratigen, makellos ausgeführten Gefäße nichts von ihrer klassischen Schönheit und zeitlosen Gültigkeit eingebüßt. Dennoch geben sie sich in jedem Detail als Produkt ihrer Zeit zu erkennen. Es ging Nilsson um den geometrisch durchdachten Wohlklang der Proportionen, um eine rein auf Linie und Form beruhende Schönheit ohne Schnörkel und Kompromisse. Jede Einzelheit steht mit dem Ganzen in einem notwendigen Zusammenhang, nichts kann auch nur um ein Jota verändert werden, ohne daß die Harmonie der Gesamtheit entscheidend gestört würde. Dabei gehorcht die ganze Form dem jeweils gleichen, prismatisch gebrochenen Formprinzip, wobei auf die zu ihrer Entstehungszeit beliebten Kontraste gegensätzlicher Formen verzichtet wird.

139 Vase

Schweden, 1946, Entwurf Wiwen Nilsson, 1929.
Silber 925. Signiert, datiert und gestempelt.
H. 38 cm
20.000,– bis 30.000,–

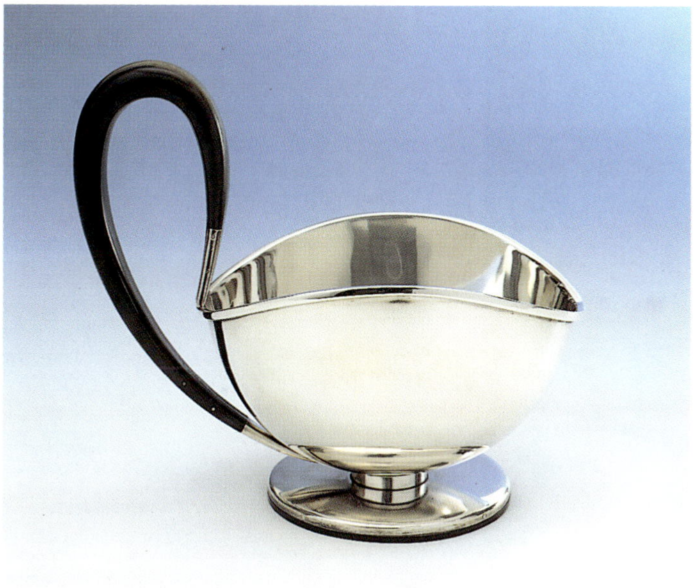

140 Sauciere

Franz Hingelberg (Ausführung),
1935–40, Entwurf von Aage Weimar.
Sterlingsilber, Bakelit.
4.500,– bis 7.000,–

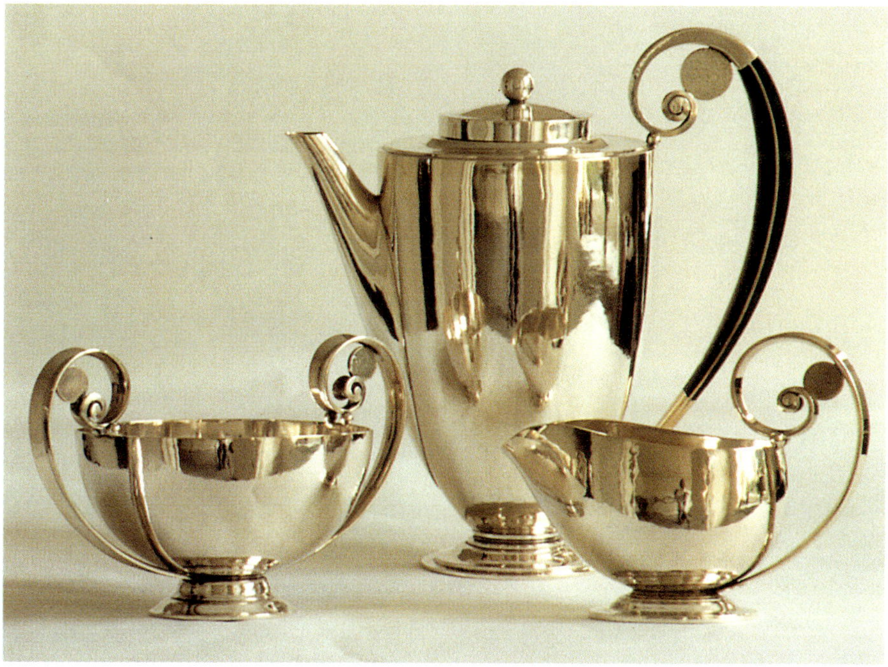

141 Kaffeeservice

Dänemark, Georg Jensen,
Kopenhagen, 1933–44, Entwurf von
Johan Rohde, 1919.
3teilig. Sterlingsilber, Ebenholz.
Je nach Alter
12.000,– bis 25.000,–

*

Ein fünfteiliges Service mit dazu passender Teekanne und Tablett kostet 30.000,– bis 40.000,–.

Ganz im Gegensatz zu Wiwen Nilsson vermied der bedeutende dänische Silberschmied Aage Weimar scharfe Ecken und Kanten und gestaltete seinen Traum von einer Sauciere in lauter elegant fließenden Linien auf einer runden Basis.

Weniger zurückhaltend und formstreng gibt sich Rohde in dem Kaffeeservice. Dort behält er zwar ebenfalls eine gerundete Formlinie konsequent bei, erweitert sie aber durch eindeutige Schmuckelemente wie die signetartigen Voluten der Henkel mit der runden Scheibenverbindung. Doch gerade sie geben den Formen einen Ausdruck von Reichtum und Fülle, so daß man sie, auch wenn sie nach streng funktionalistischen Richtlinien eigentlich überflüssig sind, dennoch nicht missen möchte.

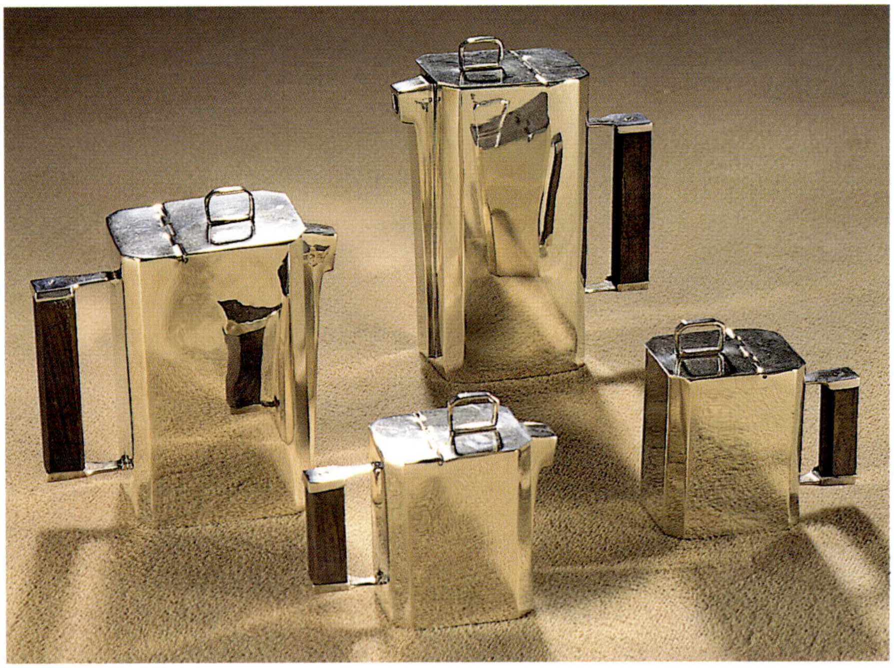

142 Service

Frankreich, 30er Jahre.
4teilig. Versilbertes Messing mit Holzgriffen.
1.500,– bis 2.000,–

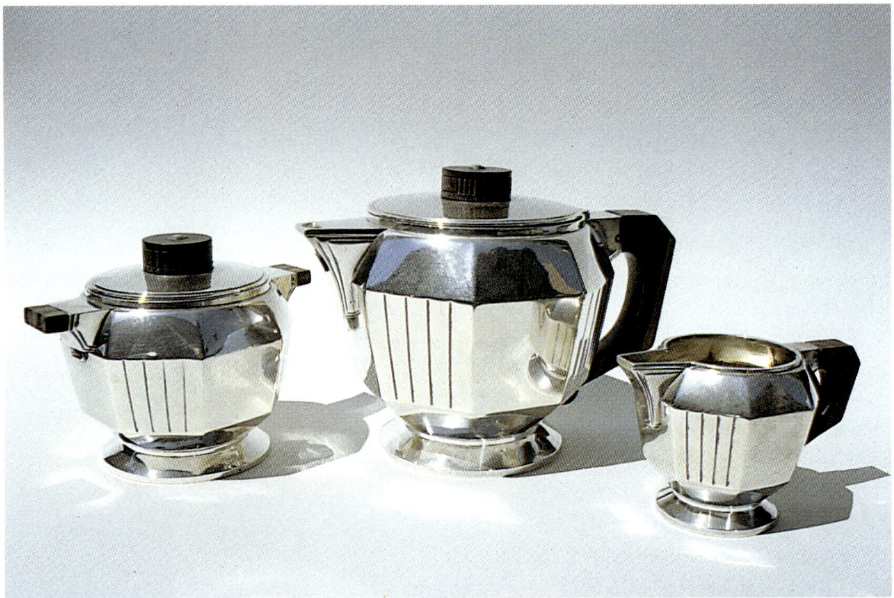

143 Service

Frankreich, nach 1930.
3teilig. Silber 950, mit Holzgriffen.
H. 15 cm, 11,5 cm und 8 cm
900,– bis 1.000,–

Auch wenn diese beiden Service nicht von Puiforcat stammen, so sind sie doch von seiner reduzierten und dennoch charaktervoll ästhetischen Formensprache deutlich beeinflußt.

Während dabei das dreiteilige Silberservice eine zurückhaltendere Formensprache pflegt, ist das vierteilige Service von einem geradezu schroffen Modernismus, der beinahe an Konservendosen erinnert.

Dieses Understatement aber steht in einem reizvollen Kontrast zu der hervorragenden und aufwendigen Verarbeitung, wie überhaupt bei solch einer reduzierten Formensprache jedes Detail und die Perfektion der Verarbeitung an Gewicht gewinnen und weniger summarisch wahrgenommen werden.

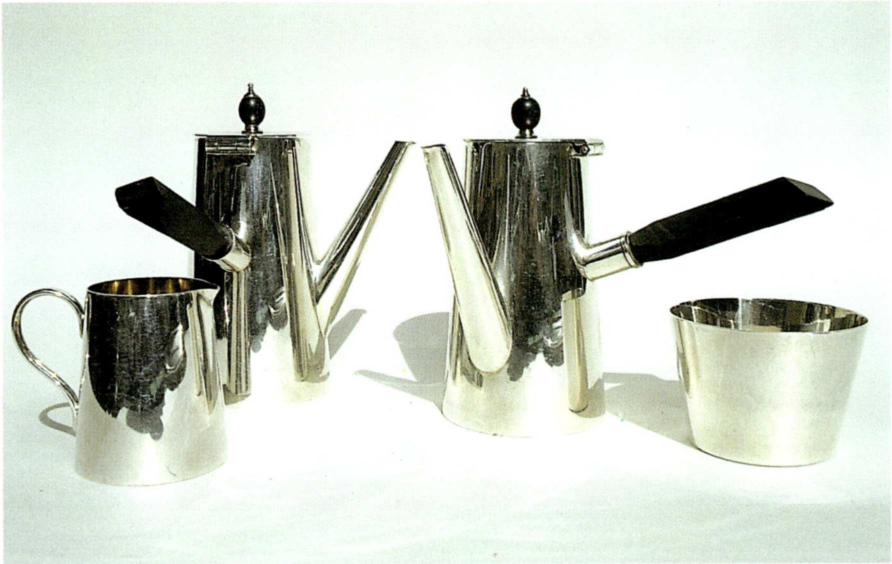

144 Service

England, um 1925.
Silber plated, mit Ebenholz.
H. Kanne 14 cm
750,– bis 850,–

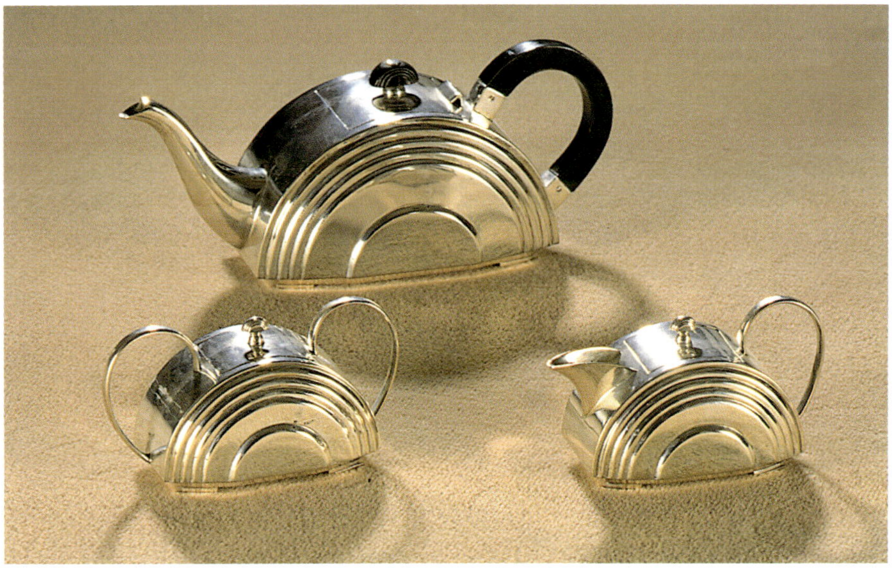

145 Service

USA, um 1930.
Sterlingsilber.
4.500,– bis 5.500,–

Die Engländer hatten trotz aller historistischen und viktorianischen Verirrungen immer schon eine Tradition einfacher, charaktervoller und zweckmäßiger Gebrauchsformen, die sie auch im 20. Jahrhundert nicht verlernt haben. Entsprechend wirkt Englands modernistische Formgebung so entspannt und weniger puristisch ambitioniert als anderswo.

Demgegenüber legt sich das amerikanische Service – entsprechend dem Nationalcharakter seines Herstellerlandes – voller Elan und ambitioniertem jugendlichen Übermut schon rasanter ins Zeug und überzeugt gerade durch seine Extravaganz und seine überraschende Formgebung, die auf dem absolut konsequenten Einsatz des Halbkreismotives aufgebaut ist.

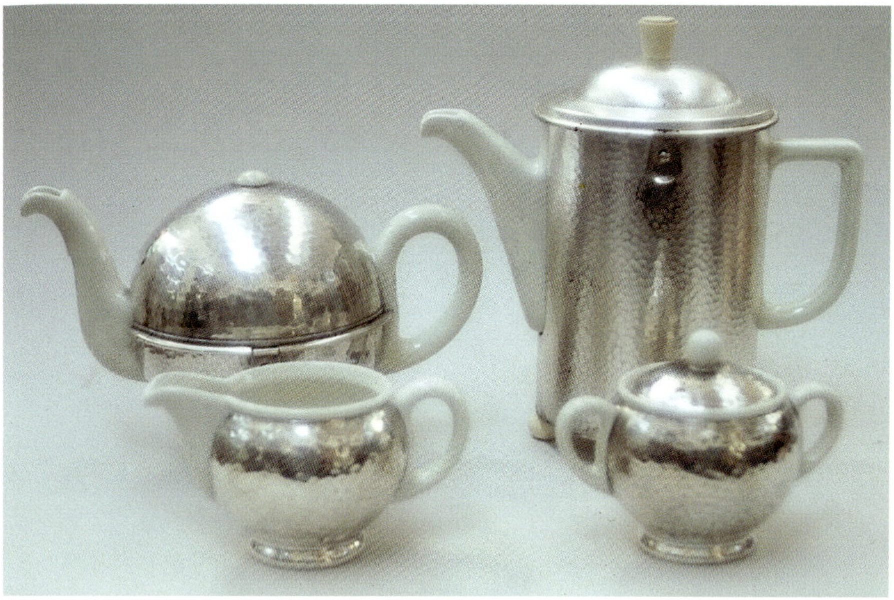

146 Service

WMF, Werkentwurf, um 1930.
500,– bis 600,–

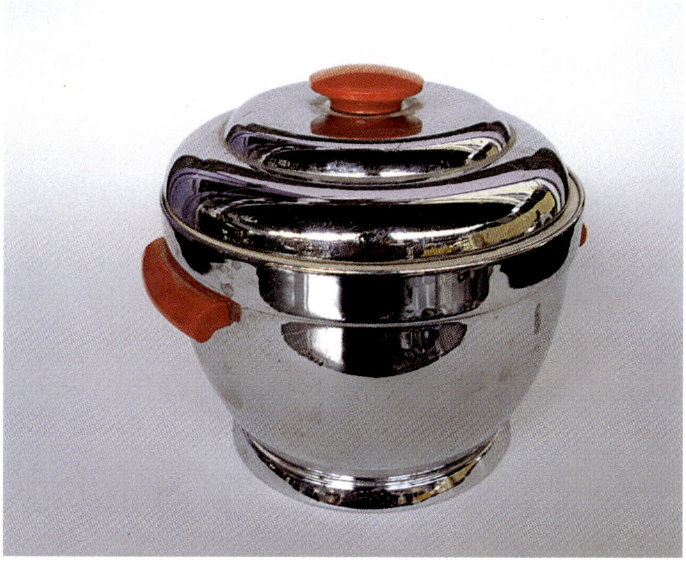

147 Thermosbehälter

England, Thermos, 30er Jahre.
Metall verchromt, mit Plastikeinsatz.
Signiert. Model Nr. 923.
H. 16 cm
150,– bis 200,–

Die bis in die Mitte des 19. Jahrhunderts zurückreichende Württembergische Metallwarenfabrik entwickelte sich Anfang des 20. Jahrhunderts zu einem regelrechten Industriegiganten, der auf Haushaltswaren, später auch Glaswaren und Silber, spezialisiert war und unter der Abkürzung WMF in die Designgeschichte eingegangen ist.

Der zweischalige Aufbau der Kannen hat einen temperaturdämmenden Effekt, um die Getränke warm zu halten. Das Design ist bei aller Modernität zurückhaltend und sachlich deutsch.

Demgegenüber wirkt der englische Thermosbehälter der namensgebenden Firma mit seinen roten Bakelitgriffen schon etwas extravaganter. Er war allerdings nicht dazu gedacht, Wärme zu speichern, sondern diente der Aufbewahrung und Kühlhaltung von zerkleinertem Eis.

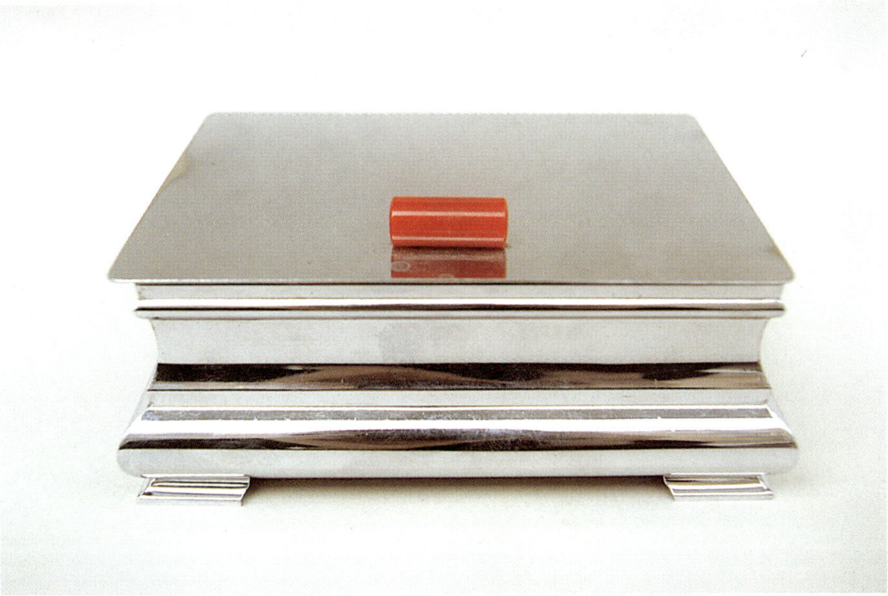

148 Schachtel

Frankreich, 20er Jahre.
Verchromtes Metall über Holzkern mit Bakelitgriff.
L. 15 cm, B. 10,5 cm
250,– bis 300,–

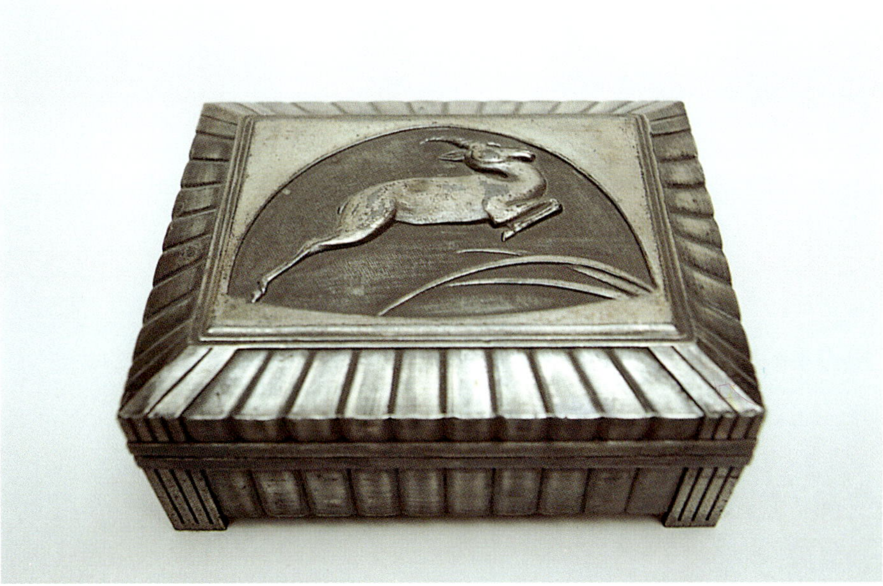

149 Schachtel

Paris, um 1925.
Zinnguß mit Glaseinsatz.
L. 11 cm, B. 8 cm, H. 5 cm
200,– bis 300,–

Geschmeidige, schnelle Tiere mit eleganten Umrissen wurden zu den bevorzugten Darstellungsobjekten der Art déco-Künstler, so daß neben Panthern und Rehen auch Antilopen ihre Bildwelten bevölkerten. Demgegenüber strahlten die chromblitzenden Gegenstände der 30er Jahre selbst so etwas wie vorwärtsstürmende Dynamik und rastlose Modernität aus, wobei, wie in diesem Kästchen, Vorsprünge und Abtreppungen dem Licht genügend Gelegenheit geben, sich gleißend und blitzend zu produzieren.

Das stumpfe Glühen des roten Bakelitgriffs vervollständigt die elegante Erscheinung.

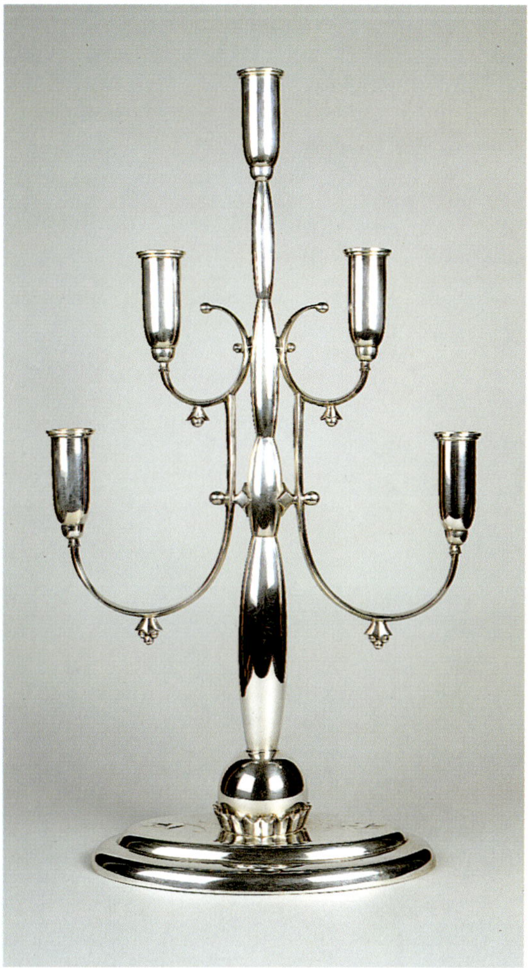

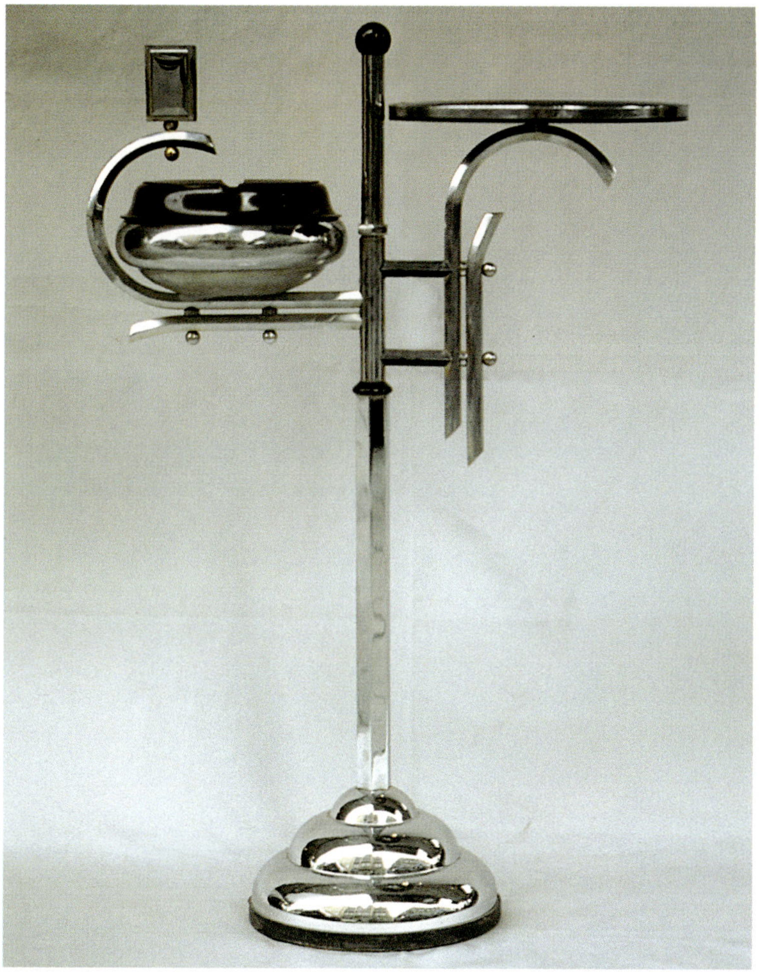

150 Leuchter

Dresden, Groß, um 1925.
Silber.
H. 54 cm
8.500,– bis 10.000,–

151 Rauchertischchen

Frankreich/Belgien, um 1930.
Verchromtes Metall.
H. 72 cm
400,– bis 600,–

Der Leuchter des Dresdner Silberschmieds Groß orientiert sich sowohl in der Funktion und dem Material als auch in der Formgebung an altehrwürdigen Vorbildern der Vergangenheit, die er aber im Sinne eines modernen Formverständnisses strafft, glättet und plakativ vereinheitlicht.

Demgegenüber ist das Rauchertischchen eine originäre Hervorbringung des 20. Jahrhunderts, weniger was die Funktion betrifft – denn geraucht hat man auch schon früher –, dafür im Material und in der Formgebung, so daß bei aller grundsätzlichen Ähnlichkeit doch ein im Formcharakter höchst unterschiedliches Gebilde entstand. Statt der Symmetrie dort betont es die asymmetrische Anordnung. Statt ornamentaler Konvention dominiert die Unterordnung unter die Funktion. Statt Repräsentation und Feierlichkeit setzt es auf erschwingliche Herstellung und Einbindung in den alltäglichen Lebenszusammenhang.

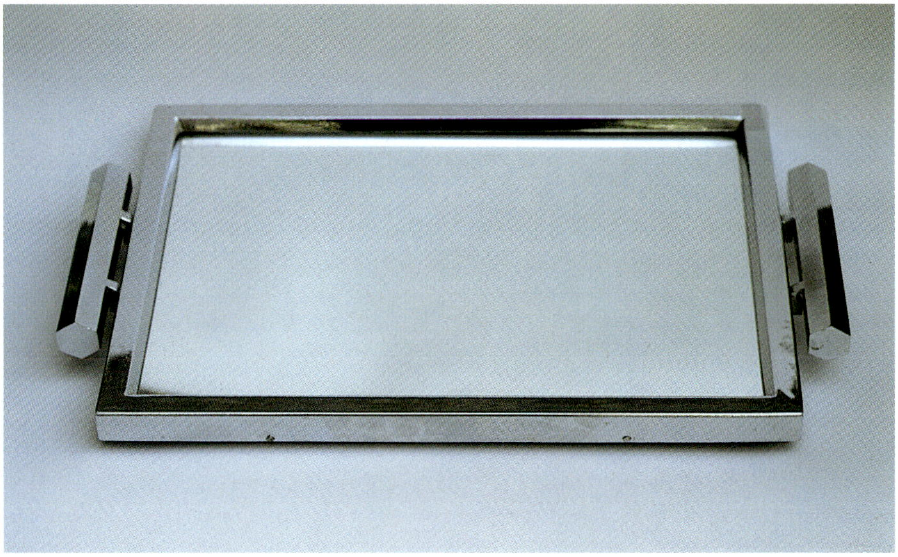

152 Tablett

20er Jahre.
Chrom und Spiegel.
L. 48 cm, B. 27 cm
250,– bis 300,–

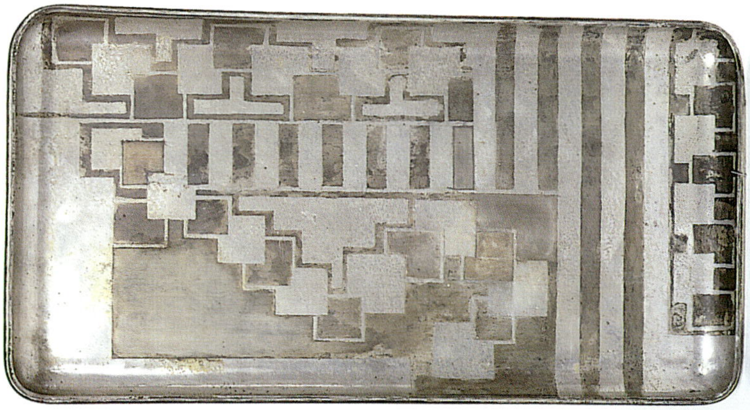

153 Tablett

Frankreich, Jean Dunand,
ca. 1911–14.
Gebeiztes und versilbertes Alpaka.
Signiert und numeriert 6422.
L. 41 cm, B. 22 cm
5.000,– bis 15.000,–

Der in der Schweiz geborene, aber in Frankreich arbeitende Jean Dunand war der berühmteste Metall- und Lackkünstler des Art déco, dessen frühes Tablett noch vor dem Ersten Weltkrieg beweist, daß dieser Stil nicht auf die 20er und 30er Jahre einzugrenzen ist, sondern in seinen Vorläufern wesentlich früher einsetzte.

Klar erkennbar ist hier das geometrische Ornament noch kleinteiliger, fast ein wenig ängstlich. Demgegenüber demonstriert das modernistische Tablett gut 20 Jahre später eine fast brutalistisch zu nennende Formvereinfachung.

Dabei ist es aber keineswegs grobschlächtig, sondern bei aller geometrischen Strenge nur im herben Sinn verfeinert und kantig geformt.

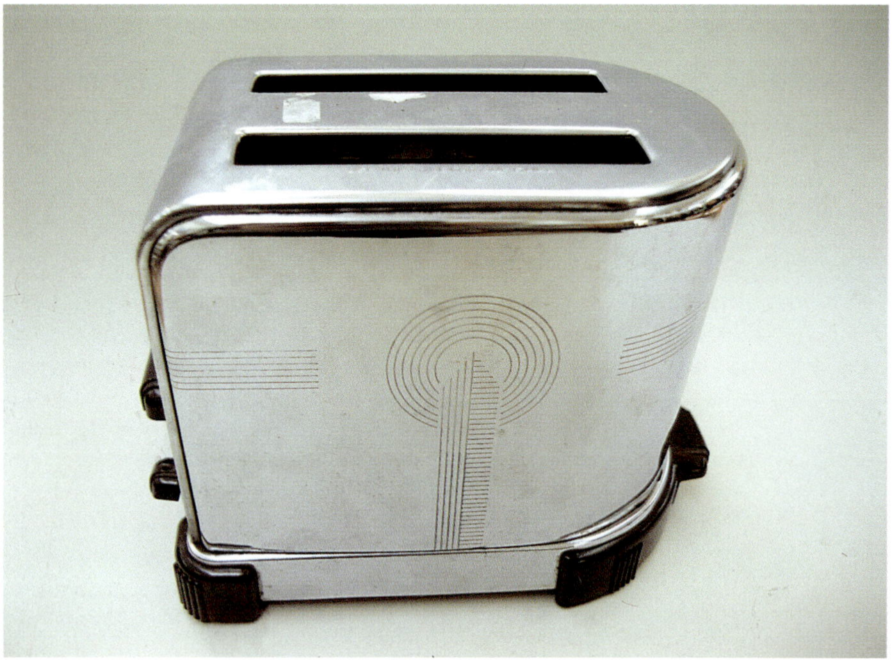

154 Toaster

USA, St. Louis, Ende 30er Jahre.
Verchromtes Metall.
L. 22 cm, H. 18 cm
150,– bis 250,–

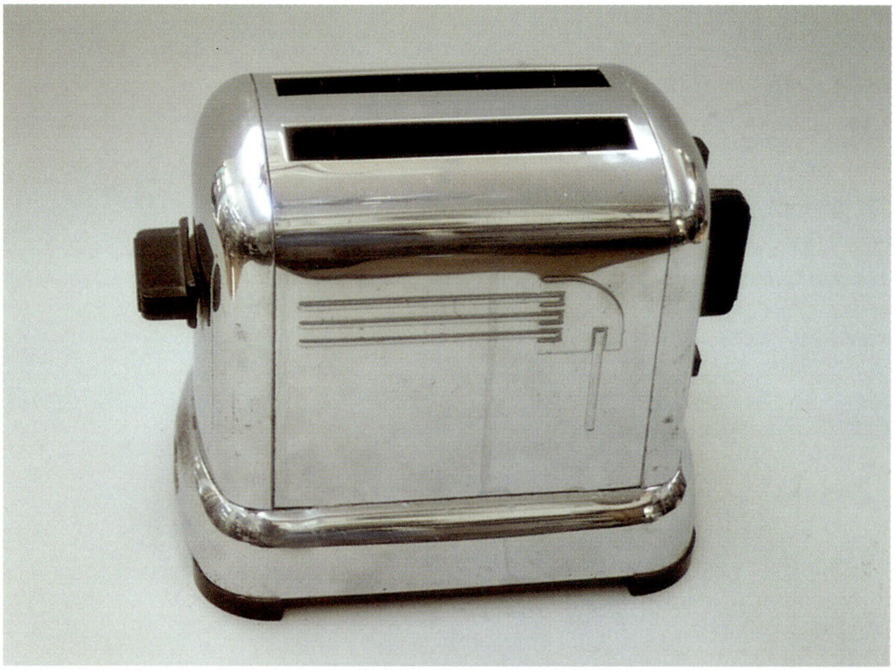

155 Toaster

USA, Westinghouse, Ende 30er Jahre.
Verchromtes Metall.
L. 23 cm, H. 19 cm
200,– bis 300,–

Alte Toaster erfreuen sich in unserer voll computerisierten und high-tech-gestylten Welt gerade beim jugendlichen Publikum wieder großer Beliebtheit. Dies hängt sicherlich damit zusammen, daß diese in ihrer robust-handgreiflichen Weise (meist) noch voll funktionstüchtig sind und in ihrem chromblitzenden, für unsere Begriffe reich mit Profilkanten, Abtreppungen und Lineament ornamenteten Äußeren wie ein Relikt aus einer verlorenen, aber irgendwie noch überschaubaren, verstehbaren und schöneren Welt wirken.

Schmuck

Je teurer und seltener die Materialien des Schmucks sind, desto abwartender und zurückhaltender verhalten sie sich modisch aktuellen Stilformen gegenüber, und um so eher sind Käufer wie Hersteller geneigt, auf ein traditionelles, etabliertes Repertoire zurückzugreifen.

Modeschmuck

Ganz anders verhält es sich, wie der Name schon andeutet, beim sog. Modeschmuck, der in den 20er und 30er Jahren an Bedeutung gewann, und vor allem durch Coco Chanel eine grundlegende Aufwertung erfuhr. Wichtigster Hersteller in Deutschland war Fahrner in Pforzheim.

Hier ist der Materialwert relativ gering, die Herstellung nicht selten maschinell und deshalb billig, so daß sein Reiz gerade in der Neuartigkeit und modischen Aktualität liegt, der man einer Laune entsprechend folgt, um sich bei jedem Modewechsel wiederum neu mit Schmuckstücken einzudecken.

Gegenüber den Extravaganzen des Jugendstil mit seinen organisch bewegten Linien hat sich der Art déco-Schmuck als der klassische Schmuck des 20. Jahrhunderts schlechthin etabliert. Seine geometrische Reduktion und auf klare Kontraste hinarbeitende Stilausprägung kommt dem Material und der Verarbeitungsart des Schmucks geradezu idealtypisch entgegen.

Juwelierschmuck

Deshalb ist es wenig verwunderlich, daß nach anfänglichem Zögern zunächst in Frankreich auch die großen und bedeutenden schmuckhersteller wie Cartier neben vielerlei folkloristischen ausflügen in den näheren und ferneren Osten oder das alte Ägypten sich auch in ihren ambitionierten und wertvolleren Stücken den Art déco-formen öffneten und ebenso modern wie zeitlos schön anmutende Stücke schufen.

Neue Schmuckformen

Der Wandel der Kleidermoden hatte dabei einen nicht geringen Einfluß auf den Schmuck insgesamt. Und die kurzgeschnittenen Haare – etwa »Bubikopf« und »Garçonne« – führten zu einer Fülle von auffälligem und großem Ohrschmuck.

Eine ausgesprochene, dem praktischen Sinn der Zeit absolut entgegenkommende Neuentwicklung waren die sog. zweiteiligen Armbänder, die auch als Clips getragen werden konnten.

Neben den traditionellen Colliers und Diademen, die zunehmend außer Mode kamen, etablierten sich extravagant und zurückhaltend geformte Broschen und Armbänder. Farblosen Diamanten im geometrischen Schliff und dazu im Kontrast exotischen Materialien wie Jade oder Bergkristall kam dabei eine führende Rolle zu.

Bakelit

Zunehmende Verwendung beim Modeschmuck fanden die neukreierten Kunststoffe, darunter vor allem das von Baekeland 1907 erfundene Bakelit, das geradezu zum Synonym für den Kunststoff dieser frühen Jahre wurde.

Daneben gab es auch Lucite, Catalin, Galalith und Zelluloid, bis sich dann nach dem Zweiten Weltkrieg die heute gebräuchlichen Kunststoffarten durchsetzten, die gegenüber den aufwendiger herzustellenden frühen Sorten enorm billig waren. So ist das Bakelit, das seinerzeit ein relativ preiswerter Werkstoff war, heute fast schon eine Kostbarkeit.

Diese frühen Kunststoffe wurden übrigens nicht selten wie ein Naturrohstoff beschnitzt und geschnitten, während die späteren Sorten leichter in Form gegossen bzw. gespritzt werden konnten.

Heute werden im Deutschen fast alle Kunststoffe zwischen den Weltkriegen als Bakelit bezeichnet. Bakelit im engeren Sinne allerdings war im Gegensatz etwa zum Galalith zunächst nur in schlierigen, bräunlichen Tönen zu haben. Auch sind die Begriffe in den einzelnen Sprachen nicht immer deckungsgleich, so daß man es als Nichtchemiker beim Sammelbegriff Bakelit bewenden lassen und nur bei auch für Laien deutlich unterscheidbaren Werkstoffen wie Zelluloid dieses namentlich unterscheiden sollte.

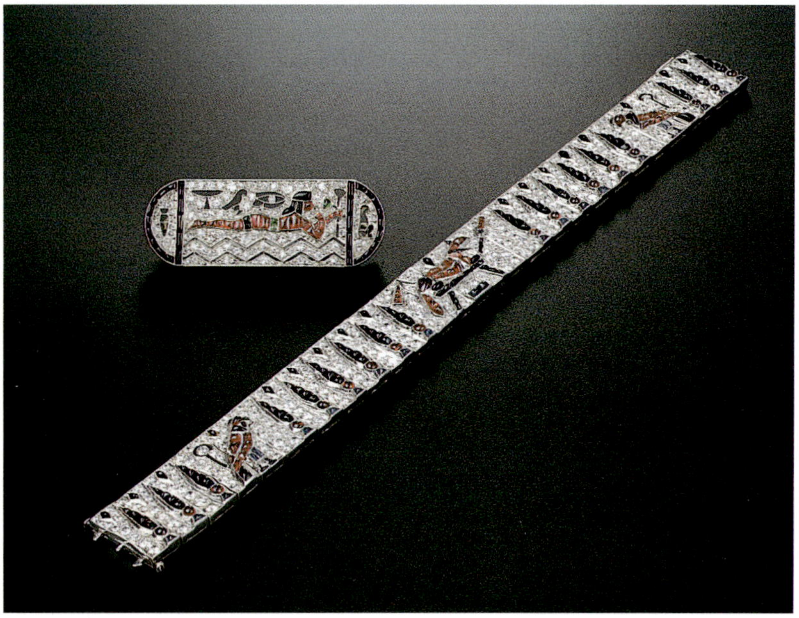

156 Armband und Brosche

Frankreich um 1925.
Egyptian Revival-Armband und Brosche.
Platin mit Brillanten, geschnittenen Saphiren, Rubinen, Smaragden, Onyx.
Armband: ca. 100.000,–
Brosche: 50.000,– bis 70.000,–

*

Abgesehen vom hohen Materialwert auch stilistisch sehr eindrucksvolle Stücke.

157 Saphir-Diamant-Armband

Wohl Deutschland, um 1925.
In Platin gearbeitet, 432 Diamanten in Brillantschliff zu insgesamt ca. 30 Karat, 24 Saphire in Baguetteschliff zu insgesamt ca. 18 Karat.
Mit Originaletui.
100.000,– bis 120.000,–

*

Nicht nur wegen des hohen Materialwertes ein sehr kostbares, zeittypisches Schmuckstück.

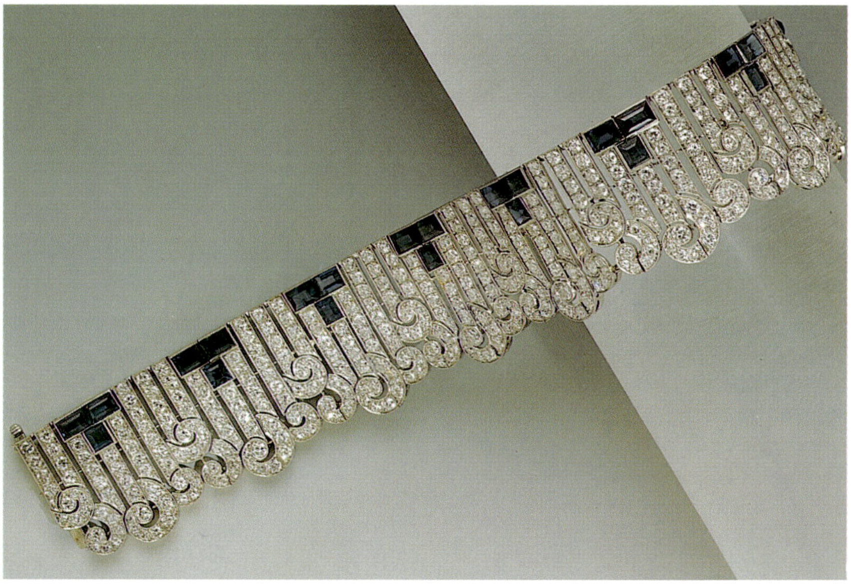

Nach der sensationellen Entdeckung des Königsgrabes des Tutanchamun durch den Engländer Carter im Jahre 1923 entstand in Europa ein regelrechtes Ägyptenfieber, vergleichbar der Übernahme aztekischer und altamerikanischer Motive und Schmuckformen in den USA.

Neben der tagesaktuellen Anregung wird aber auch an diesen beiden Stücken deutlich, daß das geometrisch reduzierende, auf harte Farb- und Formkontraste zielende Art déco und der archaische, altägyptische Stil in wundervoll geglückter Weise harmonieren und es sich hier um eine fruchtbare, künstlerisch begründete Wahlverwandtschaft handelt. Daß man sich durch das Tragen solcher Schmuckstücke allerdings den Fluch der alten Pharaonen einhandelt, wie er Carter selbst angeblich getroffen hat, ist zumindest dann unwahrscheinlich, wenn keine originalen altägyptischen Teile verwendet wurden …

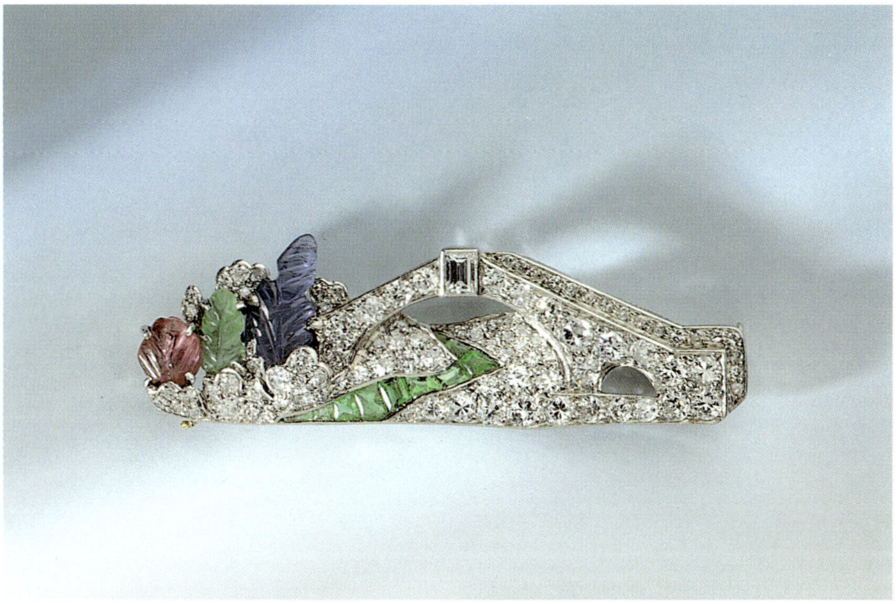

158 Brosche

Um 1925.
»Chinesische Landschaft«, eine Brücke über einen Fluß darstellend. Platin mit Diamanten, Smaragden, Rubinen und Saphiren.
30.000,– bis 35.000,–

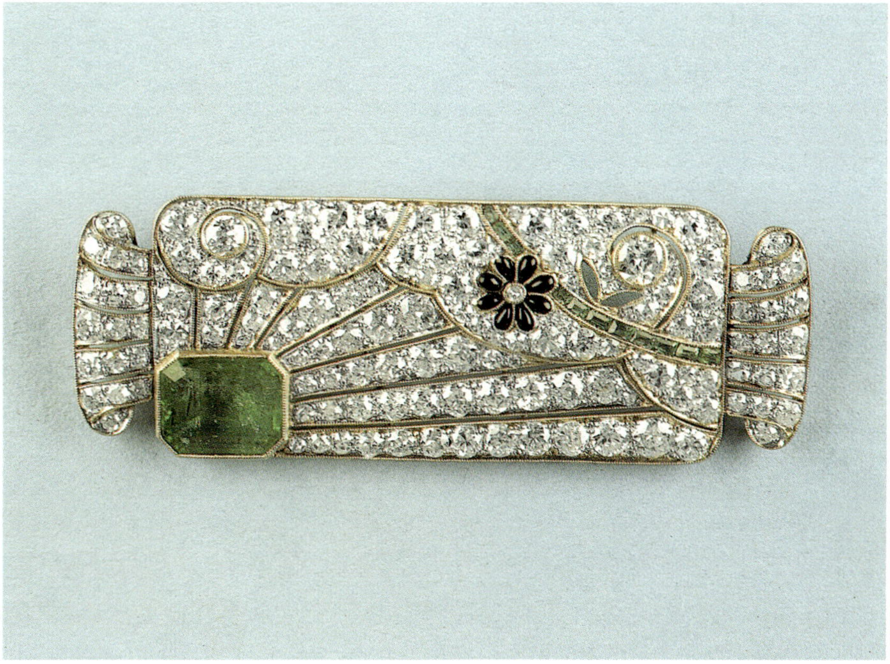

159 Brosche

Paris, Cartier, um 1925.
Rechteckige Form, in Platin gearbeitet. Mit oktogonalem Smaragd von ca. 4,5 Karat, ca. 90 Diamanten in Altschliff von zusammen ca. 11 Karat, kalibrierte Smaragde und Blüte aus Saphircabochons. Seitlich gravierte Signatur.
L. 6,7 cm
40.000,– bis 50.000,–

*

Prachtvolle Brosche mit großem Namen.

Die Hinwendung zu fernöstlichen Motivanleihen ist ein typisches Merkmal des Art déco und kann gerade im Schmuckbereich häufig beobachtet werden. Interessant ist bei beiden Stücken die akzentuierende Verwendung der Farbe gegenüber den farblosen Steinen. Rechteckbroschen sind eine charakteristische Entwicklung der auf Formvereinfachung und Geometrisierung dringenden Zeit.

Bei beiden Stücken typisch sind auch die asymmetrische Gestaltung und die strenge Stilisierung.

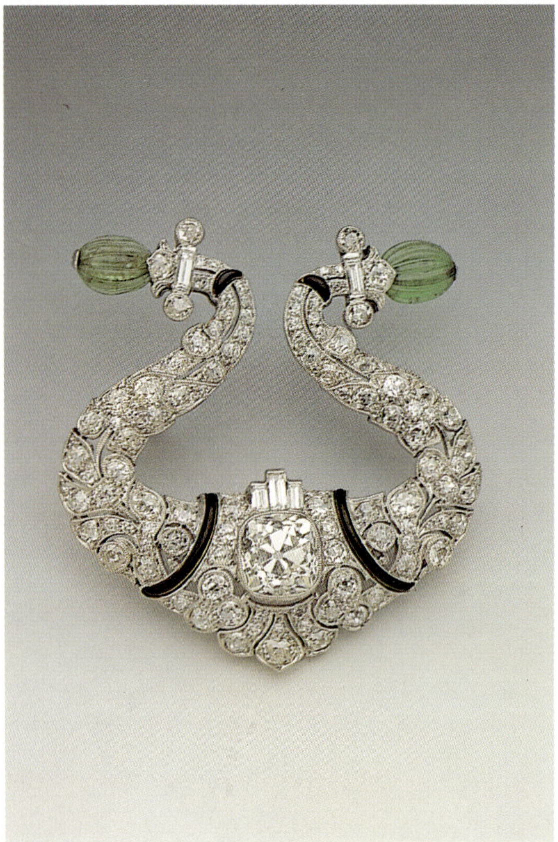

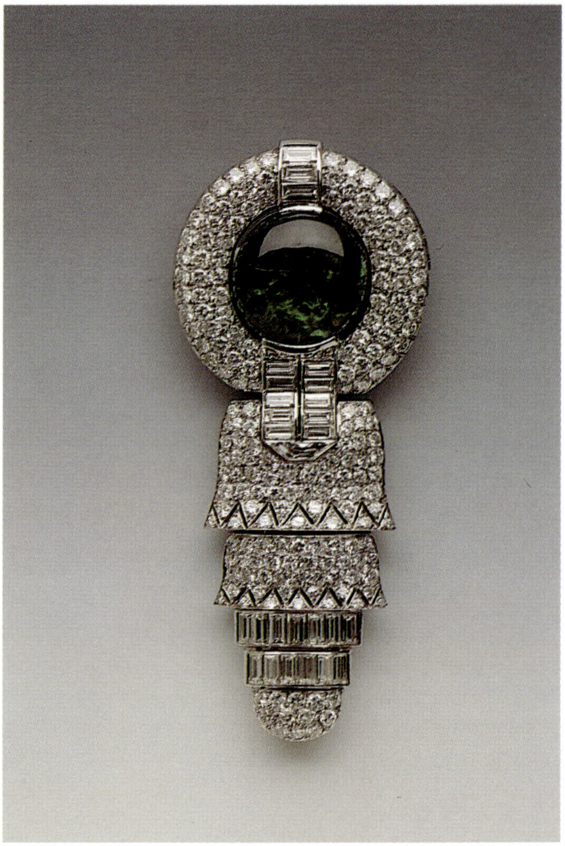

160 Smaragd-Brillant-Brosche

New York, um 1920. Signiert »Yard«. In Platin gearbeitet, zahlreiche Diamanten im Brillant- und Baguetteschliff zu insgesamt ca. 7 Karat. Zentrumstein ca. 5 Karat in Altschliff, zwei Smaragde in Cabochon-Phantasieschliff.
90.000,– bis 100.000,–

Beide Broschen weisen ein strenges, symmetrisches Design von geradezu plastischer Kraft auf. Die linke Brosche aus New York zeigt, daß zumindest im Schmuckbereich, wo ein besonders reger Austausch zwischen der Alten und der Neuen Welt stattfand und ständig Einkäufer in Paris auf der Suche nach den neuesten Trends unterwegs waren, bereits Anfang der 20er Jahre das Art déco in den USA Fuß gefaßt hatte. Deshalb war auch das Befremden über die Entscheidung der amerikanischen Regierung, an der Ausstellung für dekorative Kunst von 1925 in Paris nicht teilzunehmen, gerade im Schmuckgewerbe besonders groß.

Das rechte französische Exemplar weist in seinen strengen, vereinfachten Formen bereits auf den monumentalen, schweren Stil der 30er Jahre voraus.

161 Smaragdbrosche

Frankreich, René Boivin, um 1930. In Platin gearbeitet, mit zahlreichen Diamanten in Brillant- und Baguetteschliff mit insgesamt ca. 13 Karat, ein kolumbianischer Smaragd in Cabochon-Schliff mit sichtbaren Einschlüssen mit ca. 16 Karat. Meisterpunze OD. In Originaletui.
180.000 bis 200.000

*

Der Smaragd zeigt eine besonders schöne Farbqualität.

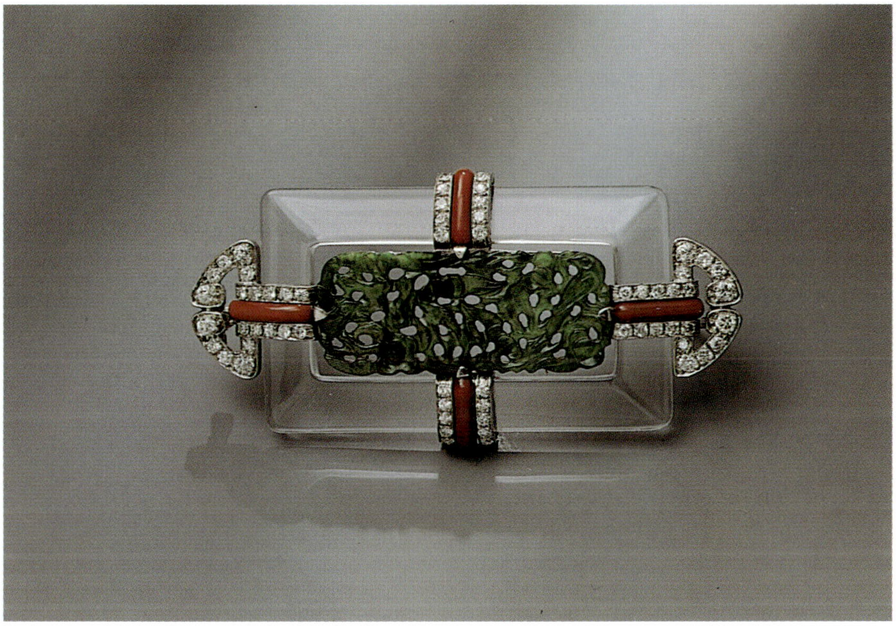

162 Bergkristallbrosche

Wohl Frankreich, 20er Jahre.
Im Zentrum eine gravierte und geschnittene Jadeplatte, umgeben von einem rechteckigen Rahmen aus Bergkristall, gearbeitet in Platin, mit zahlreichen Diamanten in Brillantschliff zu ca. 2,4 Karat.
33.000,– bis 37.000,–

163 Bergkristallbrosche

Paris, Cartier, um 1925. Signiert.
In Platin gearbeitet, mit matt geschliffenem Bergkristallteil, zahlreichen Diamanten in Brillantschliff und zugeschliffenen Saphiren in Carree- und Phantasieschliff. Kann auch als Anhänger getragen werden.
60.000,– bis 70.000,–

*

Ein sowohl bezüglich der Qualität des Entwurfs wie der Ausführung hervorragendes Schmuckstück.

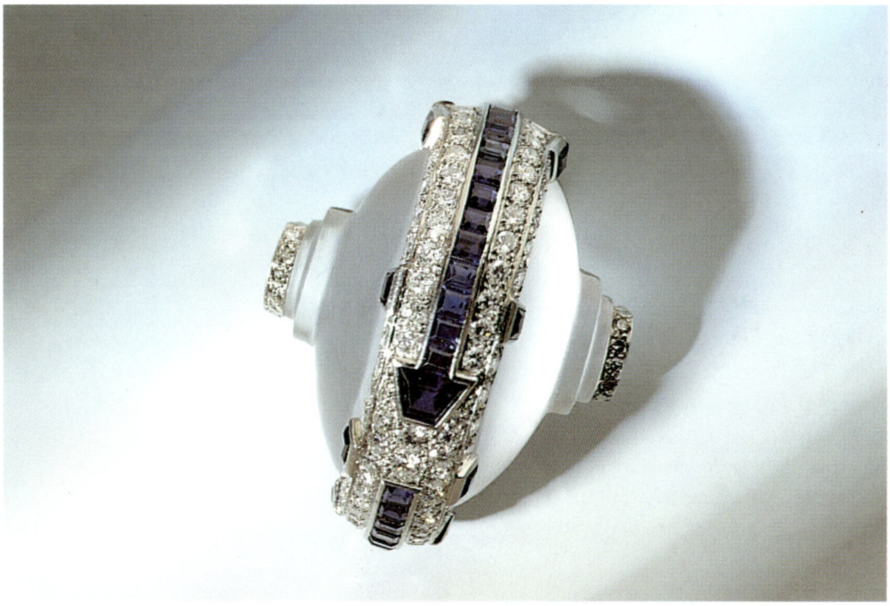

Die beiden Schmuckstücke zeigen sehr anschaulich und beispielhaft die Neigung des Art déco zu kontrastierenden Wirkungen, wie hier im Gegensatz zwischen dem farblosen, großflächig diffusen Bergkristall und den kleinteilig, scharf akzentuierten und farbig abgesetzten Bereichen.

Bemerkenswert am rechten Stück ist seine ungewöhnliche Form und der für seine Entstehungszeit avantgardistische Entwurf. Besonders eindrucksvoll kommen die Farben durch den Komplementärkontrast von Rot und Grün zum Tragen, der sich vor dem Hintergrund des farblos matten Bergkristalls besonders intensiv absetzt. Dadurch wird eine für das Art déco typisch plakative Wirkung erzielt.

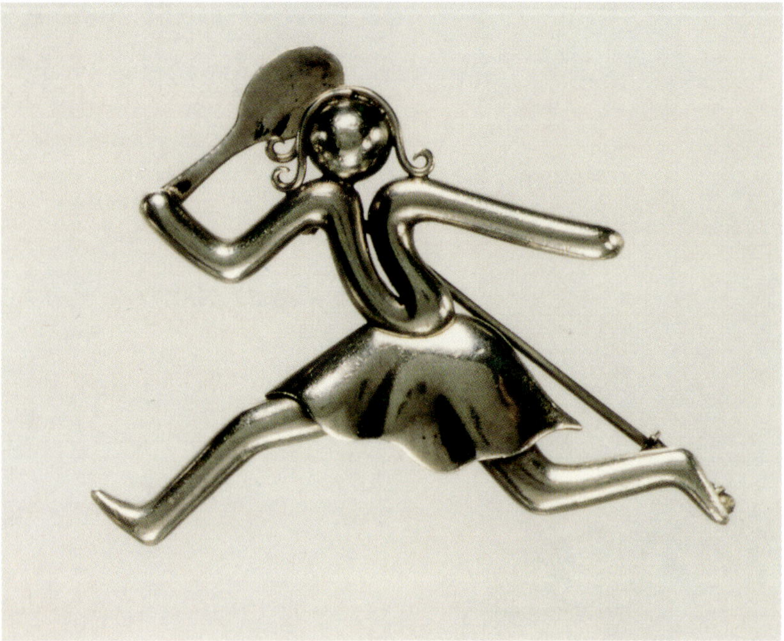

164 Brosche

Evald Nielson, Kopenhagen, 30er Jahre, Entwurf Aage Weimar.
Silber.
800,– bis 1.500,–

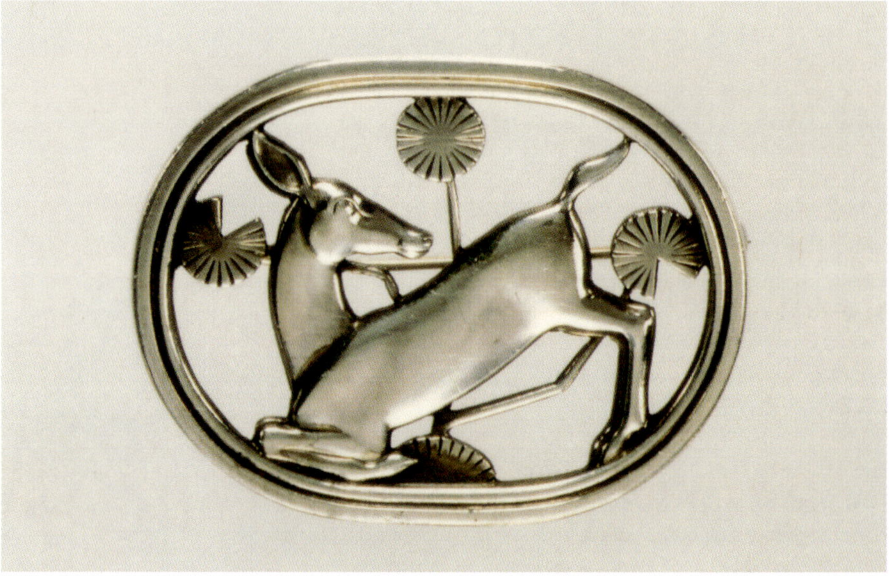

165 Brosche mit Hirschkuh

Georg Jensen, Kopenhagen, 30er Jahre.
Silber.
500,– bis 800,–

Die Broschen zeigen den reduzierten, zurückhaltenden, auf weiche Formübergänge bedachten skandinavischen Stil der 30er Jahre, der thematisch und motivisch noch deutlich auf das Art déco zurück-, stilistisch aber bereits auf die 50er Jahre vorausweist. Eine gewisse Ähnlichkeit besteht zu den Erzeugnissen der Hagenauer Werkstätten in Wien. An solchen Stücken zeigt sich die Problematik der meisten Stilbegriffe, die den kontinuierlichen Fluß der Stilentwicklung letztendlich vergeblich in künstliche Schubladen zu pressen versuchen.

Tennis war auch schon damals sehr populär, und die lange ungeschlagene Tenniskönigin Susanne Lengle initiierte sogar Modetrends. Daß sie hier allerdings explizit gemeint ist, dürfte eher unwahrscheinlich sein, zumal ihre große Zeit damals schon einige Jahre zurücklag.

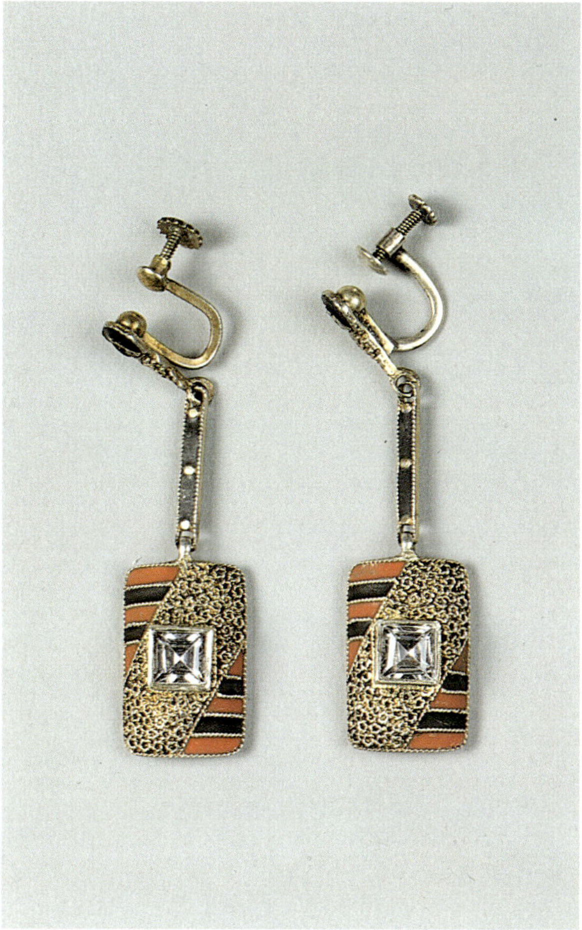

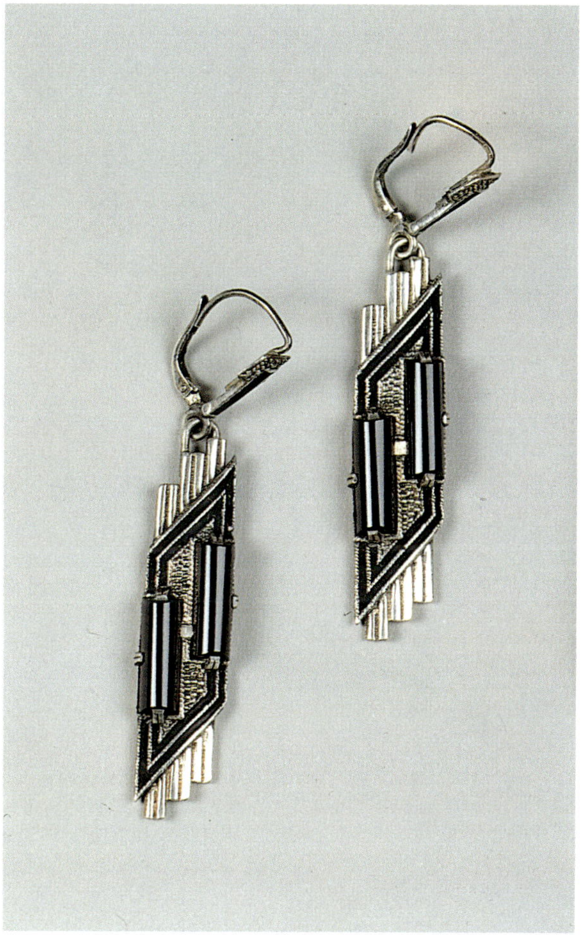

166 Ohrringe

Pforzheim, Theodor Fahrner, 1928–1930.
Email auf Silber mit farblosen Steinen.
700,– bis 1.000,–

Theodor Fahrner schuf in Pforzheim schon zur Zeit des Jugendstil unter Heranziehung namhafter Entwerfer eine Modeschmuck-Institution. Wegen der relativ einfachen Materialien und der weitreichenden Verwendung maschineller Fertigung konnte so auf hohem Niveau preiswerter Schmuck angeboten werden, der, unterstützt durch ein ambitioniertes Werbeprogramm, zu einem weithin geschätzten Markenartikel avancierte.

Aufgrund der kurzen Frisuren der Zeit waren Ohrringe generell sehr gefragt und nahmen bisweilen durchaus auch extravagante Formen und große Formate an. Demgegenüber sind die hier gezeigten Beispiele allerdings eher vornehm zurückhaltend.

167 Ohrringe

Pforzheim, Theodor Fahrner, 1928–1930.
Email auf Silber mit schwarzen Steinen.
800,– bis 1.200,–

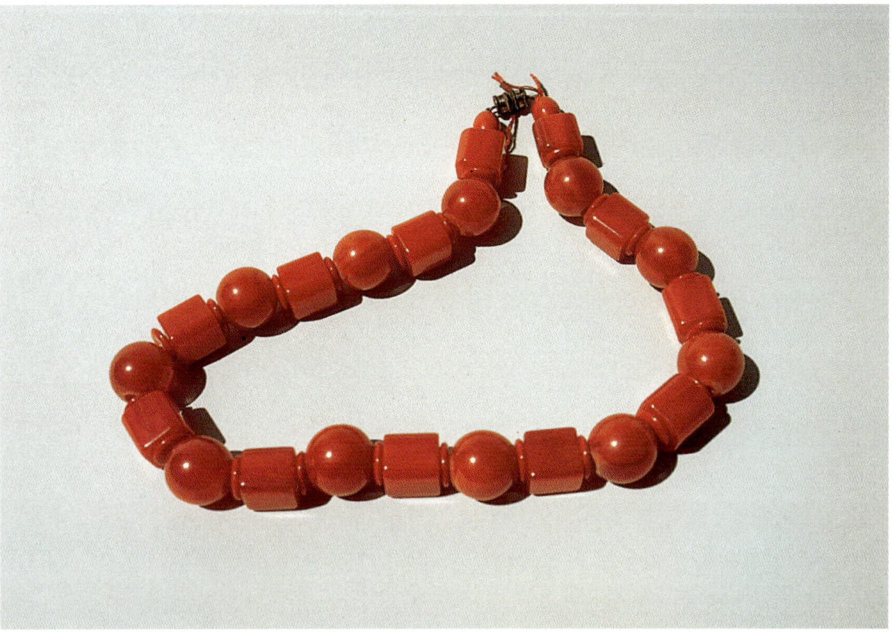

168 Halskette

Frankreich, um 1930.
Bakelit.
L. 46 cm
450,– bis 500,–

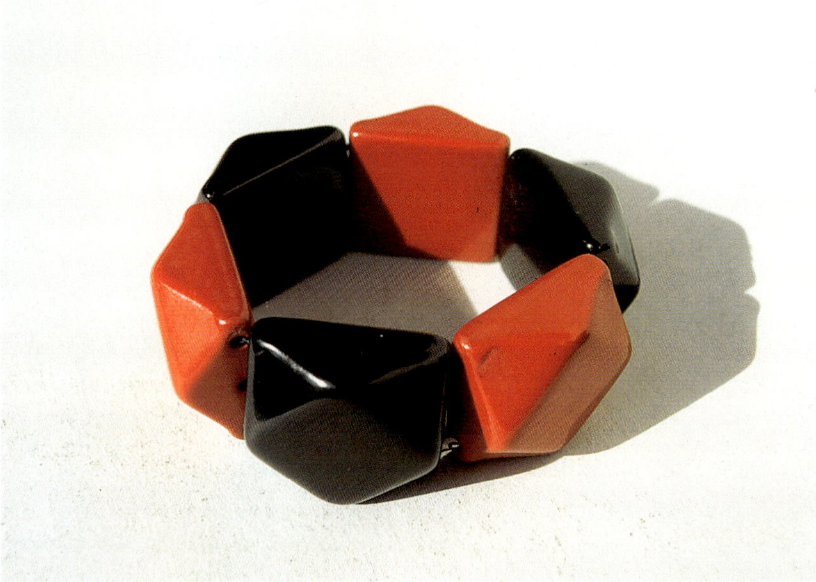

169 Armband

USA, 30er Jahre.
Galalith.
200,– bis 300,–

Sog. Bakelithalsketten waren im Art déco überaus beliebt. Der Begriff Bakelit ist dabei allerdings nicht zu wörtlich zu nehmen, denn er hat sich sozusagen als Sammelbegriff für alle möglichen Arten der damals gebräuchlichen Kunststoffe eingebürgert. Beim Schmuck handelt es sich oft auch um Galalith, das in strahlend bunten Farbtönen hergestellt werden konnte, was beim Bakelit nur bedingt möglich war. Die Farbintensität der Stücke ist immer noch verblüffend, wenngleich sich nicht alle Materialien im Laufe der Zeit als gleich lichtecht erwiesen haben.

Bakelit wurde wie Holz oder Horn zurechtgeschnitten, geschliffen und poliert, wobei sich die verschiedenen Formen der einzelnen Glieder mit Hilfe einer einfachen Gummischnur zu einem effektvollen Armband aufreihen ließen, das bisweilen an afrikanischen Schmuck erinnert.

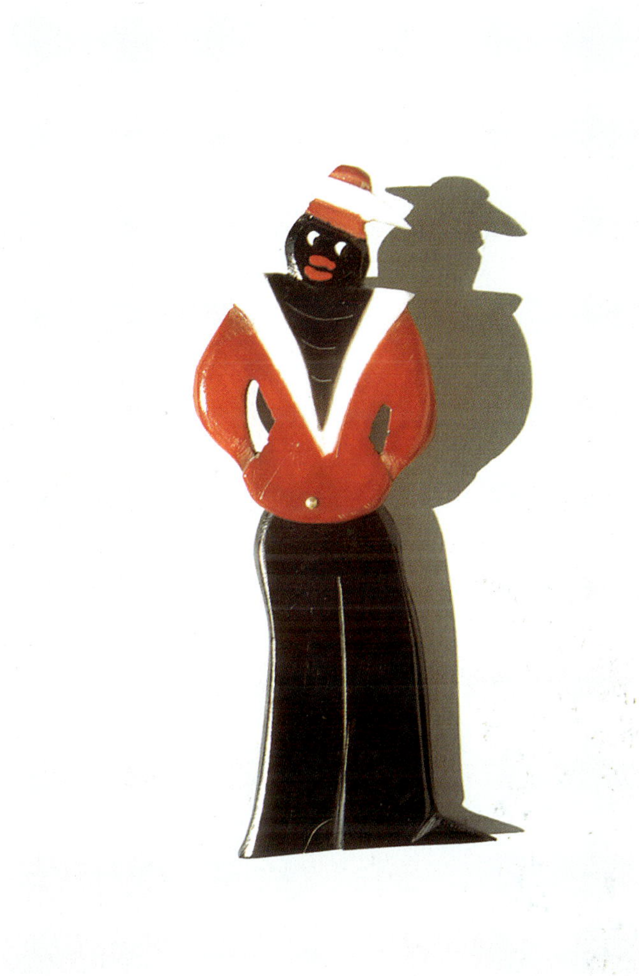

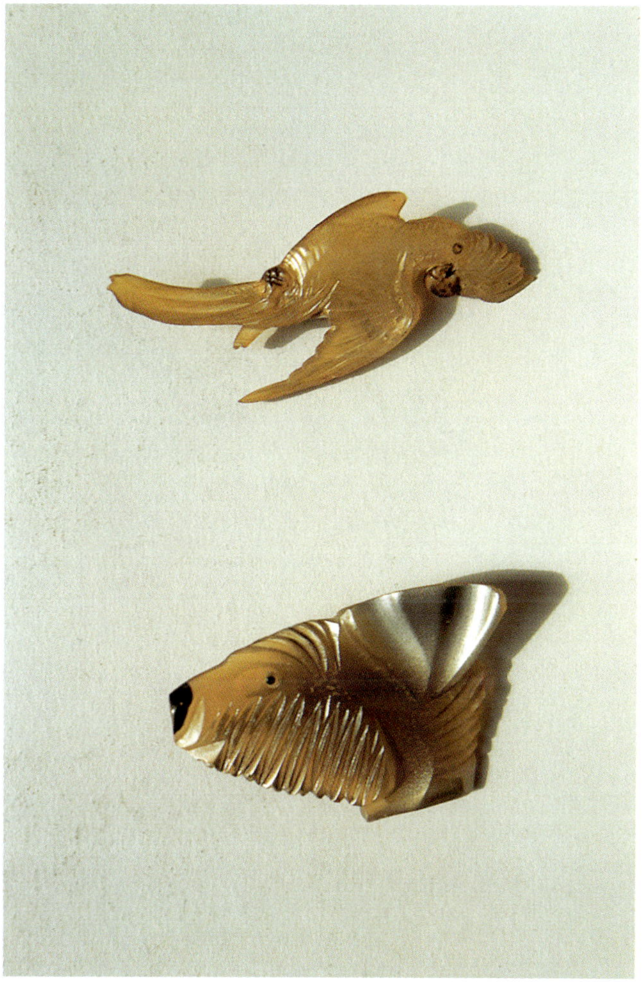

170 Matrosenbrosche

Frankreich, um 1930.
Bakelit, handgeschnitten.
H. 9 cm
300,– bis 450,–

Beide Beispiele zeigen sehr anschaulich, daß das Bakelit des Matrosen wie ein Naturprodukt beschnitten und zurechtgesägt wurde, wodurch sich auch die leichten Unregelmäßigkeiten und Scharten erklären lassen. Vorbild war hier die Bearbeitung von Horn, wie wir es an dem rechten Foto bei dem Kakadu und dem Hundekopf sehen.

Gegenüber der sehr zurückhaltenden Farbigkeit vieler natürlicher Materialien hatte des Bakelit bzw. Galalith den Vorteil einer strahlenden Farbpalette, womit der Vorliebe des Art déco nach starken Kontrasten auch in der Farbigkeit entsprochen werden konnte.

171 Hornbroschen

Frankreich, um 1920.
Broschen in Form eines Hundekopfs und eines Kakadus.
L. 8 bzw. 5,5 cm
Ca. 180,– bzw. 280,–

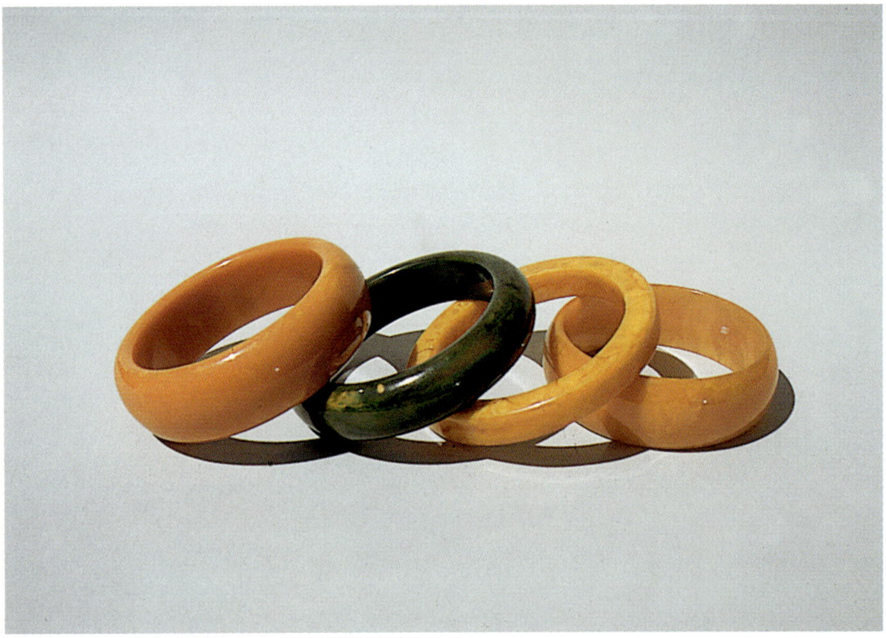

172 Armreifen

Bakelit, verschiedene Farben, verschiedene Breiten.
Je 200,– bis 300,–

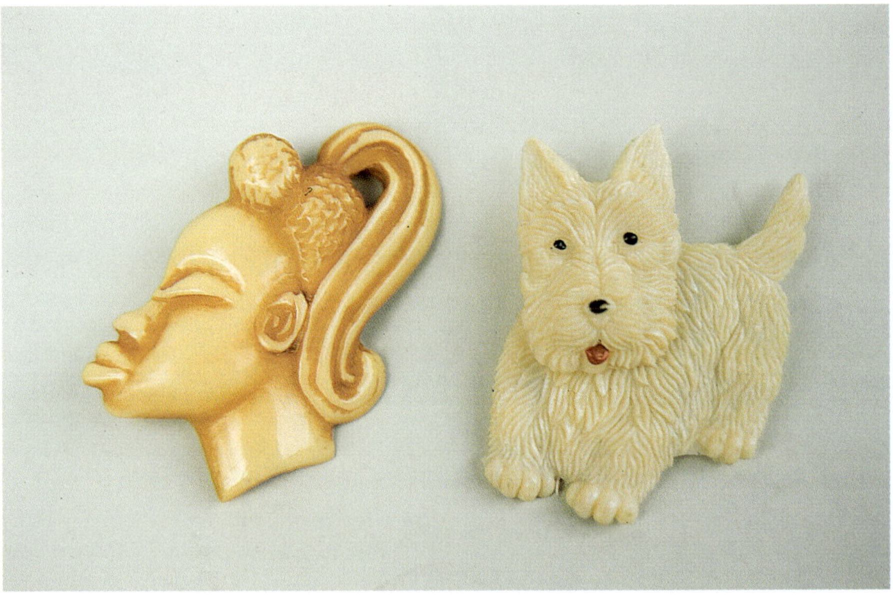

173 Zwei Broschen

Frankreich, 30er bzw. 40er Jahre. Negerinnenkopf und Hund. Galalith handgeschnitten bzw. Kunststoff. Hundekopf beweglich.
H. 5 cm bzw. 6 cm
Ca. 250,– bzw. 150,–

Einfache Armreifen sind der gebräuchlichste Bakelitschmuck des Art déco und werden entsprechend häufig angeboten. Ihre zeitlose Form findet auch heute noch viele Fans bzw. Trägerinnen. Armreifen gibt es in verschiedenen Variationen, Farben, Formen und Breiten – meist ohne Verzierung.

An dem Kopf der Negerin kann man schön die polierte Oberfläche des Galalith beobachten, wobei die aufgetragene bräunliche Farbe an den erhabenen Stellen wieder wegpoliert und so der Reliefeffekt verstärkt wurde.

Der entzückende Hund kann noch getrost dem Art déco zugerechnet werden, auch wenn er aus modernerem Kunststoff besteht und den 40er Jahren zugewiesen werden muß.

Bakelit

Bakelit wird heute verallgemeinernd als Sammelbegriff für das Plastik der Frühzeit gebraucht. Es war von dem in Belgien gebürtigen L. H. Baekeland 1907 erfunden worden. Dabei handelt es sich allgemein um die Preßmasse aus Phenolharzen, während Bakelit im engeren Sinn ein Warenzeichen darstellt und ursprünglich als Markenname für die Produkte der Bakelit-Gesellschaft reserviert war (siehe dazu auch S. 119).

Frühe Kunststoffe

Daneben existierten als gebräuchlichste frühe Kunststoffe vor allem das allerdings leicht entflammbare Zelluloid, das in allen Regenbogenfarben verfügbare Galalith, außerdem Catalin, Acryl, Phenolic und viele andere mehr. Nach dem Zweiten Weltkrieg wurde Bakelit zunehmend durch neue Kunststoffe ersetzt, die sowohl in der Herstellung wie in der Verarbeitung billiger waren.

Als Werkstoff für das Art déco erwies sich das Bakelit wie geschaffen. Seine relativ preiswerte Herstellung sowie seine beliebige Formbarkeit machten es bald unentbehrlich für die verschiedensten Gegenstände des täglichen Bedarfs. Probleme bereitete die Farbigkeit, die zunächst auf wenig ansehnliche Brauntöne beschränkt war und in ihrem fleckigen Aussehen unsere Vorstellung vom Bakelit weitgehend geprägt hat. Als man dann Kunststoffe auch in strahlend leuchtenden Farben herstellen konnte, war der Modeschmuckindustrie ein ideales Ausgangsmaterial erwachsen.

Dabei ersetzten sie zunächst natürliche Werkstoffe wie Horn, Elfenbein oder Holz, wo sie zunehmend z. B. als Griffe an Haushaltswaren oder Möbeln Verwendung fanden.

Formale Experimente

Wegen seiner faszinierenden Eigenschaften und seiner Modernität experimentierten auch namhafte und exklusive Entwerfer mit dem Material, das so durchaus nicht nur auf Billigwaren festgelegt war. Auch Entwerfergrößen wie René Lalique oder Donald Desky versuchten sich an dem neuen Medium. Selbst im Juwelierschmuck wurde es mit teuren Materialien kombiniert.

Bereits in den 20er Jahren gab es breite Anwendungsbereiche für den neuen Werkstoff, die vom Brillengestell über Kosmetikdosen bis zum Lautsprecher reichten. Schon damals kamen Uhren und Thermoskannen aus Bakelit auf den Markt. Die sich schnell ausbreitenden Radio- und Staubsaugergeräte konnten mit Plastikgehäusen um ein Vielfaches leichter gebaut werden. In der Wirtschaftskrise nach dem Börsenkrach von 1929 war die Plastikindustrie eine der wenigen Wachstumsbranchen und erzielte Umsatzzuwächse von vielen hundert Prozent. Elsa Schiaparelli, beraten von Salvador Dalí, entfachte eine »Buttonmania«, und die Modeschmuckindustrie boomte wie nie zuvor. Während der Kriegszeit lief dann das Art déco auch beim Bakelit langsam aus und wurde durch sachlichere und zurückhaltendere Formen ersetzt.

Hinweise für Sammler

Heute stellt Bakelit ein eigenes Sammelgebiet dar, wobei der Bakelitschmuck (siehe S. 119 ff.) einen breiten Raum einnimmt. Da Bakelit nach dem Krieg kaum mehr hergestellt wurde, entwickelt es sich zunehmend zu einer echten Rarität und hebt sich zudem in Oberflächenbeschaffenheit und Aussehen angenehm von den meisten heute gebräuchlichen, steril und banal aussehenden Kunststoffen ab. Einmal als zukunftweisender Werkstoff angetreten, der sich rasch durchsetzte, ist Bakelit heute das Relikt einer untergegangenen Welt, die bereits romantische Sehnsüchte weckt.

Die Preise liegen hier überwiegend noch im Bereich des Erschwinglichen – von unter hundert bis zu wenigen hundert Mark – und bieten sich auch noch für Geschenke an (die einen nicht zu unterschätzenden Anteil beim Bakelitumsatz ausmachen).

Wegen der nicht durchgängigen Lichtechtheit früher Kunststoffe sollte man mit dem Sonnenlicht etwas vorsichtig sein, um ein Ausbleichen zu vermeiden. Galalith kann an der Oberflächen seinen Farbton verändern, doch hier wirkt erneutes Polieren wahre Wunder.

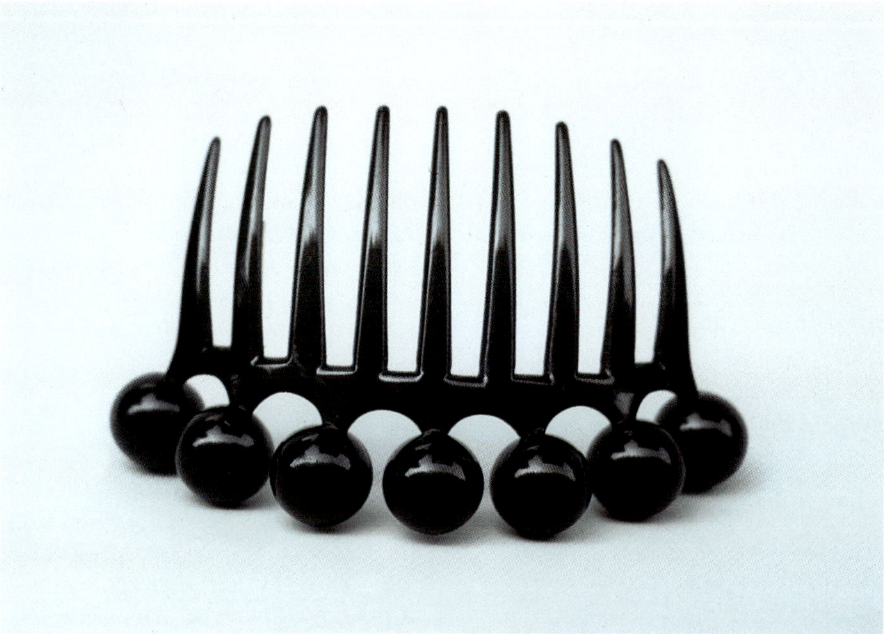

174 Haarkamm

Frankreich, Auguste Bonaz, 20er Jahre.
Bakelit. Signiert.
B. 13 cm
800,– bis 1.000,–

*

Da es sich um ein regelrechtes Museumsstück handelt, ist der Preis relativ hoch.

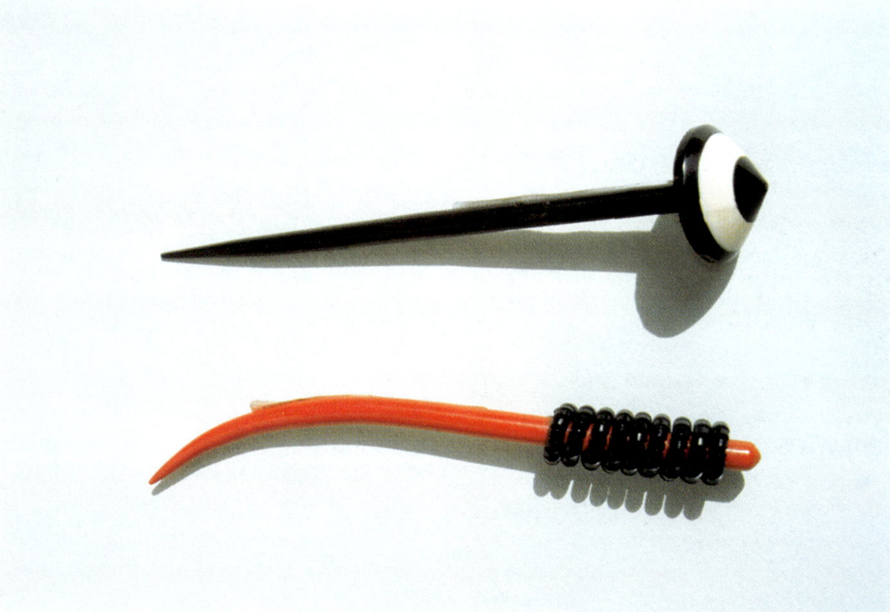

175 Hutnadeln

Frankreich, um 1930.
Bakelit.
L. ca. 12 cm
Je 70,– bis 100,–

Kämme und Hutnadeln wurden ursprünglich vorwiegend aus Horn oder Metall hergestellt. Mit dem Aufkommen des Bakelits erschlossen sich nun wegen seiner beliebigen Formbarkeit und wegen des gegenüber Metall weit geringeren Gewichts ganz neue Möglichkeiten launiger Formenvielfalt und kapriziöser Gestaltungseinfälle.

So wachsen hier aus dem seltenen, verhältnismäßig kostbaren Kamm sieben kugelförmige Auswüchse, während bei den Hutnadeln jeweils zwei Farbtöne effektvoll miteinander kombiniert sind.

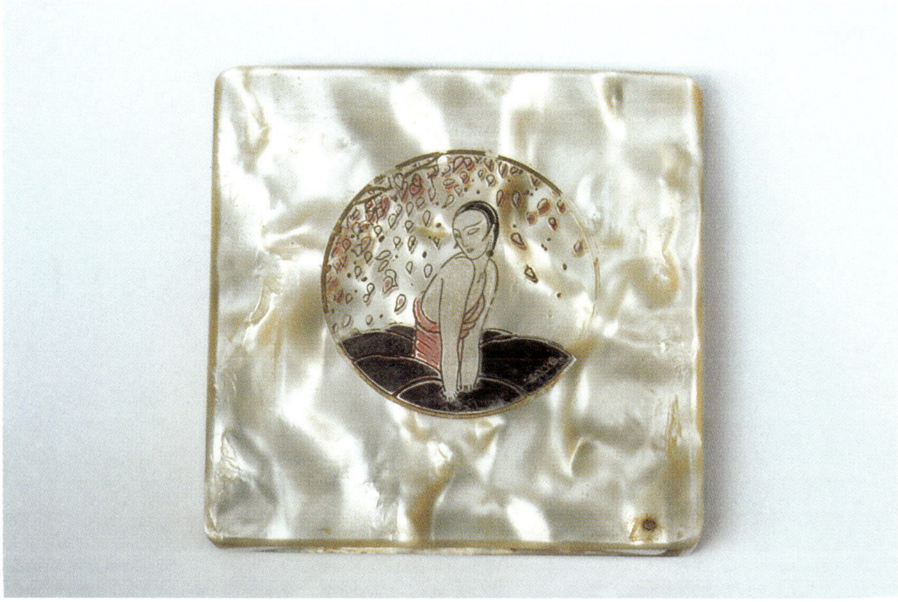

176 Dose

Frankreich, signiert »ZETTE«,
20er Jahre.
Graviertes und bemaltes Zelluloid.
L. 8 cm, B. 8 cm
300,– bis 400,–

*

Seltenes und schön gearbeitetes Prunkstück.

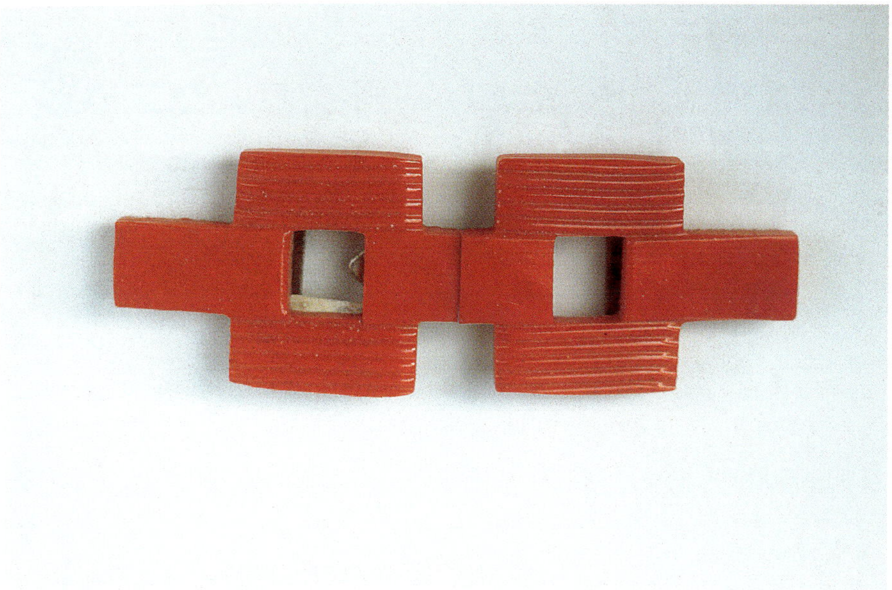

177 Gürtelschließe

Frankreich, 20er Jahre.
Handgeschnittenes Bakelit.
B. 8 cm
40,– bis 100,–

*

Gürtelschließen sind relativ preiswert zu bekommen, weil sie anscheinend nicht so gut zur gegenwärtigen Mode passen und außerdem erst noch montiert werden müssen.

Das vor allem aus der Filmbranche bekannte Zelluloid erwies sich in der Schmuckdosenindustrie relativ gut zur Imitation von Perlmutt geeignet und zeigt einen ganz eigenen Oberflächenglanz. Vor Feuer sollte man es allerdings schützen, denn die leichte Entflammbarkeit des Materials hatte seinerzeit in manchem Kino zu echten Katastrophen geführt.

An der roten Gürtelschließe läßt sich auch mit bloßem Auge gut erkennen, daß sie nicht maschinell geformt, sondern mit der Hand geschnitten und zurechtgefeilt wurde, was sich in den reizvollen Unregelmäßigkeiten der Formen zu erkennen gibt.

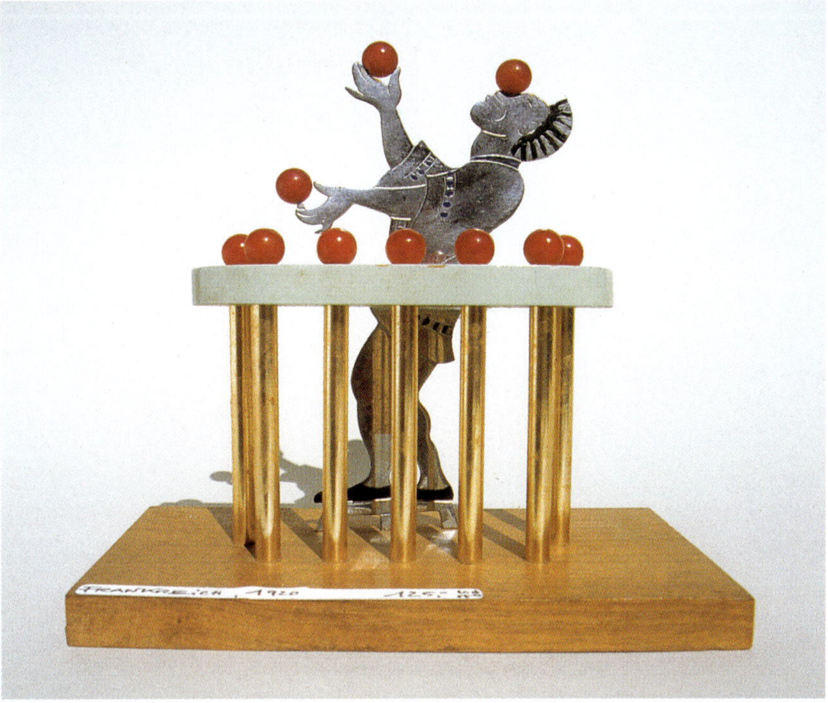

178 Ständer für Cocktailrührer

Frankreich, um 1920.
Bakelit, Metall.
H. 12 cm
100,– bis 150,–

179 Serviettenringe

Frankreich, um 1930.
Bakelit in Bärenform.
L. je 7,5 cm
Zus. 200,– bis 300,–

*

Der Preis richtet sich auch nach der Originalität und Attraktivität der jeweiligen Stücke, weshalb diese relativ einfachen Serviettenringe verhältnismäßig teuer ausfallen.

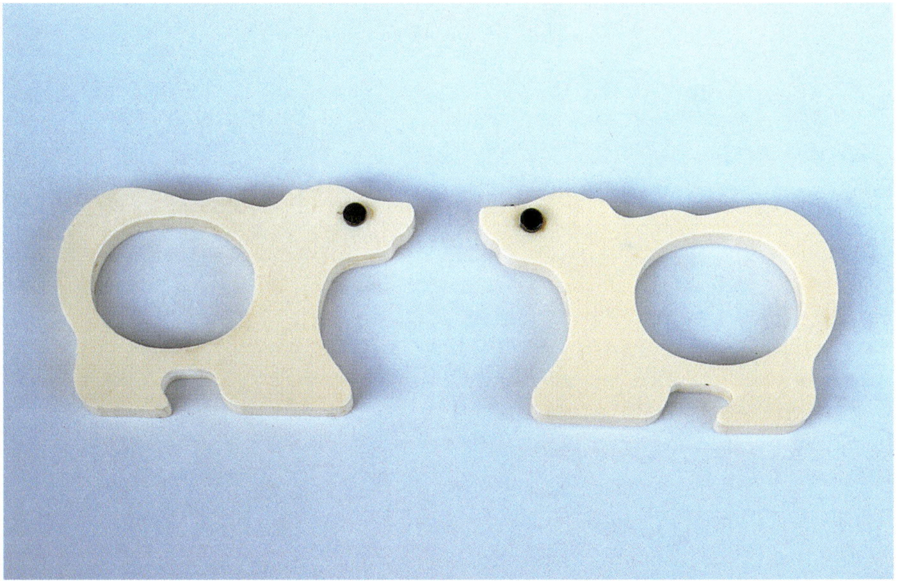

Neben seriösen Gebrauchsgegenständen wurde Bakelit auch gerne für verspielte Nebensächlichkeiten und launige Geschenkartikel aller Art verwendet, die sich auch heute noch wegen ihres bisweilen ebenso anrührenden wie bizarren Humors einiger Beliebtheit erfreuen.

Bei dem Cocktailrührern wird das Motiv der roten Griffe von dem mit roten Kugeln jonglierenden Clown aufgegriffen, während die berückenden Eisbären stark an heute gebräuchliche Greifspielzeuge für Kleinkinder erinnern, tatsächlich aber als Serviettenringe verwendet wurden.

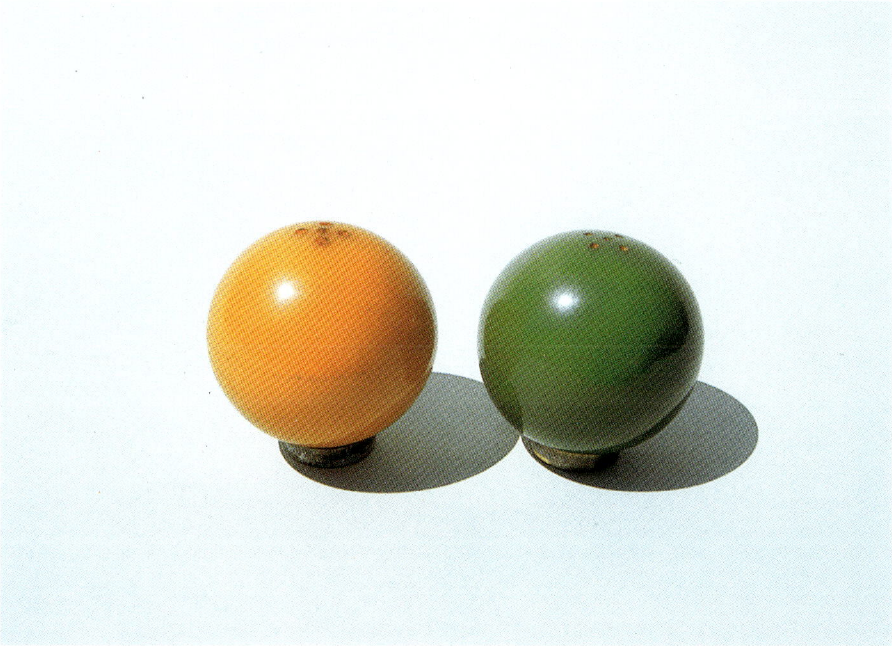

180 Salz- und Pfeffer-streuer

USA, 30er Jahre.
Bakelit.
H. 4 cm
Zus. 150,– bis 200,–

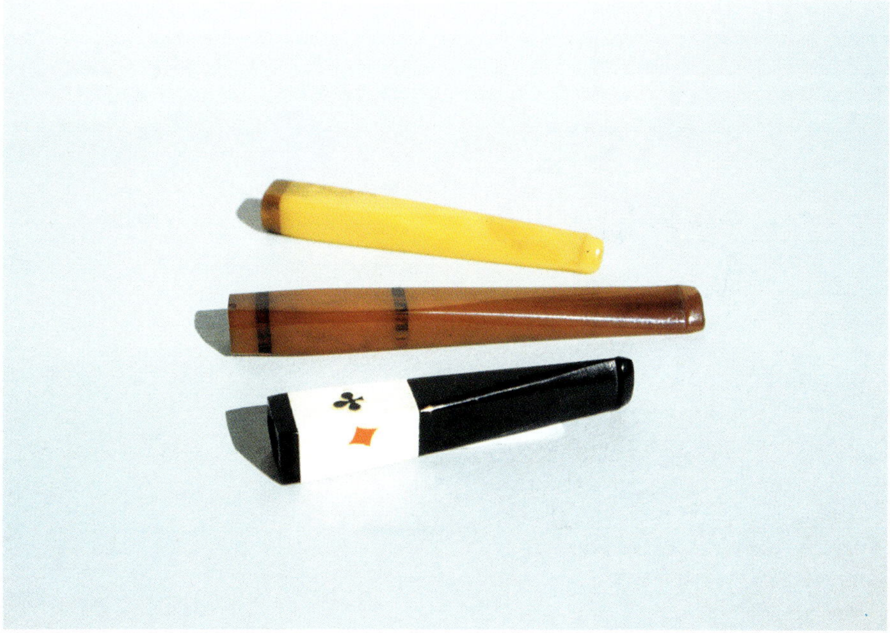

181 Zigarettenspitzen

Frankreich, 20er Jahre.
Bakelit.
Je 50,– bis 100,–

Auch Kleinigkeiten des täglichen Bedarfs wie Salzstreuer und Zigarettenspitzen wurden aus Bakelit bzw. Galalith gefertigt. Seit die Frauen das Rauchen für sich entdeckt hatten, stieg der Bedarf an apart gestylten Zigarettenspitzen, mit denen man eine elegante Figur machte und sich graziös bewegen konnte, natürlich stark an.

Die beiden kugelförmigen Streuer sind typisch für den vereinfachten und massigeren Stil der 30er Jahre, der runde und handschmeichlerische Oberflächen so sehr liebte.

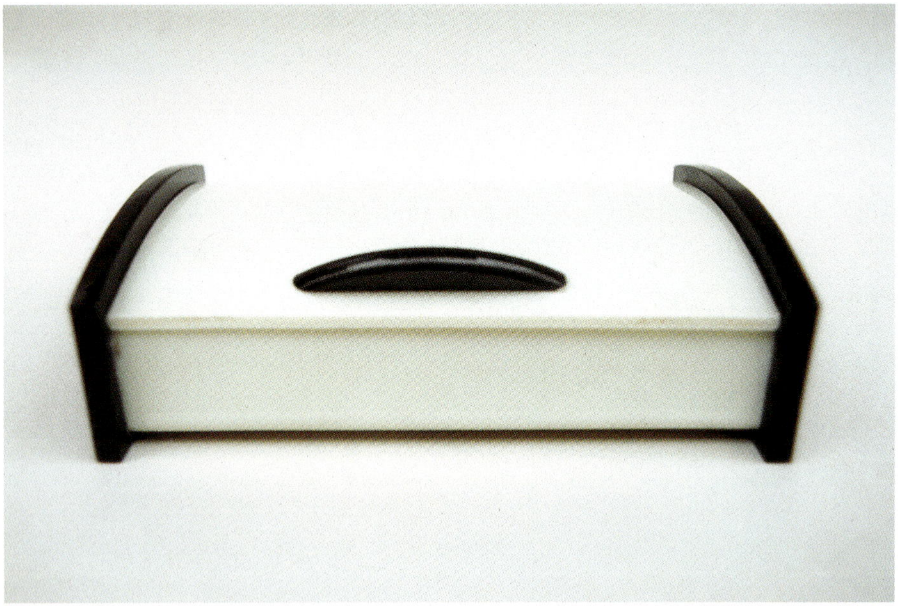

182 Zigarettendose

England, um 1930.
Bakelit.
L. 16,5 cm
200,– bis 250,–

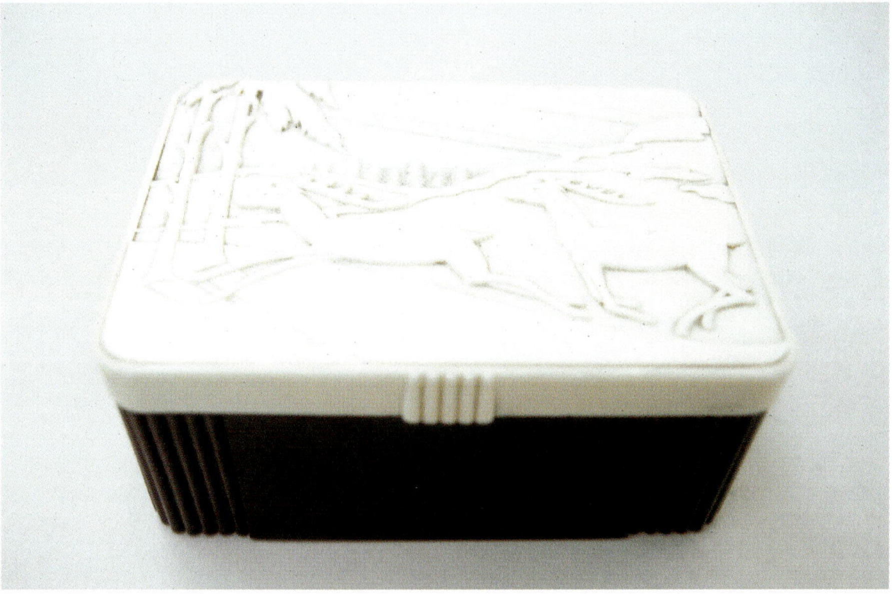

183 Dose

20er Jahre.
Rehe im Wald. Bakelit.
L. 12 cm
90,– bis 100,–

Bakelit bzw. Galalith war der ideale Werkstoff für Dosen aller Art, die man einfarbig oder bunt, reliefverziert oder glatt herstellen konnte. Nicht selten gab es sie in attraktiven Farbkombinationen, wie hier die beiden schwarz-weißen Exemplare, von denen das obere ganz auf sein modernistisches Styling vertraut, während das untere auf die Attraktivität springender Rehe im gebräuchlichen Art déco-Look setzt.

Bakelitdosen waren leicht, formstabil, geruchlos und wasserdicht. Gegenüber Zelluloid hatten sie zusätzlich den nicht zu unterschätzenden Vorteil der schweren Entflammbarkeit.

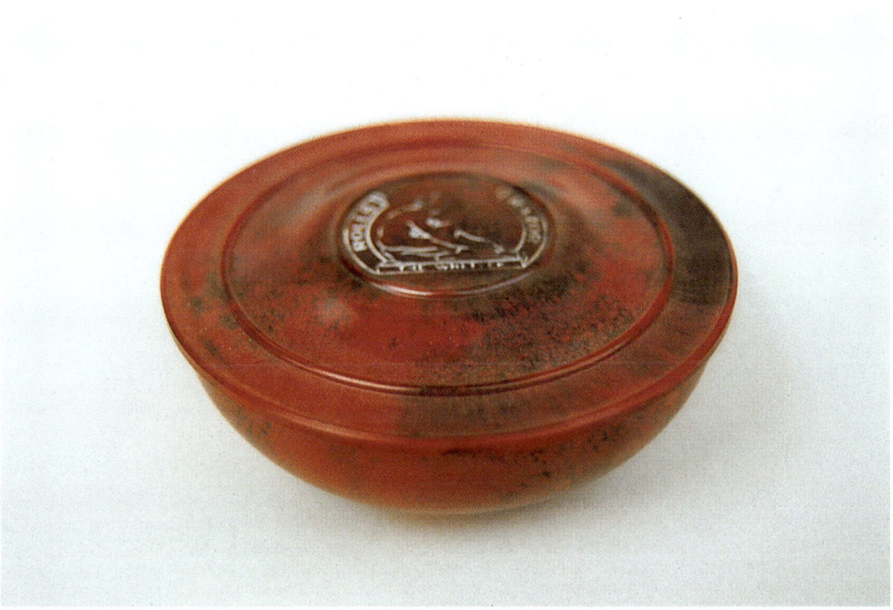

184 Pomadendose

London, 20er Jahre.
»Rolls Razor, The Whetter«.
Bakelit.
D. 9,6 cm
80,– bis 120,–

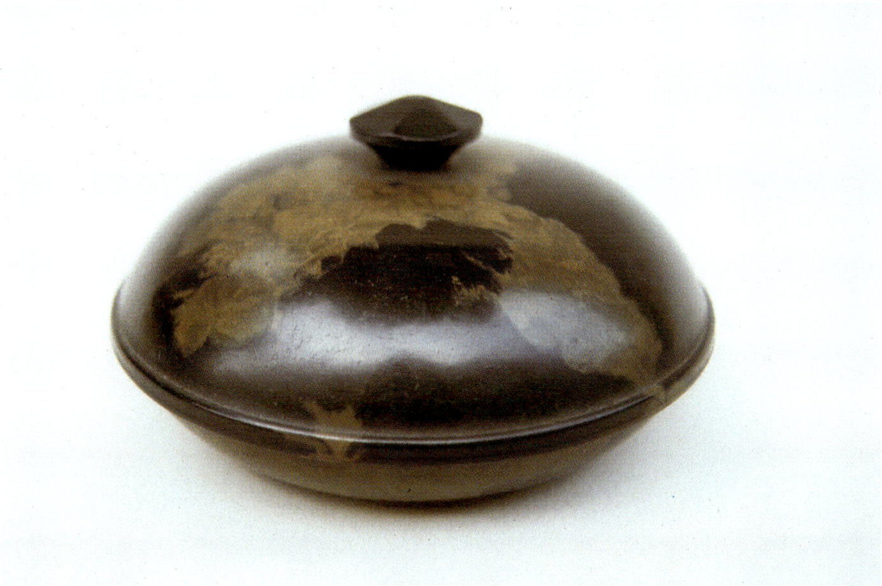

185 Dose

Wohl England, 20er Jahre.
Marmoriertes Bakelit, innen grün/schwarz, außen verblaßt.
D. 10,5 cm
100,– bis 150,–

Das eigentliche Bakelit war anfänglich nur in wenig attraktiven und marmorierten Brauntönen zu haben, und nicht alle Farbtöne erwiesen sich als lichtecht. So erstrahlte die Pomadendose für Rolls Razor-Pomade vielleicht nur deshalb noch in so schönem Rot, weil sie selten Sonne und Licht ausgesetzt war, während sich das saftig marmorierte Grün der Dose rechts, das innen noch gut zu sehen ist, durch intensive Lichteinwirkung in ein relativ unansehnliches, undefinierbares Braungrau verwandelt hat.

Merke: Während der Mensch an der Sonne meist an Farbe gewinnt, gibt es viele nicht lichtechte Gegenstände, die durch intensive Licht- und Sonneneinstrahlung ihre Farbe verlieren, darunter Fotos, Drucke und bestimmte Kunststoffsorten.

Es empfiehlt sich daher, solche Objekte vor allzu intensivem Licht zu schützen. Denn so reizvoll die Patina des Alten und Verblaßten sein mag, so kostbar ist das gut Erhaltene.

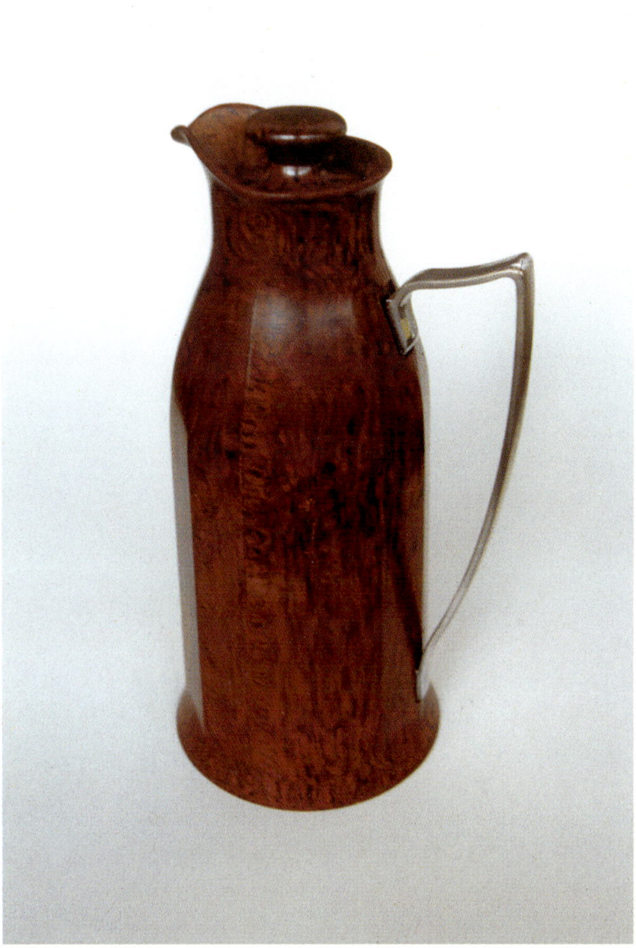

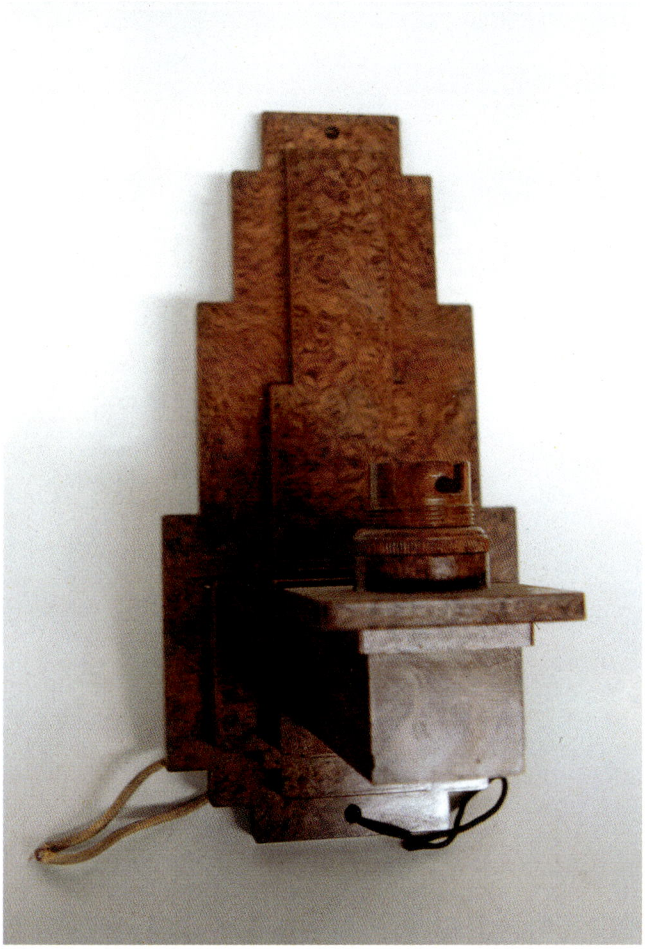

186 Thermoskanne

London, Firma Thermos, 1925.
Bakelit.
80,– bis 100,–

Bakelit erwies sich durch seine wärmedämmenden Eigenschaften nicht nur als idealer Werkstoff für Griffe an Kannen und Töpfen, sondern auch als gut geeignetes Ummantelungsmaterial für die neuen Thermoskannen, die in England auf den Markt kamen.

Durch seine hohe Hitzebeständigkeit war es auch als Material für Lampen geeignet, wobei das hier abgebildete Modell auf maximal 60 Watt beschränkt ist.

187 Lampe

Wohl England, Typ 11126, 20er Jahre.
Bakelit.
H. ca. 27 cm
200,– bis 400,–

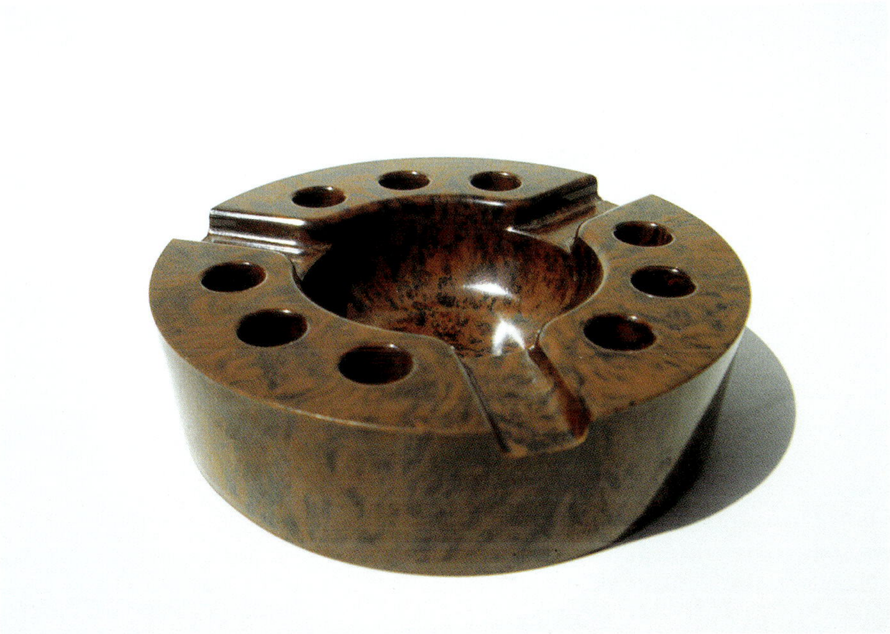

188 Aschenbecher

Schweiz, 30er Jahre.
Bakelit.
D. 14 cm
80,– bis 120,–

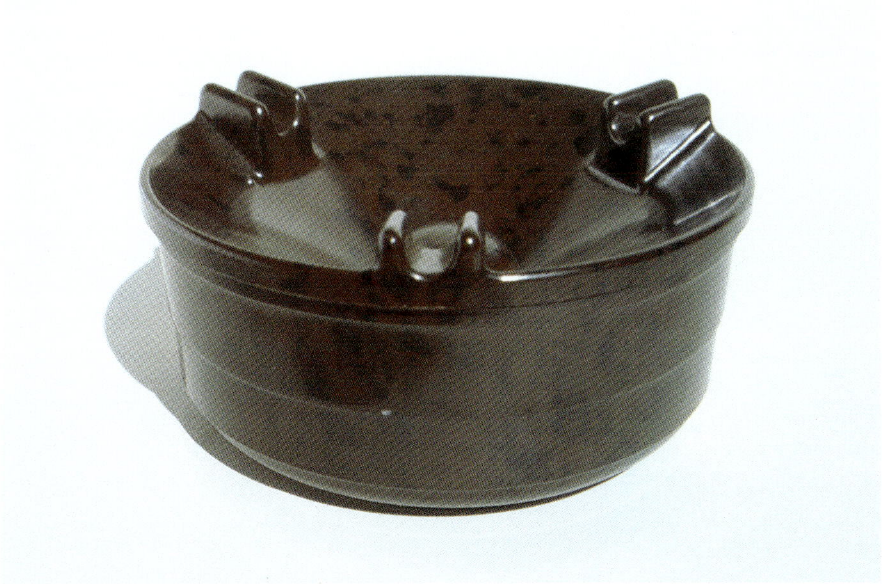

189 Aschenbecher

30er Jahre.
Bakelit.
D. 11 cm
80,– bis 120,–

Aschenbecher in allen nur erdenklichen Formen wurden aus Bakelit hergestellt, das seine Hitzebeständigkeit auch gegenüber glühender Asche tausendfach bewies. Dafür verzichtete man auf leuchtende Farben des Materials und wählte meist das klassisch marmorierte Braun. Heute sind solche Aschenbecher auch bei Nichtrauchern Sammelobjekte, die bei ausgefalleneren und besonders schönen Exemplaren die 100-Mark-Schallmauer schon einmal durchbrechen können.

Email und Lack

Lack

Lack und Email waren im Art déco die bevorzugten Mittel, Holz bzw. Metall zu verzieren. Dabei wurde der Lack zunächst nach fernöstlichem Vorbild als Naturprodukt gewonnen und in mühsamen und vielschichtigen Arbeitsprozessen aufgetragen. Man engagierte dazu noch vor dem Ersten Weltkrieg eigens Spezialisten aus Fernost, die zunächst die Aufgabe gehabt hatten, die hölzernen Flugzeug-Propeller mit einer widerstandsfähigen Lackschicht zu überziehen.

Eileen Gray und Jacques Dunand

Eine der ersten, die Lack für kunsthandwerkliche Zwecke im modernen Stil verwendete, war die aus Irland stammende, adelig geborene Designerin Eileen Gray, von der Metallkünstler Jacques Dunand diese Technik sowie ihren japanischen Lehrmeister Sougawara übernahm und in großem Stil für seine Metallgefäße und Paneele verwendete. Heute sind Lackarbeiten von Eileen Gray unbezahlbar und die von Dunand sehr, sehr teuer geworden.

Lack besaß für die Zeit den ungeheuren Vorzug, daß er geheimnisvoll und undurchdringlich schimmert und glänzt und so dem Zeitgeschmack direkt entgegenkam. Es gab Anfang der 20er eine richtiggehende Lack-Manie, und Dunand beschäftigte zwischenzeitlich über hundert Mitarbeiter.

Als dann in den 20er und 30er Jahren zunehmend synthetische Lacke, etwa für die Autoindustie, in Gebrauch kamen, wandte man sich diesen wesentlich strapazierfähigeren und leichter zu verarbeitenden Materialien zu.

Hinweise für Sammler

Auch heute noch werden originale Art déco-Möbel in Autolackierereien meist in Schwarz auf neuen Glanz getrimmt. Man kann dies mit gemischten Gefühlen sehen: Natürlich ist jeder Eingriff und jede Veränderung des originalen Bestandes vom Standpunkt des Sammlers und Konservators aus problematisch.

Andererseits will man gerade die preiswerteren und einfachen Möbel ja auch benutzten, und dazu brauchen sie eine strapazierfähige Oberfläche.

Abzulehnen ist auf jeden Fall der typisch deutsche Perfektionswahn, der originale Oberflächen nur deshalb neu lackiert, weil man zwar etwas original Altes, aber eben zugleich perfekt neu Aussehendes sein Eigen nennen will. Natürlich wäre es von den Händlern zuviel verlangt, solche Barbaren unverzüglich vor die Tür zu setzen. Auch Händler wollen leben und machen sich deshalb nicht selten zu vorauseilenden Handlangern solcher Objektverhunzung.

Email

Email nach dem Vorbild byzantinischer Kunstgegenstände war vor allem für die hochwertige Ornamentierung von Metallgefäßen ebenso effektvoll wie beliebt. Limoges, das schon im Mittelalter die Welthauptstadt des Email gewesen war, behauptete auch zu Art déco-Zeiten seine führende Stellung und hatte in Camille Faure einen bedeutenden Meister.

Um diese aufwendig herzustellenden Emailoberflächen zu imitieren, wurden für einfachere Zigaretten- und Puderdosen jedoch die neuen Lacke benutzt. Sie sind zum hauptsächlichen Verbreitungsmedium des neuen Ornamentstils geworden. Auch hier gab es verschieden aufwendige Arbeitsverfahren, die sich dann im Aussehen und Preis der einzelnen Stücke niederschlagen.

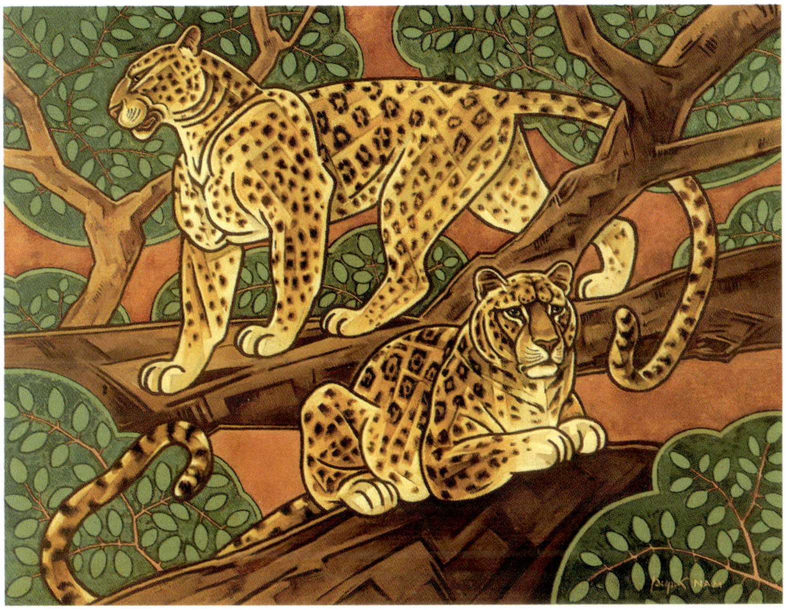

190 Leoparden

Paris, Jacques Nam, um 1925.
Lackpaneel. Signiert.
H. 90 cm, B. 115 cm
35.000,– bis 45.000,–

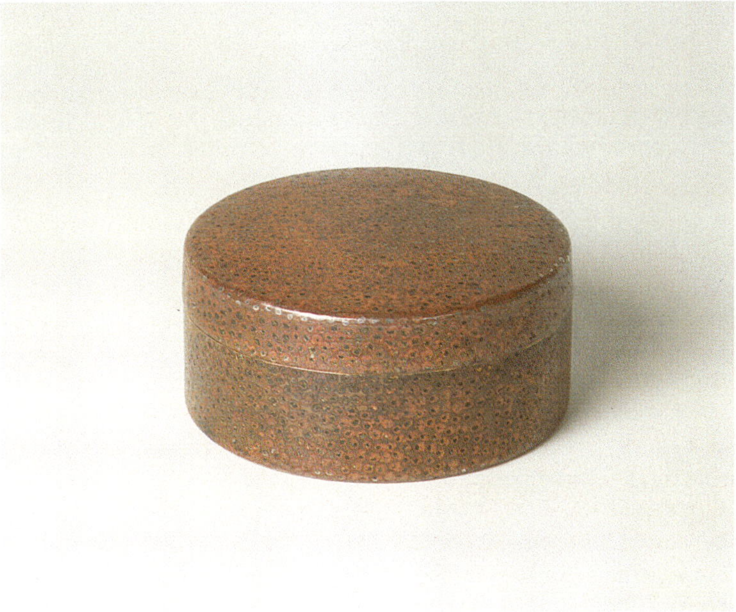

191 »Dinanderie«-Dose

Frankreich, Jean Dunand, um 1912–14.
Patiniertes und lackiertes, innen vergoldetes Kupfer. Signiert.
H. 5 cm, D. 9,5 cm
5.000,– bis 10.000,–

Lackierte Metallgefäße und Lackpaneele, seien sie mit abstrakten Mustern oder figürlichen Darstellungen verziert, waren der Schlager des Art déco. Dunand stieg über die Beschäftigung mit Lack vom Metallhandwerker zu einem der führenden Kunsthandwerker seiner Zeit auf.

Die Lackpaneele, von denen auch Dunand eine ganze Reihe nach Entwürfen verschiedener Künstler anfertigte, hielten sich viel strikter als die Malerei an die gängigen Themen und Formen des Art déco, angefangen von den verschiedenen Ausprägungen weiblicher Aktdarstellungen, Tänzerinnen wie Josephine Baker, Rehe in allen »Lebenslagen«, exotische Darstellungen mit ägyptischem Einschlag oder natürlich Panther, Panther und immer wieder Panther: von rechts nach links oder von links nach rechts, fauchend, springend oder einfach nur dösend.

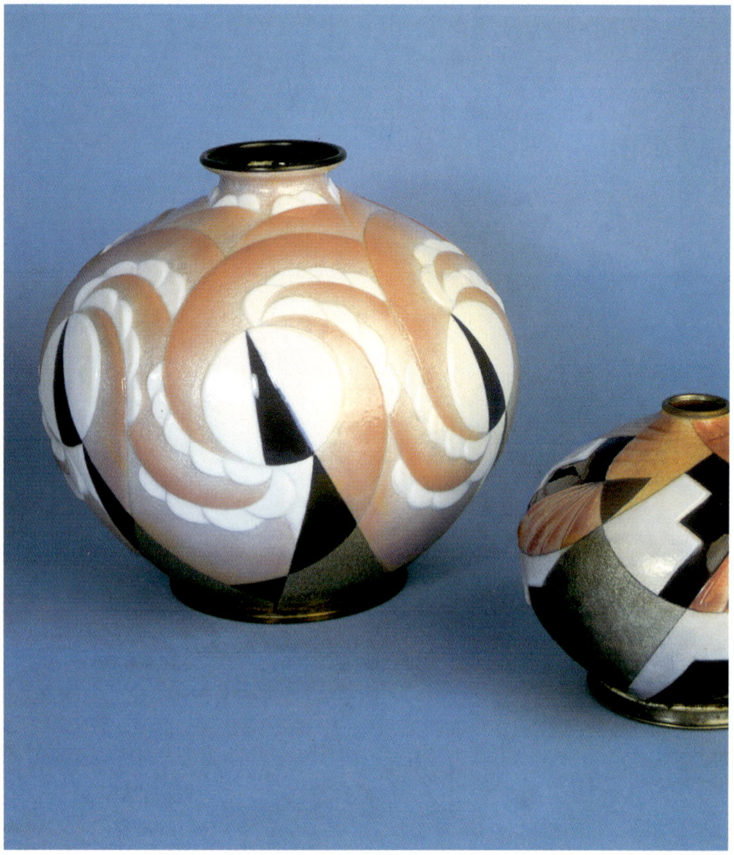

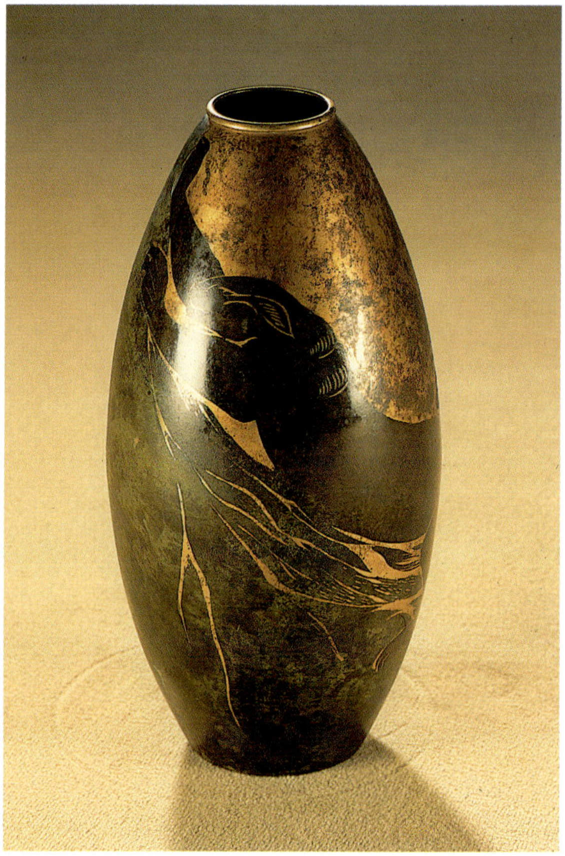

192 Zwei Kugelvasen

Frankreich, Camille Faure, Limoges, um 1926/27.
Kupfer mit Silberauflage, plastisch geometrisierender Emaildekor in Rosa, Schwarz und Weiß. Signiert.
H. 28,5 bzw. 18,5 cm
4.000,– bis 6.000,–

Neben den unvermeidlichen Panthern, die auf leisen Sohlen durch alle Gattungen und Materialien pirschten, waren Lack und Email vor allem auch ein ornamentales Medium. So bedeutende Künstler wie Faure oder Décorchement boten darin ihr ganzes geometrisches Repertoire auf wie Treppenmotive aller Art, spitz- und stumpfwinklige Dreiecke, Spiralverschlingungen, konzentrische und exzentrische Kreise, Fächer- und Diagonalmotive, sphärische Reihungen und die Quadratur des Kreises, dabei das ganze dreidimensional, in verschiedenen Farben und auf höchstem handwerklichem Niveau.

193 Panthervase

Frankreich, um 1925.
Metall mit Emailarbeit, graphischer Dekor.
H. 45 cm
2.500,– bis 3.000,–

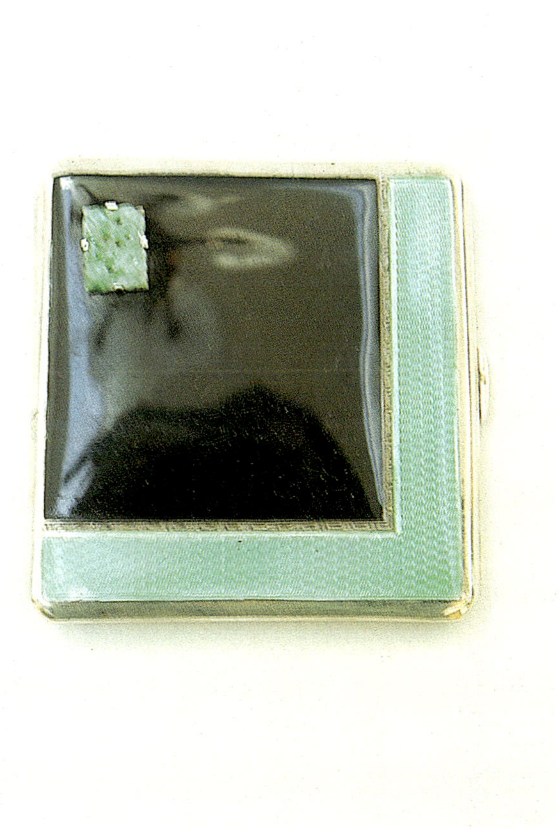

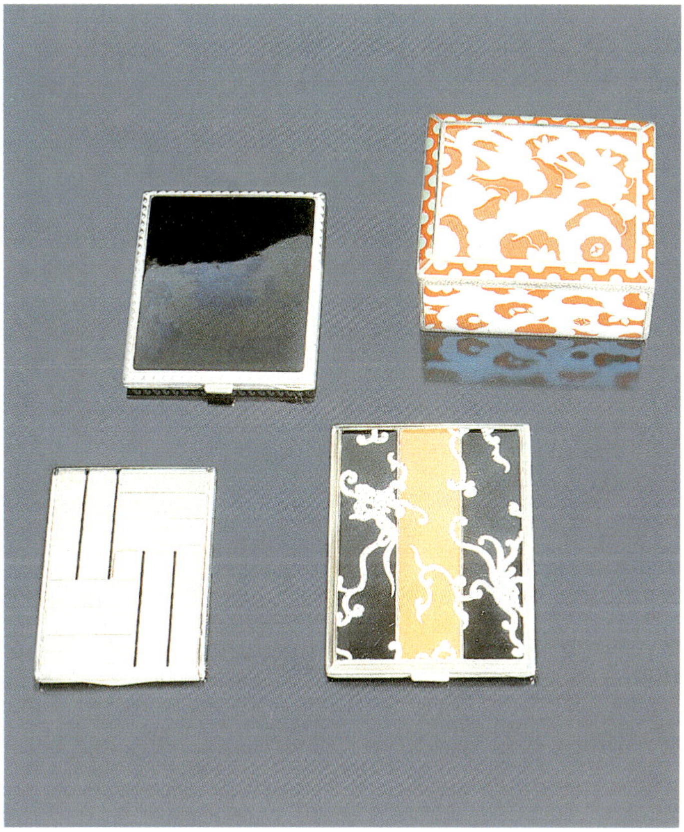

194 Zigarettenetui

Wohl Frankreich, um 1925.
Emailliertes Silber (gestempelt) mit Jadestein.
L. 7,5 cm
400,– bis 600,–

Das Art déco war ein Paradies für Raucher. Für alles, was dieses Laster benötigte, gab es die entsprechenden Utensilien in berückender Schönheit.

Besonders typisch und ein ideales Spielfeld für geometrische Dekormotive aller Art waren die Zigarettenetuis, die in allen Farben und Ausführungen angeboten wurden. Selbst wenn man nicht bei Cartier oder einem avantgardistischen Schmuckdesigner kaufte, konnte man beispielsweise ein Silberetui mit einem Jadestein oder einer einfachen, aber dennoch sehr wirkungsvollen Gravur erstehen.

195 Vier Zigarettenetuis

Oben links England, um 1929, sonst Louis Kuppenheim, Pforzheim 1910, 1925 und 1930.
Alle Sterlingsilber, teilweise Emaildekor.
L. zwischen 10,5 cm und 8 cm
Je 1.500,– bis 3.000,–

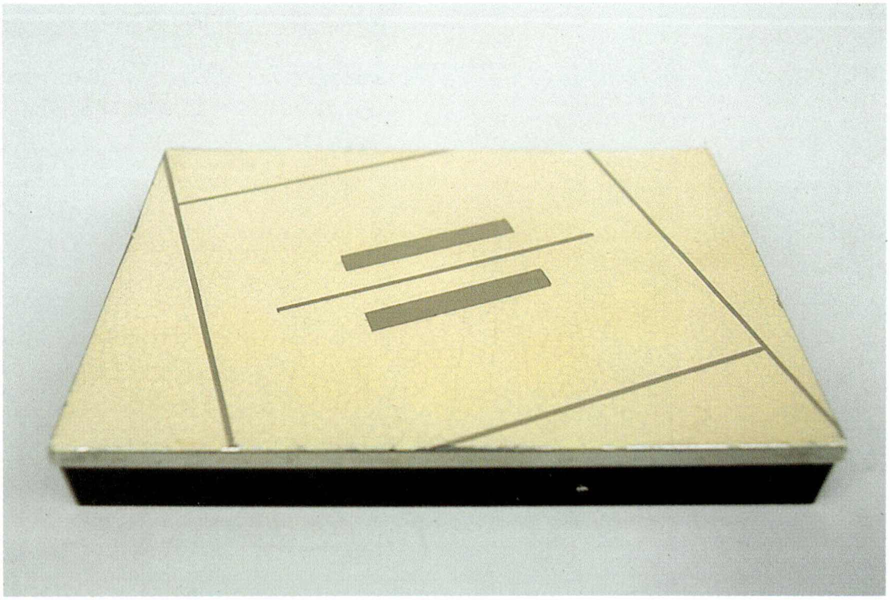

196 Zigarettenschachtel

Frankreich, 20er Jahre.
Lackierte Metallschachtel mit Eierschalendekor. Innen Holzeinsatz.
L. 16 cm, B. 11,5 cm
250,– bis 300,–

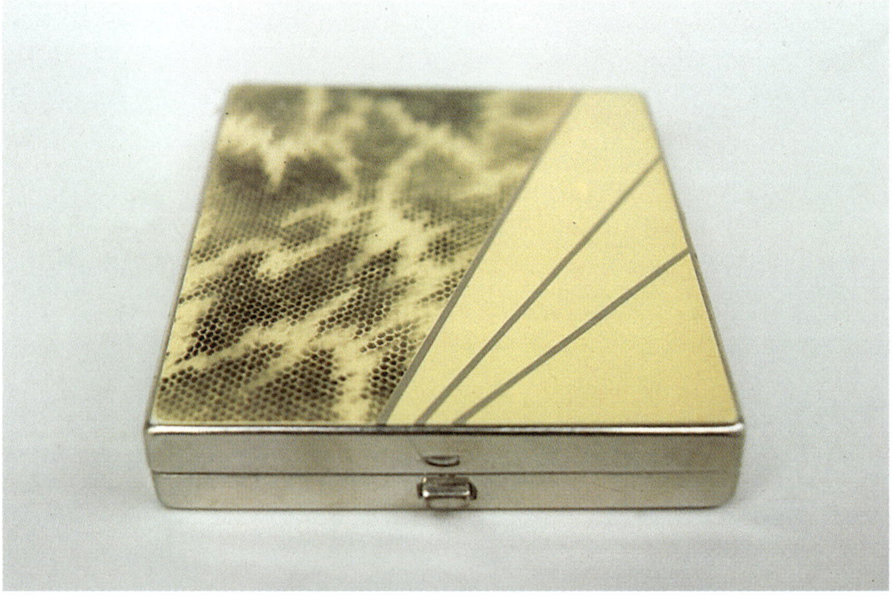

197 Zigarettenetui

Frankreich, 20er Jahre.
Aufwendig und schwer gearbeitet. Mit Schlangenhautimitation in Emaillack.
L. 10 cm, B. 8 cm
300,– bis 350,–

Neben den schlanken und handlichen Etuis für unterwegs gab es auch die größeren und schwereren Zigarettenschachteln für zu Hause, die sich aber im emaillierten Dekor kaum von jenen unterscheiden. Interessant ist am oberen Beispiel die Imitierung des von Dunand eingeführten Eierschalendekors bzw. von Schlangenhaut in Email unten.

Das konstruktive Grundschema wird hier hauptsächlich durch die Verkantung der Rechteckformen gegenüber dem Gesamtformat spielerisch aufgelockert.

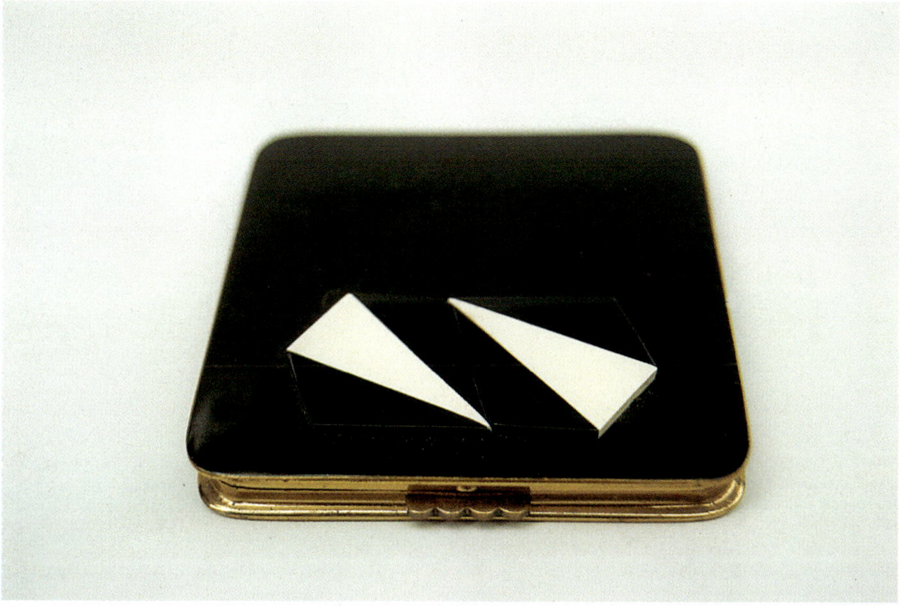

198 Zigarettenetui

Frankreich, um 1930.
Lackemailliertes Messing mit Bakelit.
L. ca. 10 cm
200,– bis 250,–

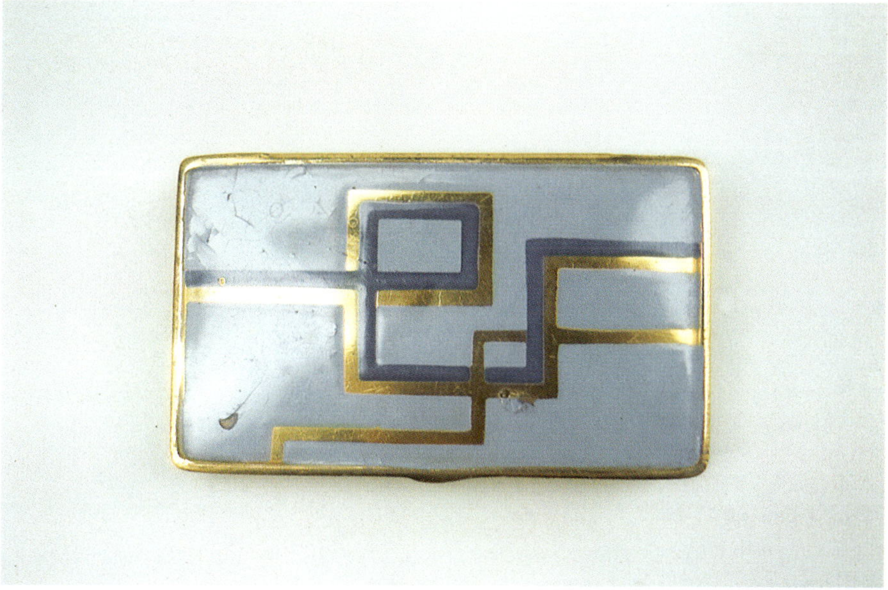

199 Zigarettenetui

Frankreich, 20er Jahre.
Messing.
L. 6 cm
50,– bis 100,–

Natürlich konnte dem Emaildekor durch Hinzufügen einiger Bakelitdreiecke der nötige »Drive« gege ben werden, um das ganze nicht gar zu getragen und feierlich aussehen zu lassen.

Bei Sammlern sind solche Stücke besonders beliebt und entsprechend etwas teurer als etwa ein einfaches Messingetui, auch wenn dies ein sehr interessantes geometrisches Verschlingungsmotiv aufweist.

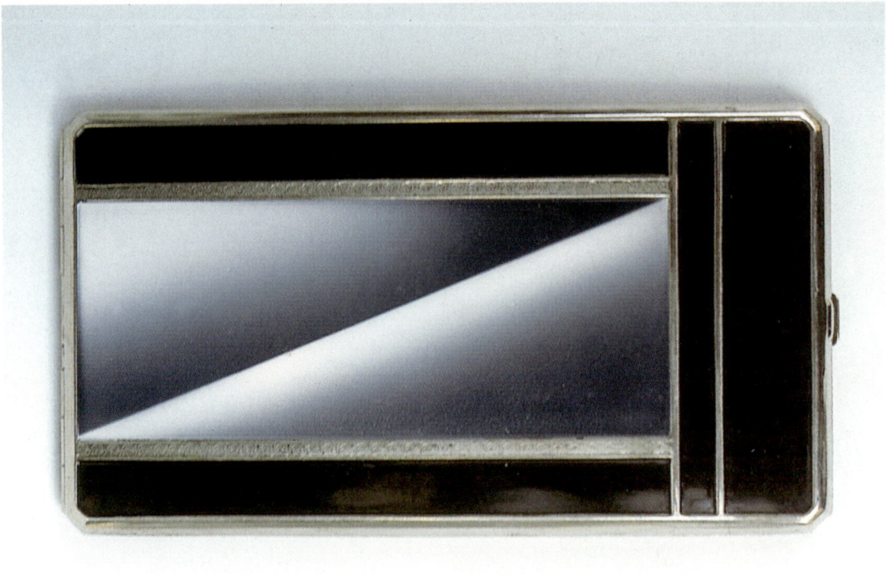

200 Zigarettenetui

Frankreich, 20er Jahre.
Emailliertes Silber.
L. 13 cm, B. 7,5 cm
800,– bis 900,–

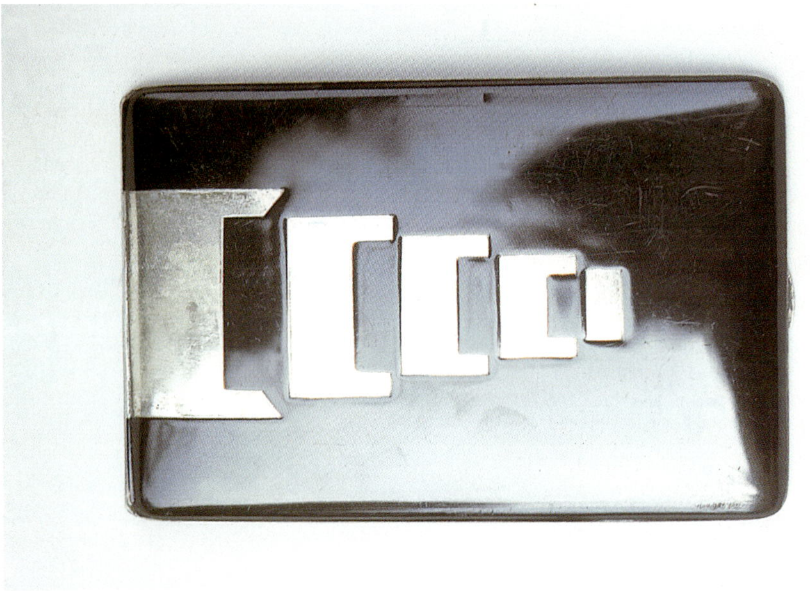

201 Zigarettenetui

Frankreich, 20er Jahre.
Emailliertes Silber.
L. 12 cm, B. 8,5 cm
500,– bis 600,–

Besonders schöne Etuis waren aus Silber, sehr gut gearbeitet und mit einem zurückhaltend vornehmen geometrischen Dekor ausgestattet. Der Feierlichkeit zuliebe wählte man gedeckte Farben, eine symmetrische Anordnung und ein dezentes, nicht allzu verspielt geometrisches Motiv. So konnte man auch in vornehmem Ambiente seine Zigarette zücken, denn die Nichtraucher stiegen noch nicht, wie in unseren Zeiten, wegen der Rauchbelästigung auf die Barrikaden. Vielmehr galt Zigarettenrauchen als Ausdruck einer modernen und schnellebigen Zeit, wo Risiken und Nebenwirkungen wenig Beachtung geschenkt wurde.

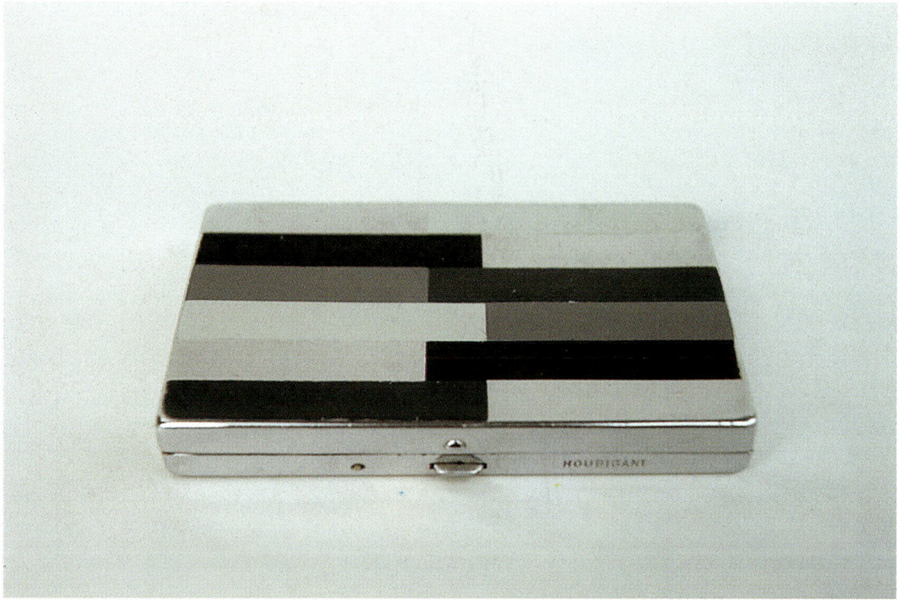

202 Puderdose

Frankreich, 30er Jahre.
Geprägtes und emailliertes Metall.
L. 8,3 cm, B. 5,5 cm
100,– bis 150,–

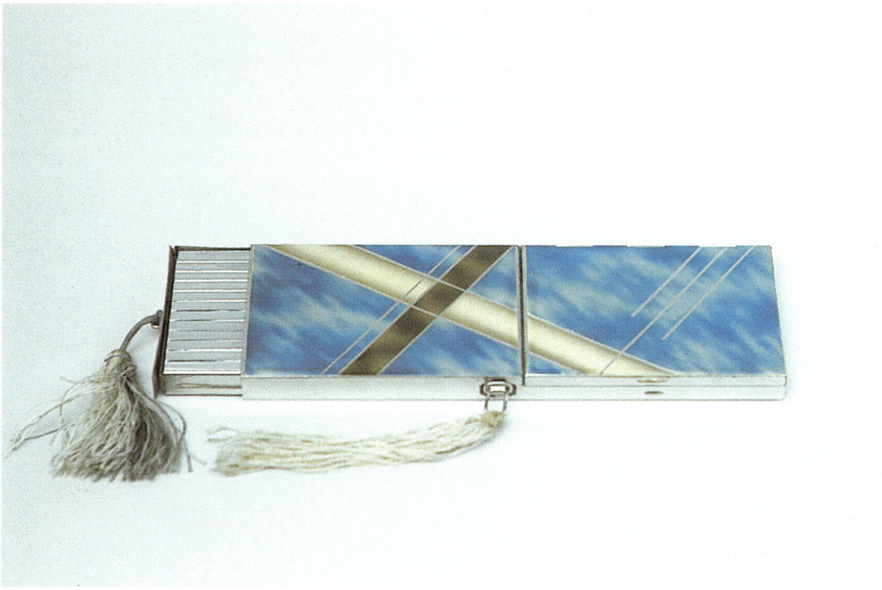

203 Puder-Zigaretten-etui

Frankreich, 20er Jahre.
Emailliertes Metall mit Quasten.
L. 16 cm, B. 6 cm
500,– bis 600,–

Aber nicht jede rechteckige Schachtel mußte notwendigerweise Zigaretten enthalten. Obwohl Puderdosen vorzugsweise rund waren, konnte man das Verschönerungsmittel mit der gleichen Berechtigung auch in viereckigen Etuis aufbewahren.

Im Zeichen der Gleichberechtigung griffen immer mehr zarte Damenhände nach der zuvor dem männlichen Geschlecht vorbehaltenen Zigarette, so daß hier eine entsprechend weibliche Ausprägung des Zubehörs erforderlich wurde. So kamen auch kombinierte Puder- und Zigarettenetuis auf den Markt, die oft zusätzlich mit einer Quaste geschmückt waren.

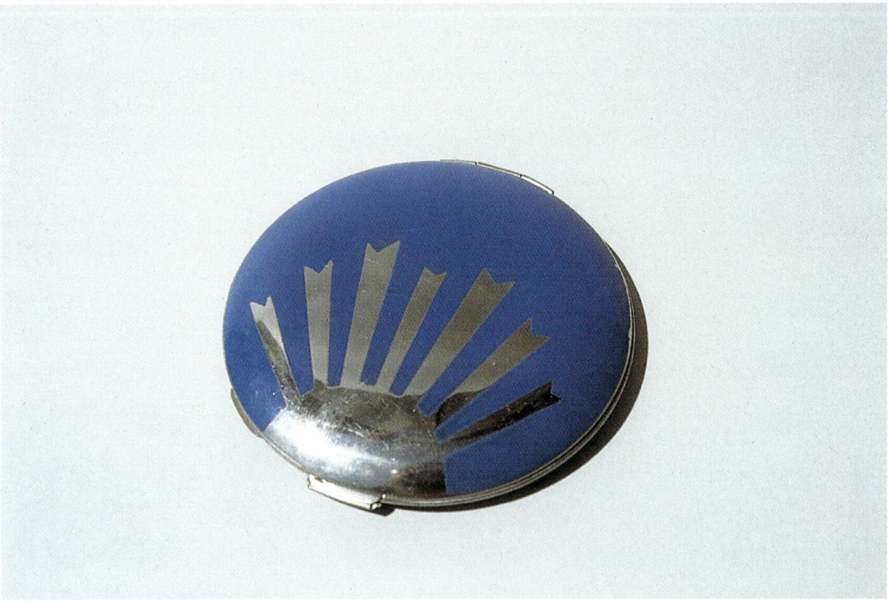

204 Puderdose

Frankreich, 20er Jahre.
Emailliert mit Sonnenstrahlenmotiv.
D. 9 cm
100,– bis 140,–

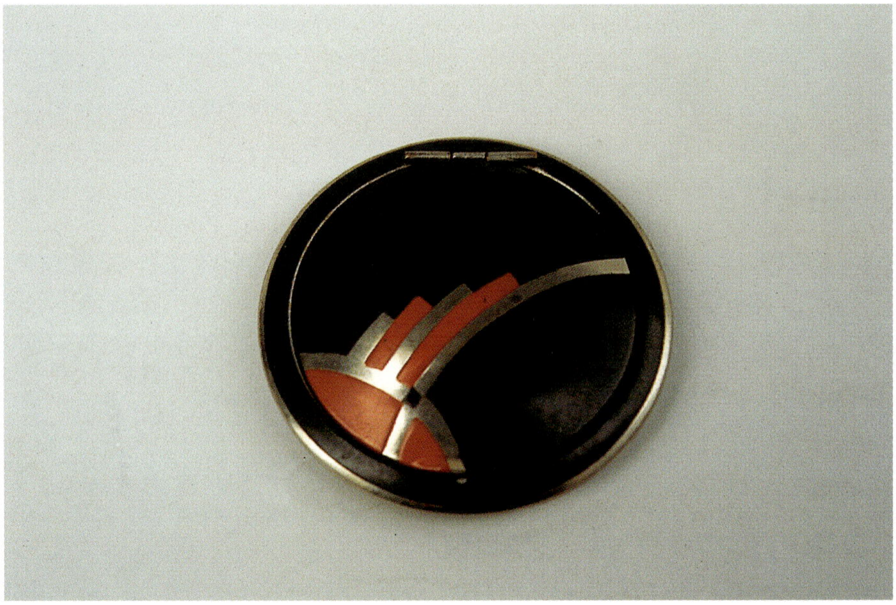

205 Puderdose

Frankreich, 20er Jahre.
Emailliert.
D. 6 cm
250,– bis 300,–

Auf den zumeist runden Puderdosen fand man alle nur denkbaren Varianten der Art déco-Emblematik, angefangen von den spitzgezackten Sonnenstrahlen bis hin zu vertrackten Kreis-Diagonalverschlingungen.

Auch bei sparsamem Farbeinsatz waren hier sehr aparte Wirkungen möglich. Zum Teil wurde dabei der Emaillack relativ dünn aufgetragen, bei anderen Exemplaren entfaltete er eine regelrechte Reliefwirkung, die nicht nur mit den Augen gesehen, sondern auch mit den Fingern begriffen werden wollte.

Das Motiv der Sonnenstrahlen taucht bereits in der ägyptischen Kunst auf, basiert im Art déco aber eher auf formalen als religiösen Gründen.

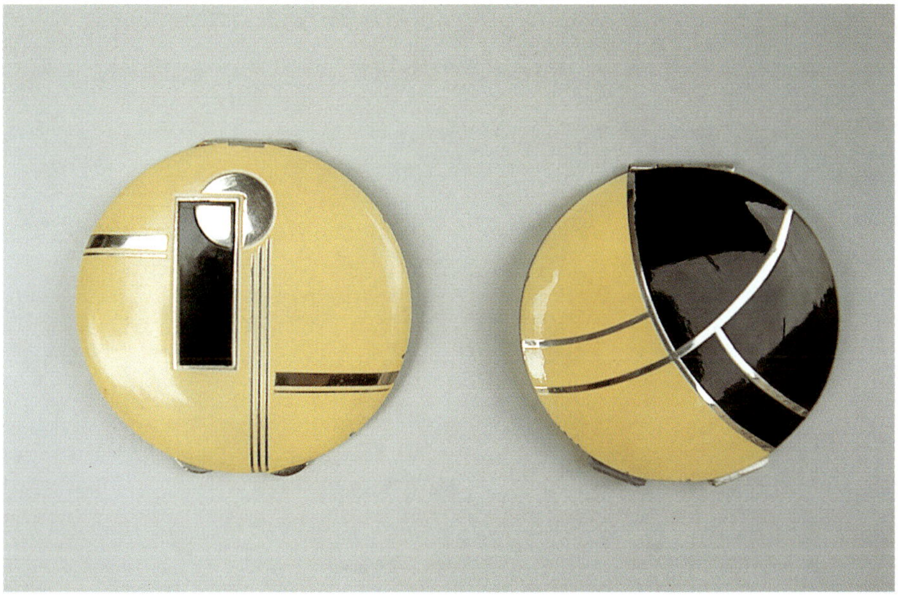

206 Zwei Puderdosen

Frankreich, 20er Jahre.
Emailliert.
D. 8 cm bzw. 7 cm
Je 240,– bis 300,–

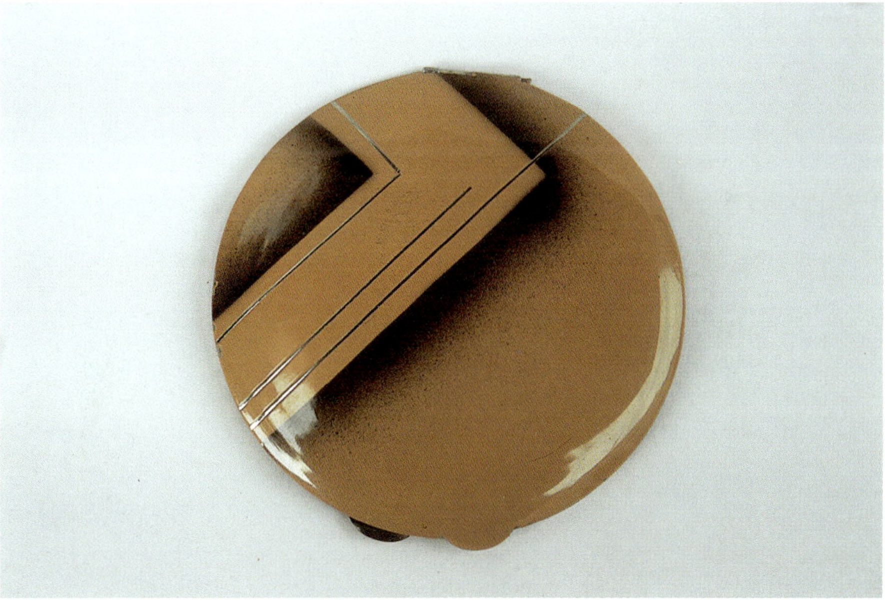

207 Puderdose

Frankreich, 20er Jahre.
Emailliert.
D. 8,5 cm
200,– bis 250,–

Auch Leute, die die abstrakte Kunst frank und frei ablehnten und als Scharlatanerie verdammten, konnten sich doch dem dekorativen Zauber solcher von Mondrian und dem Konstruktivismus herstammenden Kompositionen nicht entziehen und trugen sie in der Westen- oder Handtasche mit sich herum. Viele Motive auch der wohlfeilen und von anonymen Designern entworfenen Dosen sind bestechend elegant und von souverän gesetzter, dekorativer Wirkung, die immer wieder in Erstaunen versetzt. Das Art déco war in der Tat nicht nur die Bewegung von einzelnen, herausragenden Künstlerindividuen, sondern eine Stilrichtung auf breiter Basis und insgesamt verblüffend hohem Niveau.

Ein Rat: Setzen Sie sich ruhig über das Naserümpfen der Kultursnobs, die nur die Werke berühmter Stardesigner gelten lassen wollen, hinweg und kaufen Sie, was Sie sich leisten können und was Ihnen persönlich am meisten zusagt.

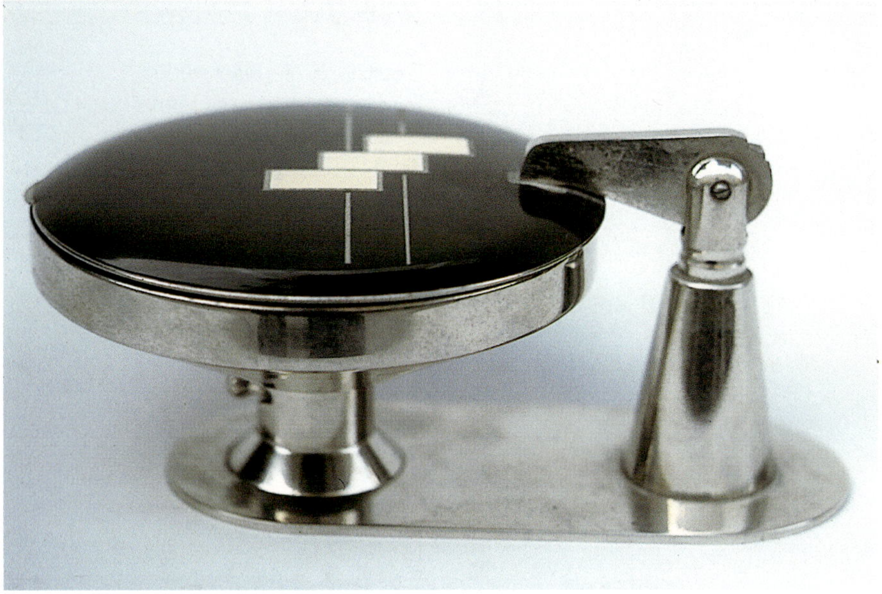

208 Puderdose

Frankreich, 20er Jahre.
Emailliert, auf Metallgestell.
L. 15 cm, H. 7 cm
400,– bis 500,–

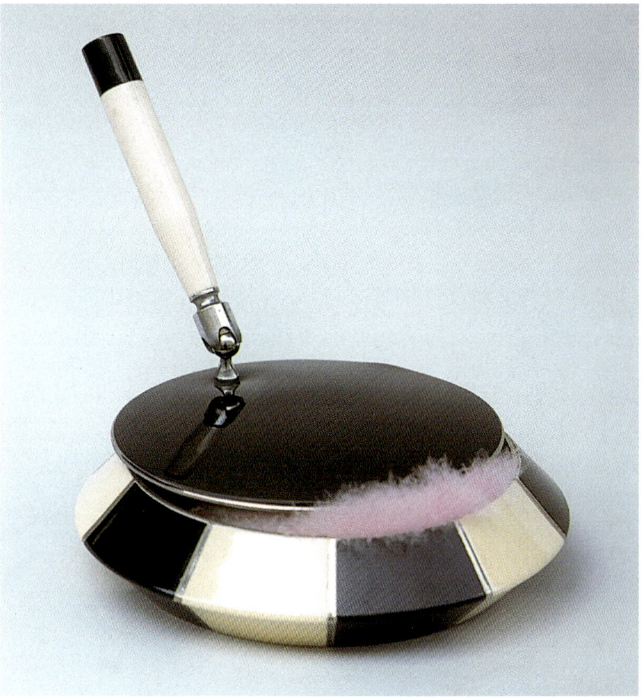

209 Puderdose

Frankreich, 20er Jahre.
Emailliert mit Griff.
D. 14 cm
550,– bis 700,–

Doch auch für den häuslichen Standort gab es eigene Puderdosen, die oft aufwendiger ausgestattet waren. So konnte eine solche Dose auf einem chromblitzenden Ständer seinen staubigen Inhalt darbieten bzw. der Deckel mit einem Griff bequem entfernt werden.

Interessant ist gerade hier zu beobachten, wie sehr sich die funktionalen Formen aus Metall mit den rein ornamentalen Motiven aus Lack verbinden und zu einer logischen Formeinheit verschmelzen. Gerade dies stellt eines der besonderen Geheimnisse des Art déco dar, das es auch für uns so besonders attraktiv erscheinen läßt.

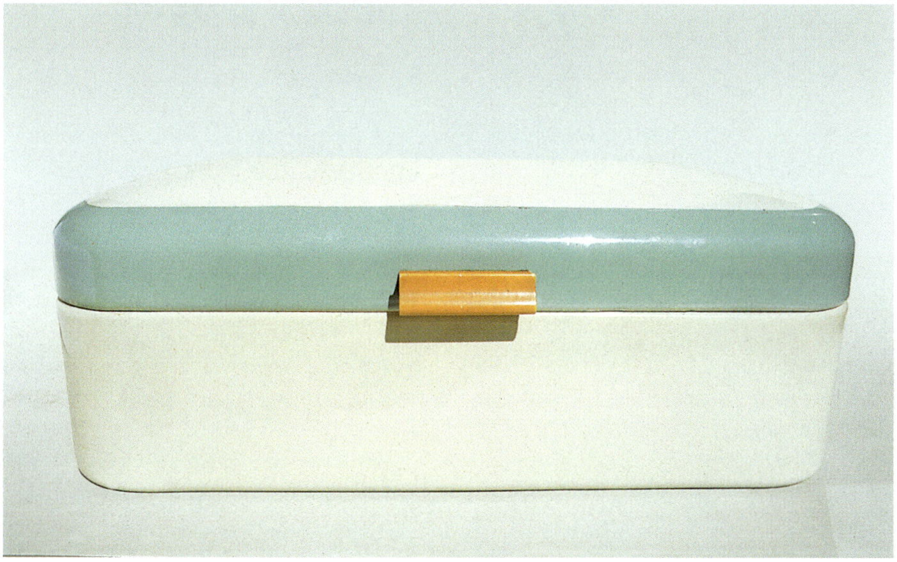

210 Brotkasten

Deutsch, Ende 20er Jahre.
Emailliertes Metall mit Bakelitgriff.
L. 40 cm
150,– bis 250,–

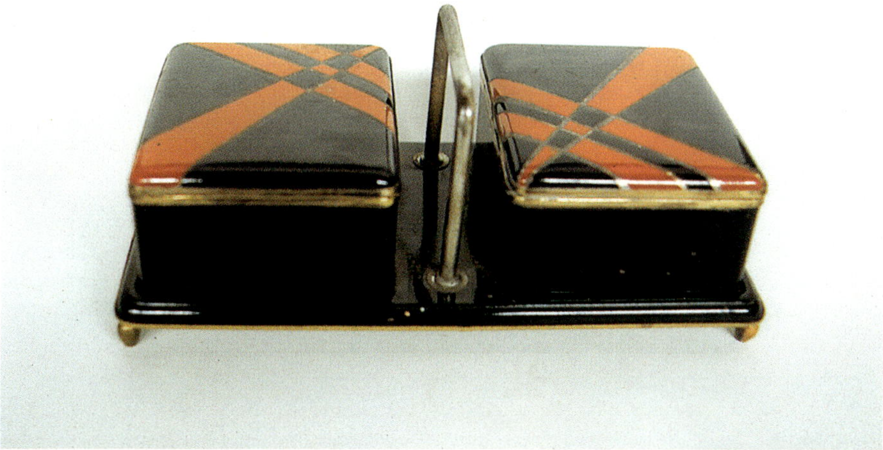

211 Kästchen

England, Ende 20er Jahre.
Emailliertes Metall.
L. ca. 15 cm
100,– bis 200,–

Doch neben der Schönheit und dem blauen Dunst gab es noch andere Zwecke und Angelegenheiten, die mit Email geschmückt werden konnten. So etwa das tägliche Brot, das in solchen grün-weißen Behältnissen aufbewahrt und vermittels eines Bakelitgriffs hervorgeholt werden konnte. Im Falle der zwei rot-schwarzen Kästchen läßt sich anschaulich beobachten, wie durch eine einfache Drehung um 180 Grad aus zwei gleichen Dekormotiven eine interessante Gesamtwirkung entstehen kann.

Uhren und Radios

Sowohl Uhren, die ja eine bereits lange etablierte Erfindung darstellen, wie Radios, deren Einführung und Ausbreitung in die 20er und 30er Jahre fällt, haben im Art déco eine spezifische und unverwechselbare Ausformung erhalten.

Uhren

Dies gilt bei den Uhren vor allem für jene mitunter beachtliche Maße erreichenden Kaminuhren, die zumeist einem immer wiederkehrenden dreiteiligen Schema folgen. Die Hauptmasse besteht dabei aus verschiedenfarbigen Marmorsorten, die zu einem dekorativen Arrangement zusammengeklebt wurden. Dem schwergewichtigen Mittelteil sind beidseitig kleinere Assistenzteile beigefügt, die manchmal auch in angedeuteter Vasenform ausgeführt sind.

Die eigentliche Uhr nimmt dabei nur einen vergleichsweise kleinen Teil ein. Sie ist Anlaß und Herzstück des Gesamtmonuments. Auffällig ist die Neigung im Art déco, das Zifferblatt und deren Ziffern in irgendeiner, oft die Lesbarkeit erschwerenden Art zu stilisieren.

Neben den rein geometrischen Formen dieses Kaminuhrschemas kommt relativ häufig eine Variante vor, bei der die eigentliche Uhr mit ihrer Marmorummantelung als Basis für eine Figur oder Figurengruppe dient, so daß das Gehäuse eine Art skulpturales Ensemble bildet. Dargestellt sind hier meist mehr oder weniger bekleidete junge Damen mit und ohne Tiere oder Tiere ohne Damen.

Auch bei den sonstigen, weniger raumgreifenden Uhren hat sich das Art déco durchgesetzt. Man kann hierbei grundsätzlich zwischen den eher traditionellen, ornamental dekorierten und den modernistisch stromlinienförmigen Uhren unterscheiden und begegnet einer Unzahl von Zwischenformen.

Radios

Art déco-Radios stammen vor allem aus den USA, wo bezüglich Design und Farbe ein regelrechter Kult getrieben wurde, wie wir ihn in vergleichbarer Verschwendungssucht und naiv-kindlicher Übertreibung auch bei den Straßenkreuzern der 50er Jahre finden. Während die Radios in Europa überwiegend von sachlicher Strenge und formaler Zurückhaltung geprägt waren und sich um billige Herstellung bemühten, wurden Radios in den USA als kitschig-schöne Schauobjekte angesehen.

Seit Ende der 20er Jahre war man bemüht, die anfangs noch getrennten Bestandteile des Rundfunkempfängers in einem Gehäuse zu vereinen. Zwischen 1933 und 1943 wurden in Deutschland knapp sieben Millionen preisgünstige »Volksempfänger« verkauft.

Gegenüber den nur in trüben Braun- und Grautönen hergestellten Bakelitradios begeisterte man sich in den USA vor allem für die bunte Farbigkeit des aufwendiger zu verarbeitenden Catalin, mit dem Oberflächeneffekte wie Marmor, Alabaster und Onyx hervorragend imitiert werden konnten. Der Preis war allerdings bis zu sechsmal höher als der des Bakelit. Von 1935 bis zum Kriegseintritt der USA 1941, also nur eine relativ kurze Zeit, dauerte diese Glanzzeit der Art déco-Radios, an die man teilweise nach dem Krieg noch einmal anknüpfte und alte Modelle mit nur kleinen Veränderungen neu auflegte.

Nicht wenige Radios waren in vielen verschiedenen Farbsorten erhältlich, so daß man sie der jeweiligen Einrichtung anpassen konnte. Neben den Modellen aus Kunststoff existierten aber auch solche mit Spiegelverkleidung oder aus Glas und Chrom. Einzelne Modelle wurden von namhaften Designern entworfen und besitzen heute regelrechten Kultstatus.

Hinweise für Sammler

Die Preise für frühe Radios liegen bei wenigen hundert für einfachere Bakelit-, bis zu mehreren tausend Mark für die aufwendigeren Catalin- und Designer-Stücke. Dabei bildet sich eine immer größer werdende Sammlergemeinde für das Runkfunkwesen allgemein heraus, die nicht nur an der formalen, sondern auch an der technischen Ausrüstung dieser Frühformen der Unterhaltungselektronik interessiert ist.

Grundsätzlich sind diese frühen Radios allerdings technisch veraltet und mehr zum Anschauen als zum Anhören geeignet. Sie werden eher als Schmuckstücke denn als Gebrauchsgegenstände gesammelt, wenngleich einige noch durchaus gebrauchstüchtig sind.

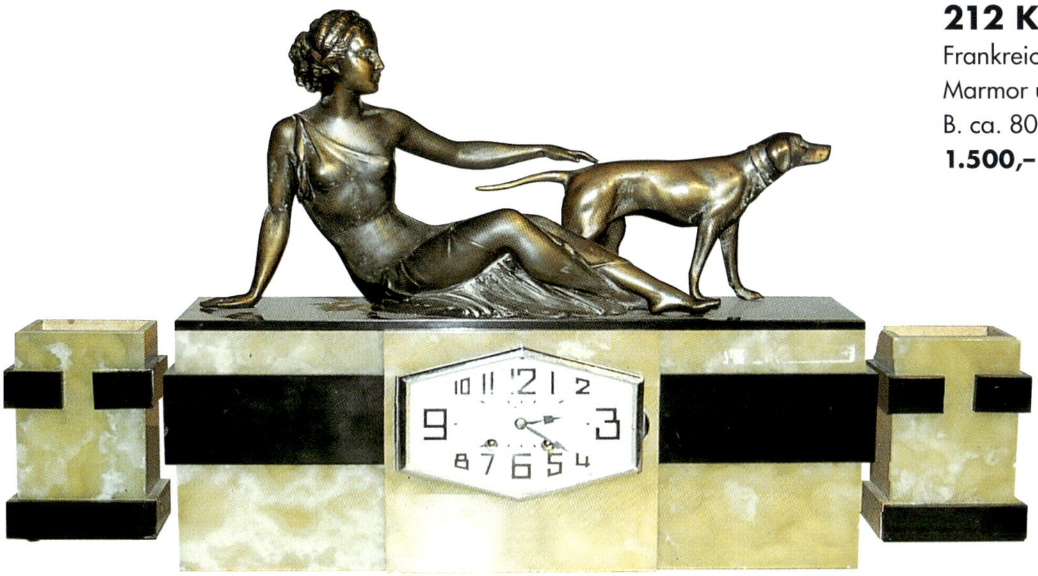

212 Kaminuhr

Frankreich, Bertrand, 20er Jahre.
Marmor und Bronze.
B. ca. 80 cm
1.500,– bis 2.000,–

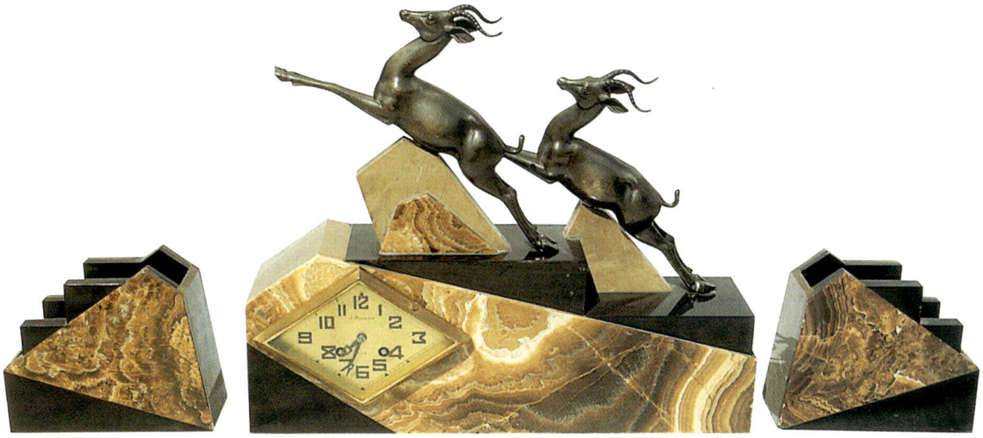

213 Kaminuhr

Frankreich, 20er Jahre.
Marmor und Zinkguß.
Uhr von J. Mungier.
B. 82 cm, H. 46 cm
1.000,– bis 1.500,–

Während die meisten Kaminuhren eine symmetrische und zentrale Anordnung des Uhrwerks selbst bevorzugten, wie dies auch die ausgesprochen elegante Uhr mit dem grün-schwarzen Marmorsockel und der Dame mit Hund illustriert, erhält die Uhr mit den springenden Gazellen durch die asymmetrische Anbringung des Zifferblattes einen zusätzlichen, dynamisierenden Kick und läßt den Marmorsockel wie ein bizarres Felsengebirge erscheinen. Interessant und gegen alle Konventionen ist die quergelegte Rautenform des Zifferblattes, was eindeutig die willkürliche Eigengesetzlichkeit der Gestaltung vor der Funktionsbezogenheit und die Relativität selbst der Zeit in einem geschwindigkeitsbesessenen Zeitalter betont.

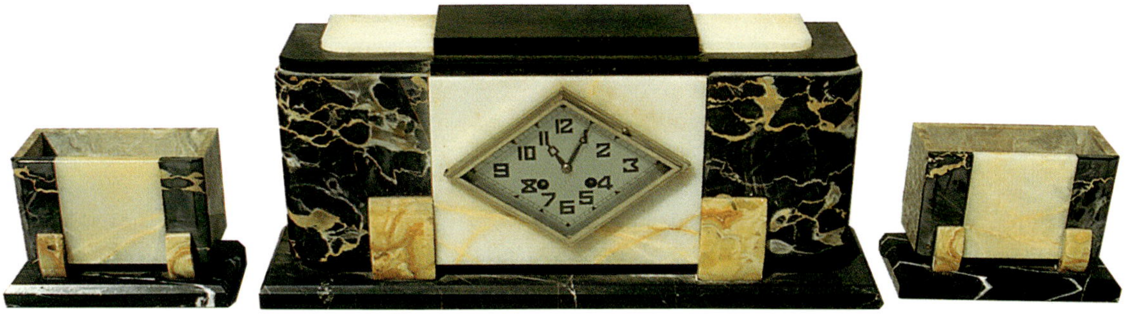

214 Kaminuhr

Frankreich, 20er Jahre.
Pendeluhr in Marmoraufbau.
B. 85 cm
1.000,– bis 1.500,–

215 Kaminuhr

Frankreich, 20er Jahre.
Pendeluhr in Glasgehäuse und Marmor.
B. 82 cm, H. 42 cm
1.400,– bis 1.600,–

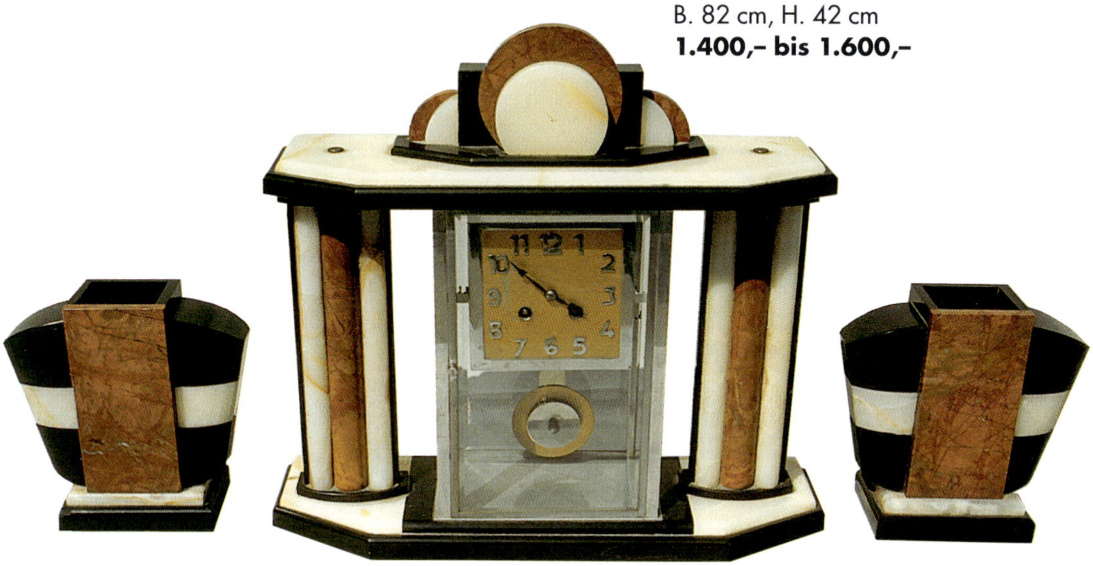

Neben den mit Figuren-Schmuck versehenen Kaminuhren gibt es eine ganze Reihe von Uhren, die sehr überzeugend nur auf die dekorative Wirkung der Arrangements verschiedenfarbiger Marmorstücke bauen, und die heute gerade von streng gesinnten Art déco-Liebhabern den figürlichen Uhren vorgezogen werden.

Bei dem sehr zurückhaltend geometrischen Beispiel oben wird das Zentralmotiv in den Seitenteilen in reduzierter Form wiederholt, während es sich bei der Pendeluhr unten um ein ungewöhnliches Stück handelt, das etwas aus dem Gesamtbild der üblichen Kaminuhren herausfällt und fast schon an Kreationen der italienischen Designgruppe Memphis aus den 80er Jahren erinnert.

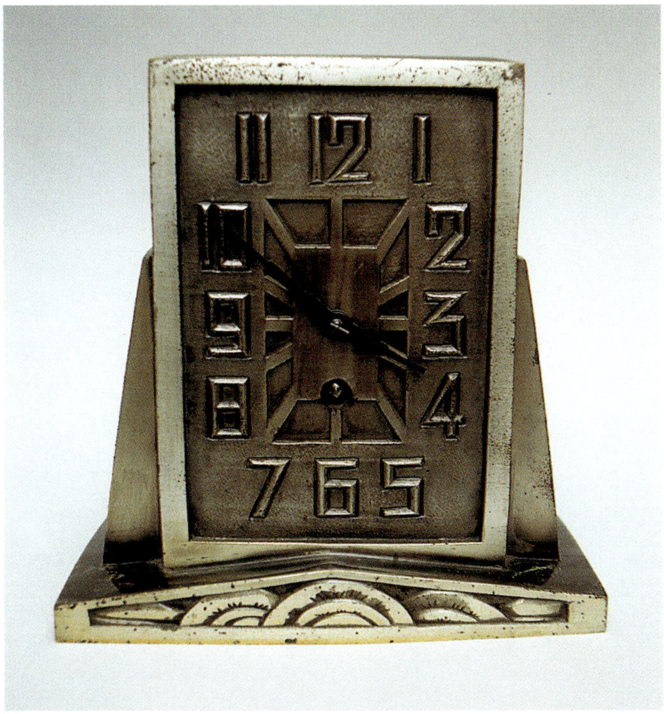

216 Uhr

Frankreich, 20er Jahre.
Bronzeguß.
H. 19 cm
1.000,– bis 1.500,–

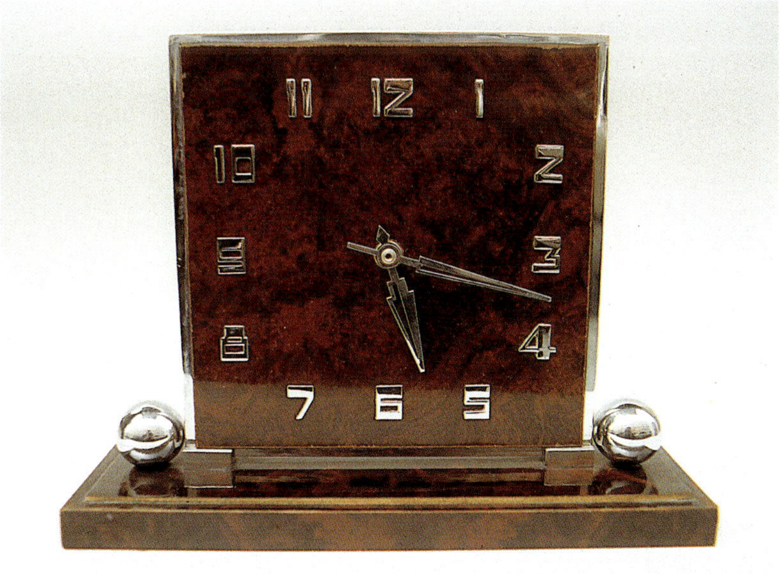

217 Uhr

Frankreich, 20er Jahre.
Lackfurnier auf Holz und Metall.
H. 24 cm
800,– bis 1.200,–

Auch die einfachen Uhren des Art déco waren extravagant, wie unsere beiden Beispiele beweisen. Die obere aus schwerem Bronzeguß zeigt eine bemerkenswerte Einheit von Dekor, Design und Beschriftung, von strenger, fast grabsteinartiger Geometrie und streng stilisiertem Ornament.

Die untere dagegen ist schon vom Material her überraschend leicht und fragil. Sie besteht aus einem resopalartigen, braunmelierten, relativ dünnen Kunstmaterial, das allein durch die effektvolle Anordnung, ein wenig Chrom und zwei Assistenzkugeln zu einer durchaus imposanten Wirkung gebracht wird.

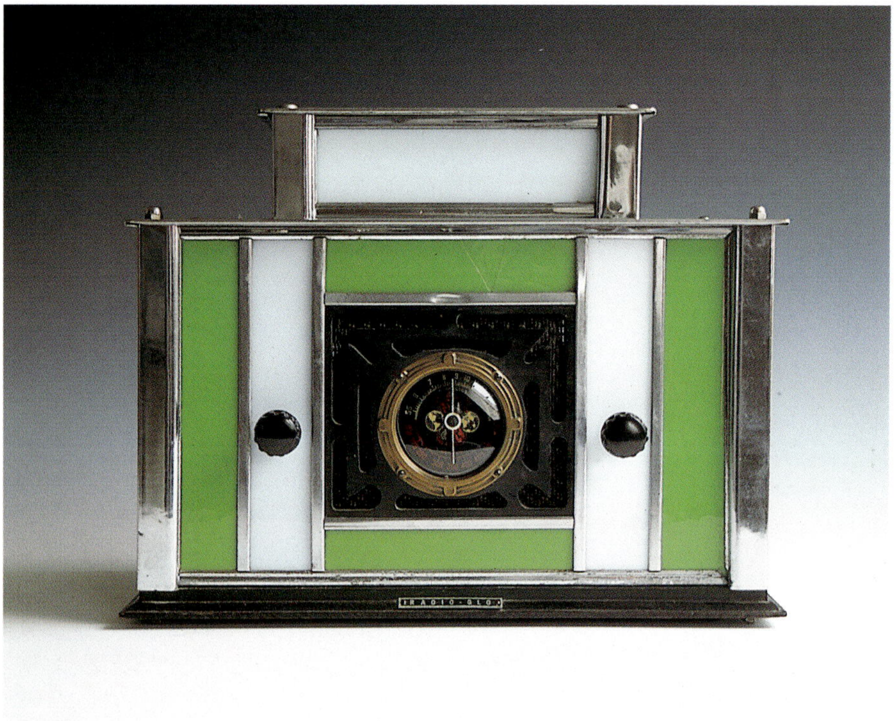

218 Radio »Glo«

USA, um 1935.
Bunte Glasplättchen und Chromleisten auf Holzgestell.
H. 25 cm, B. 32 cm
7.500,– bis 8.000,–

*

Bemerkenswertes Sammlerstück.

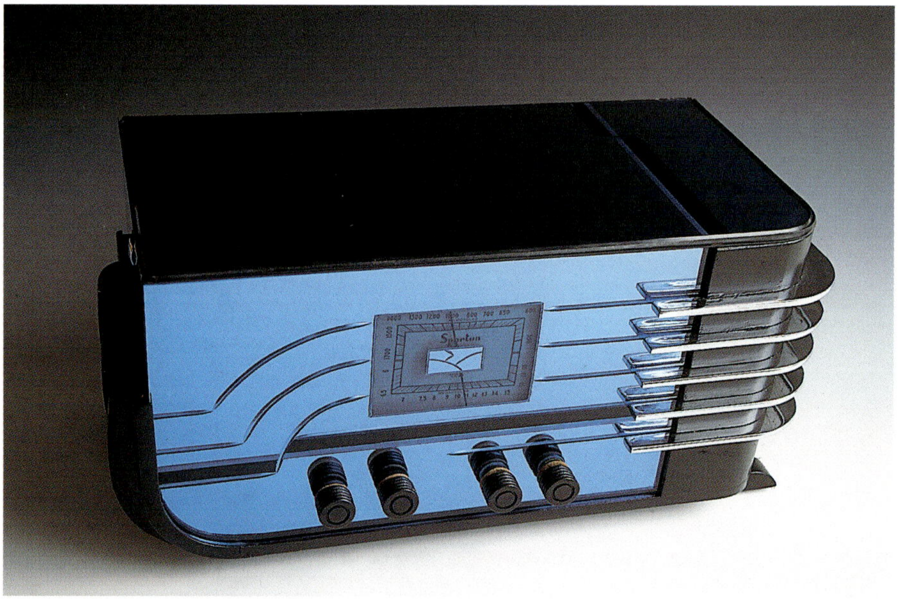

219 Spiegelradio

USA, Walter Dorwin Teage,
Sparton Modell 558, 1936.
Holzgehäuse mit Spiegeln.
H. 23 cm, B. 43 cm
Ab 9.000,–

*

Heute extrem seltenes Radio.

Beim Anblick dieser beiden seltenen Designerstücke aus der Frühzeit des Radios schlägt jedes Sammlerherz höher. Es handelt sich sozusagen um die Prä-Bakelit-Phase, während der noch Holzgehäuse mit Spiegeln und Chromleisten »aufgemotzt« wurden. Kein Geringerer als der amerikanische Stardesigner Walter Dorwin Teage wurde von der Firma Sparton angeheuert. Und das Ergebnis konnte sich sehen lassen. In gewisser Weise werden mit den blitzenden Chromleisten und den abgerundeten fließenden Linien bereits die entsprechenden Chromorgien der amerikanischen Straßenkreuzer der 50er Jahre vorweggenommen.

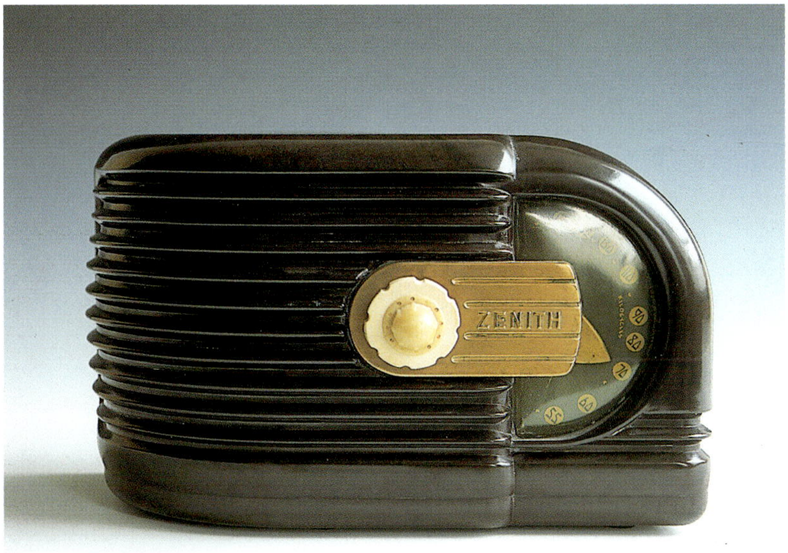

220 Radio

USA, Zenith Modell 6D315, 1938.
Bakelit.
B. ca. 30 cm
800,– bis 900,–

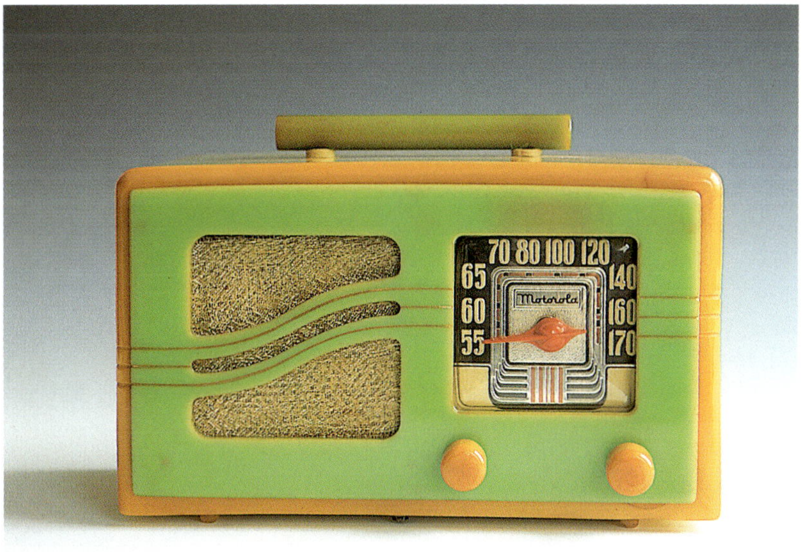

221 Radio

USA, Motorola Modell 51X16, 1941.
Catalin.
8.000,– bis 10.000,–

Neben dem billiger herzustellenden Bakelit, das allerdings anfangs nur in schlierig melierten und dumpfen, wenig attraktiven Farben hergestellt werden konnte, jedoch den Vorteil einer weniger aufwendigen Verarbeitung besaß, wurde in der relativ kurzen Zeit von 1935 bis 1948 das farbintensive Catalin verwendet, dessen Oberflächen wie Marmor poliert und auf Hochglanz gebracht werden konnte.

Während sich in Europa das relativ teuer und aufwendig zu verarbeitende Catalin nicht durchsetzen konnte, feierte man in den USA wahre Orgien in Farbe und Form, gegenüber denen die Bakelit-Radios fast wie graue Mäuse wirken.

Doch gerade die billigen Radios der Zeit überlebten als Wegwerfmodelle die Jahrzehnte kaum und sind gerade deshalb ebenfalls gesuchte Sammlerstücke. Noch begehrter und teurer sind allerdings damals wie heute die Catalin-Radios in ihren strahlend frischen Farben, die sich jedoch bisweilen an der Oberfläche verfärben können und neu poliert werden müssen.

Sonstiges

Holzskulpturen, Schaufensterpuppen und andere Objekte der angewandten Kunst

Das Art déco war nicht nur der Stil einer bestimmten Gattung, wie etwa die impressionistische Malerei, sondern ein allgemeiner Dekorations- und Entwurfsstil, der ein Zeitalter, einen Zeitgeist und das Lebensgefühl einer ganzen Generation repräsentiert. Art déco durchdrang nicht nur die etablierten Gattungen des Kunstgewerbes, sondern alle Bereiche von dekorativen Holzskulpturen über kleine Kästchen und Verpackungsmaterial bis hin zu Schaufensterpuppen.

In vielen dieser Medien – ephemär und vergänglich wie etwa Pappschachteln – waren gerade diese modisch aktuellen Formen und Attitüden viel weiter verbreitet und präsenter als in den anspruchsvolleren und dauernden Gattungen, die aber im heutigen stilgeschichtlichen Bewußtsein noch stärker präsent sind.

Interessanterweise findet sich die Holzskulptur, zu anderer Zeit geradezu eine zentrale Gattung des Kunsthandwerkes, im Art déco ein wenig ins Abseits gedrängt. Technischere, weniger natürliche und naturverbundene Materialien wie Glas, Metall oder Porzellan dominieren. Treten dagegen natürliche Materialien auf, so sind es oft gerade besonders exotische und ungewöhnliche wie Haifischleder, Galuchat aus der Haut des Rochens und Schlangenhaut, die man bisweilen sogar effektvoll kontrastierte und so quasi ornamentale Effekte erzielte.

Schaufensterpuppen

Obwohl auch Schaufensterpuppen von namhaften Entwerfern wie Herbst oder Belling entworfen worden waren, sind sie doch überwiegend anonyme Werke geblieben, in denen sich Zeitgeist und mondäner Geschmack besonders unmittelbar darstellen. Nachdem man von den teilweise hyperrealistischen Wachspuppen der Jugendstilzeit abgekommen war, experimentierte man phasenweise auch mit sehr abstrakten metallernen Kleidergestellen, die sich aber nicht dauerhaft durchsetzen konnten. Der gefundene Mittelweg von naturalistischer Farbigkeit bei gleichzeitiger starker Stilisierung des Kopfes ist durchweg so gelungen, daß ähnliche Stilisierungen immer wieder versucht werden und die Originale heute zu gesuchten Dekorationsstücken avancierten.

Das Stilempfinden des Art déco tobte sich als modischer Stil im gesamten Bereich der Mode aus, so etwa bei den damals aufkommenden Handtaschen, die sich in ihren Applikationen mit betont geometrisch stilisierten Mustern als zeittypisch zu erkennen geben.

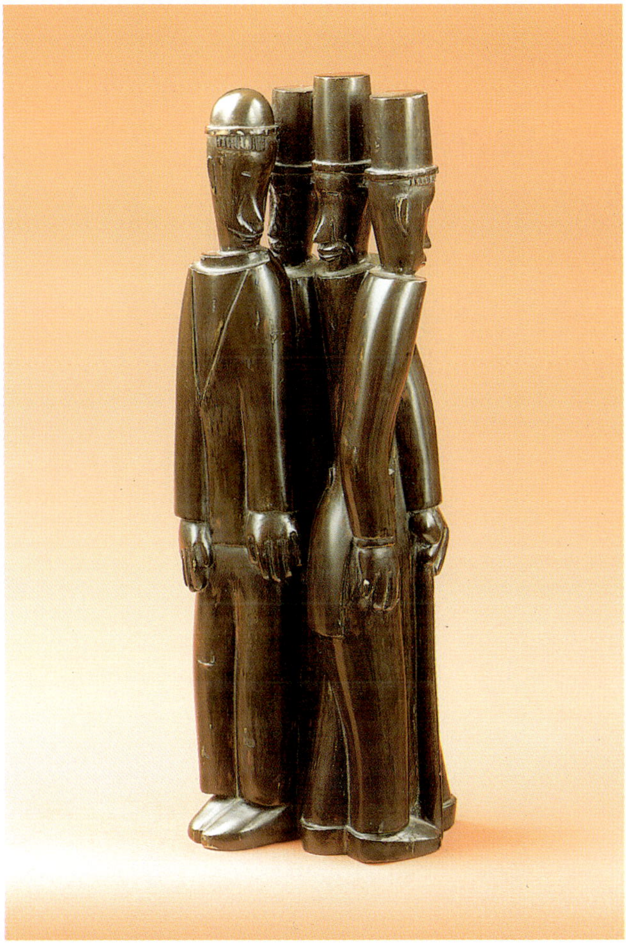

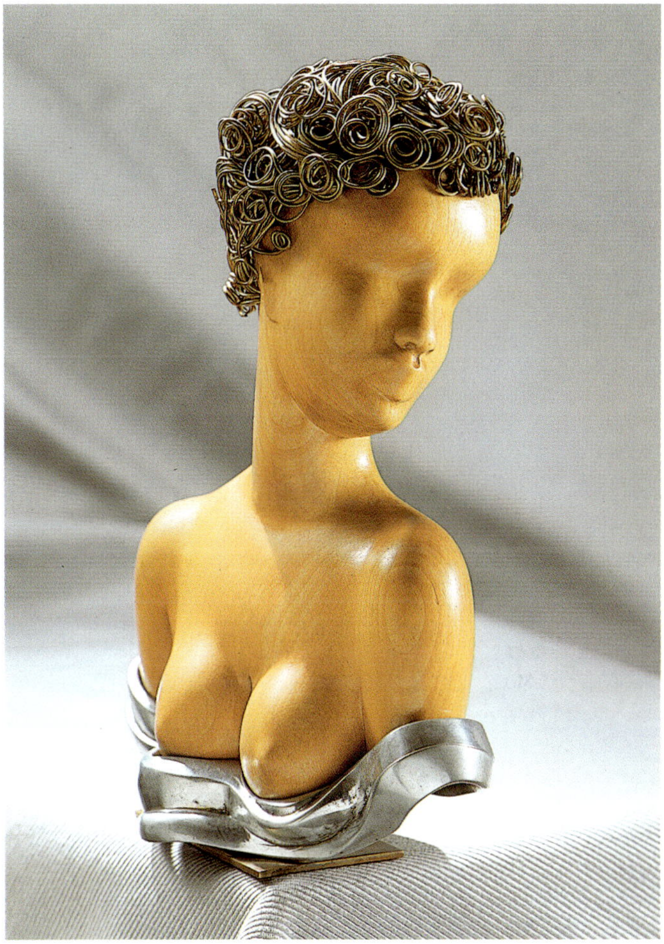

222 »Le Conciliabule«

Frankreich, Jean Lambert-Rucki,
1923–25.
Schwarz lackierte Holzskulptur (Unikat),
monogrammiert.
H. 36 cm
Liebhaberpreis

223 Frauenbüste

Wien, Hagenauer Werkstatt,
um 1935.
Holz, Messing und Aluminium.
4.500,– bis 6.500,–

Der 1888 geborene Jean Lambert-Rucki schnitzte seine drollig-stilisierten Gestalten, die stark von afrikanischer Skulptur beeinflußt sind, überwiegend in Holz, das er dann von Jean Dunand, dem berühmten Lackierer, schwarz überziehen ließ. Im Gegenzug lieferte er diesem interessant-groteske Entwürfe zu dessen Arbeiten. Wie dieser repäsentiert er einen interessanten Grenzbereich zwischen »hoher« und dekorativer Kunst, wobei die Preise eher ersterer zuzuordnen sind.

Ähnliches gilt fur die Hagenauer Werkstätte in Wien, die nicht nur in Metall, sondern auch in Holz (mit Metallappliken) Hervorragendes leistete und zu Recht ein begehrtes Sammelgebiet darstellt. Von ebenso überraschender wie berückender Schönheit ist hier der Kontrast von poliertem Holz und stumpfglänzendem Aluminium in Zusammenhang mit der aparten »Drahtverhau«-Perücke, die reizvoll mit den weichen Formen des Kopfes kontrastiert.

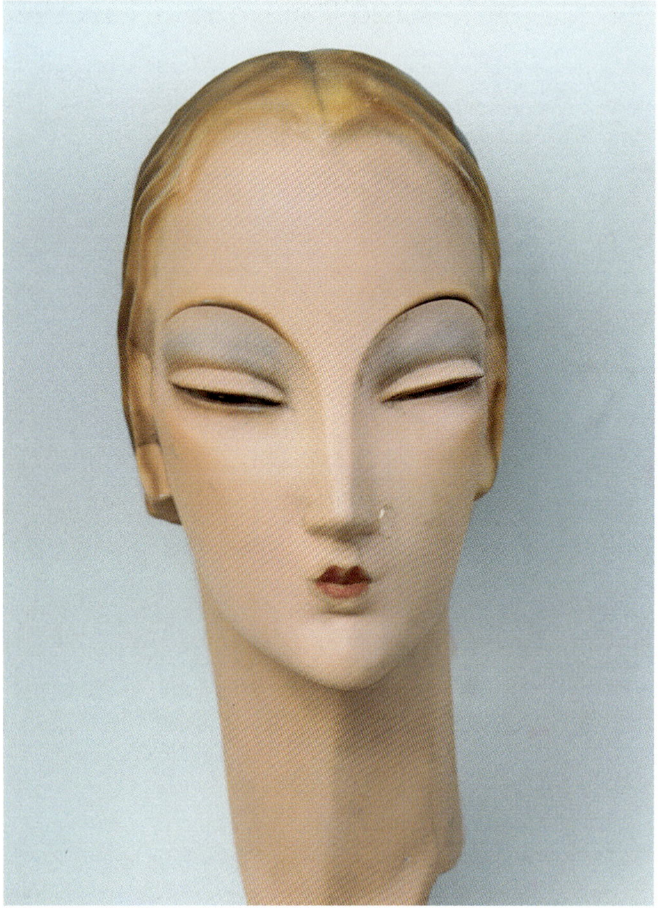

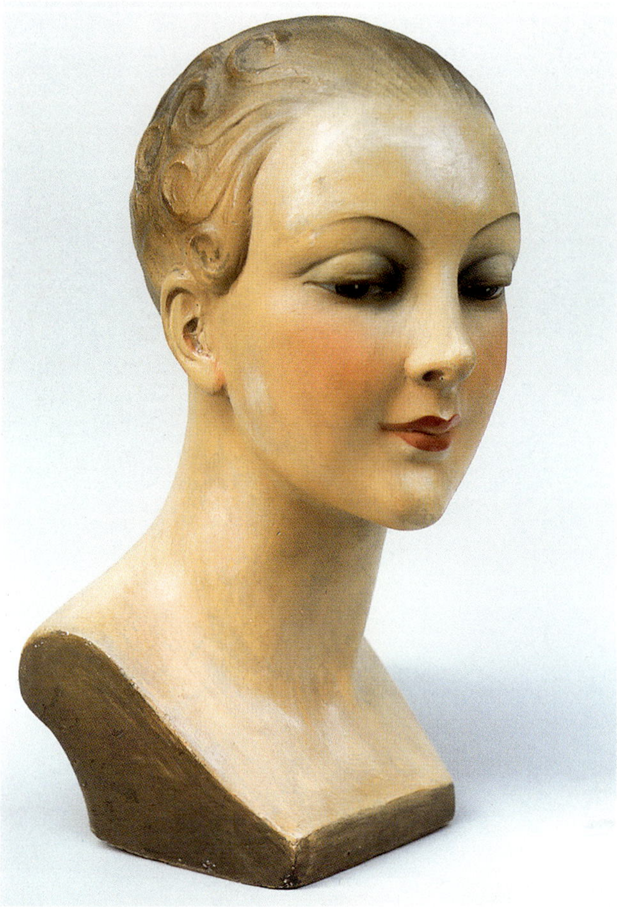

224 Frauenbüste

Böhmen, 20er Jahre.
Bemalter Gips.
H. 36 cm
500,– bis 1.000,–

*

Viele Händler haben solche Büsten als Dekoration im Laden stehen und wollen sie daher nicht verkaufen.

Schaufensterpuppen oder Büsten waren zur Zeit des Jugendstil noch überwiegend sehr naturalistisch aus Wachs, aber dadurch auch vergleichsweise vergänglich gefertigt. Im Zeitalter des Art déco bestanden sie, wenn nicht abstrahiert in glänzendem Metall, aus bemaltem Gips, denn das heute übliche Kunststoffmaterial setzte sich erst nach dem Krieg durch. Wie heute schwankte damals die Gestaltung zwischen naturnah und kunstvoll stilisiert, wobei beide Arten einen so hinreißenden Charme entwickeln, daß ständig Kundinnen Art déco-Händler nach den Preisen für ihre oft leider unverkäuflichen Ladendekorationen fragen.

225 Frauenkopf

Bayerischer Wald, 20er Jahre.
Bemalter Gips.
H. ca. 40 cm
500,– bis 1.000,–

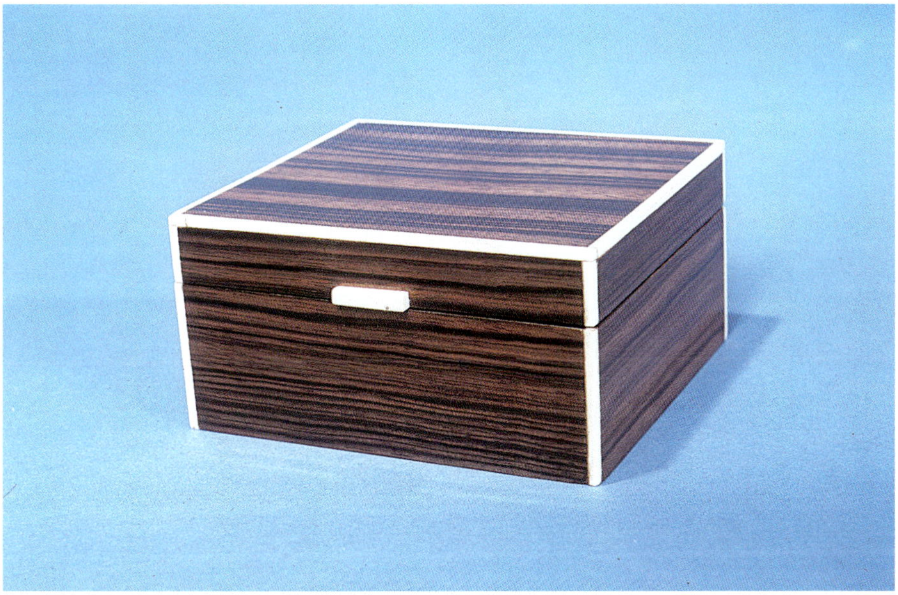

226 Zigarettenkästchen

Frankreich, Jacques-Émile Ruhlmann, um 1934.
Makassar-Ebenholz auf Mahagoni mit Elfenbein.
H. 5,5 cm, B. 11 cm, T. 10 cm
4.000,– bis 7.000,–

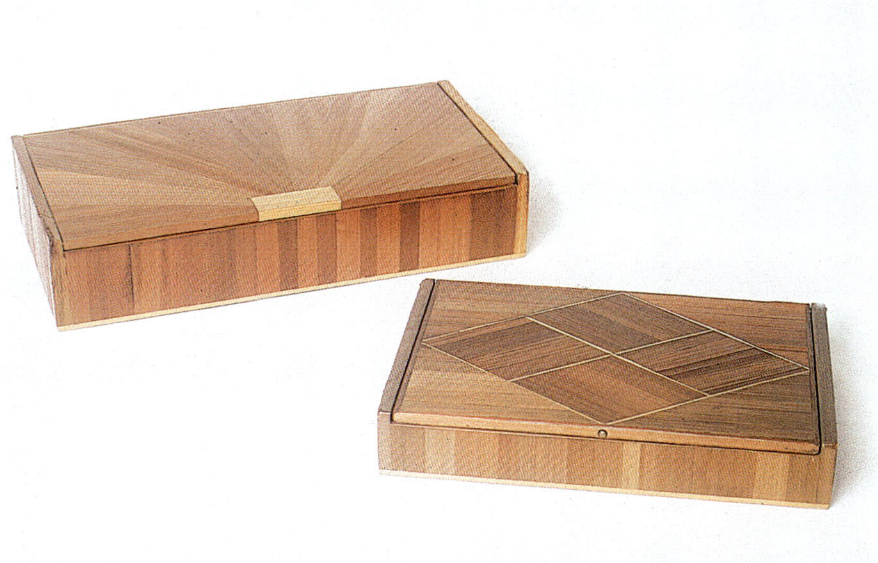

227 Zwei Zigarrenkästchen

Frankreich, Jean-Michel Frank, um 1930.
Holz mit gebeizter Stroh-Marketerie.
L. 18,5 cm bzw. 23,5 cm
Ca. 2.000,– bzw. ca. 2.800,–

Im Grunde handelt es sich bei den kleinen Zigarren- und Zigarettenkästchen um regelrechte, kunstvoll geschreinerte kleine Möbelstücke. Und so ist es auch nicht verwunderlich, hier wieder auf die berühmten Namen der Möbelentwerfer zu stoßen wie den von Ruhlmann und Frank. Letzterer war übrigens mit jener aus traurigem Anlaß berühmten Anne Frank verwandt; er beging, von Depressionen gepeinigt, 1941 im New Yorker Exil Selbstmord.

Während Ruhlmann ebenso wie bei seinen Möbeln auf den Kontrast von streng linear gestreiftem Tropenholzfurnier und Elfenbein setzte, waren kunstvolle Strohintarsien Franks Markenzeichen. Die Billigkeit des Materials stand dabei in starkem Kontrast zu den hohen Preisen solcher Erzeugnisse und lieferte schon damals den Anlaß zu manch ironischer Bemerkung. Das Kostbare eines solchen Objekts ist hier nicht das Material, sondern seine Verarbeitung.

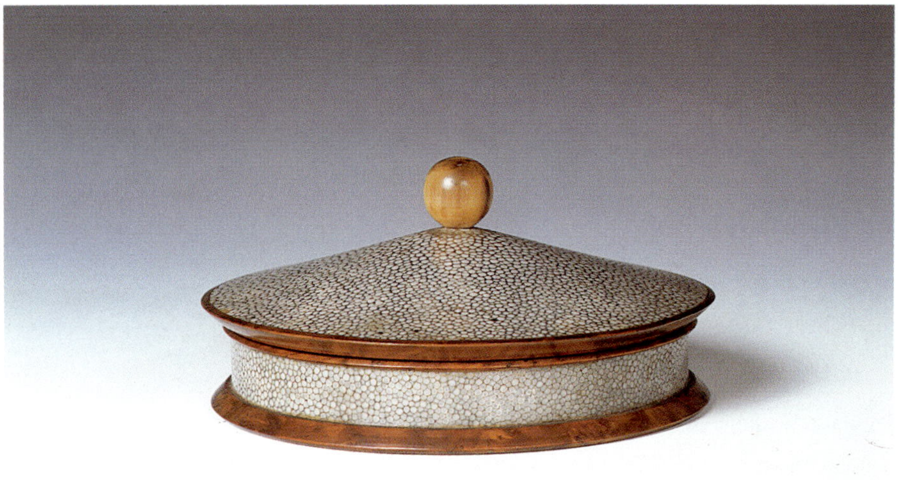

228 Runde Deckeldose

Frankreich, Clément Rousseau,
um 1925.
Thujawurzel mit Galuchatüberzug
und Hornknopf. Signiert.
H. 6 cm, D. 14 cm
12.000,– bis 18.000,–

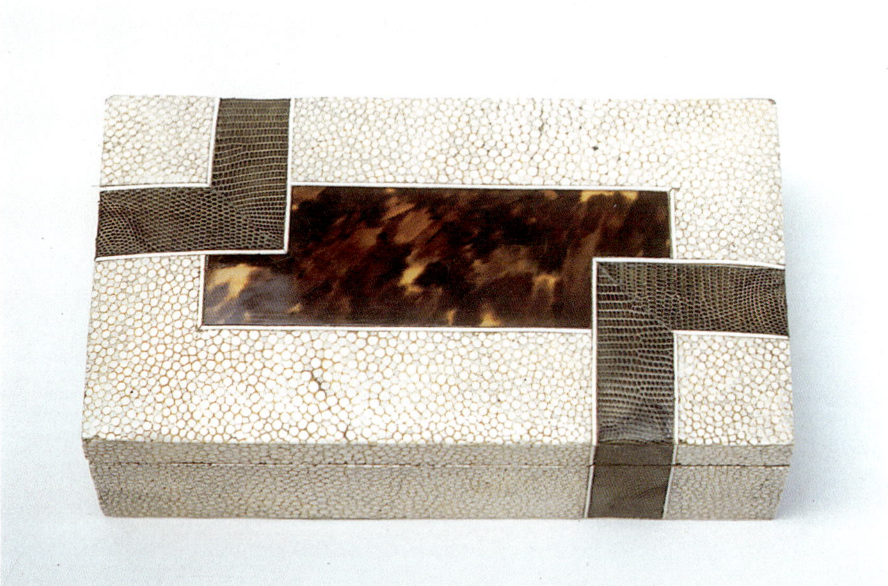

229 Dose

Frankreich, um 1925.
Galuchat, Haifischhaut und Schildpatt.
L. 18 cm, B. 10 cm
1.400,– bis 1.500,–

Art déco war das Zeitalter der ausgefallenen Materialien und der exquisiten Materialkontraste, die nicht nur wegen ihrer Kostbarkeit, sondern ihrer spezifischen Oberflächenstruktur kompositorisch eingesetzt und in geometrische Arrangements integriert wurden. Galuchat (Rochenhaut), Haifischhaut und Schildpatt spielten dabei neben Elfenbein, Bakelit und mehr oder weniger tropischen Hölzern eine fast schon legendäre Rolle. Auch kleinere Gegenstände, wie unsere beiden Dosen, wurden – neben Sekretären, Tischen und Kommoden – damit gelegentlich und nur für exklusive Kunden überzogen.

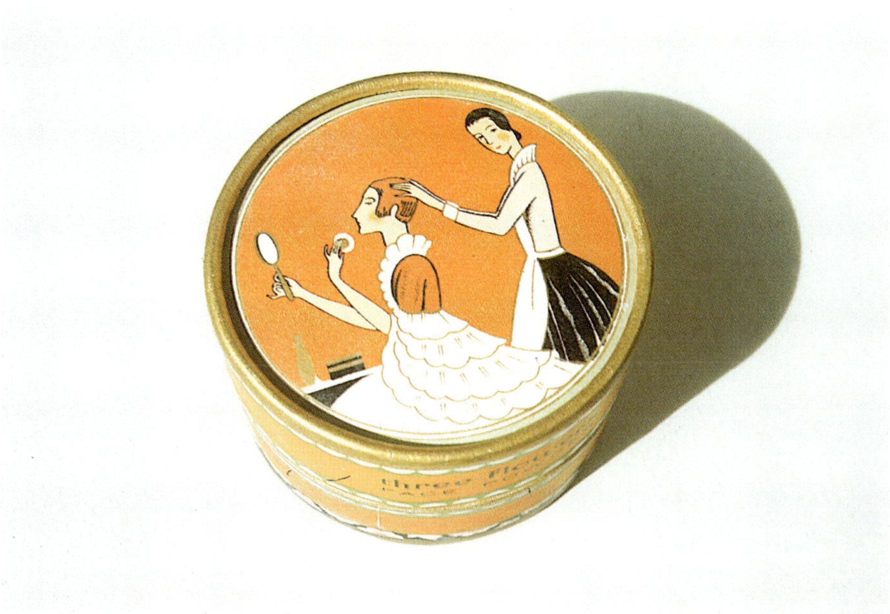

230 Puderschachtel

England, 20er Jahre.
Pappe mit farbigem Aufdruck.
H. 4,5 cm, D. 7 cm
40,– bis 70,–

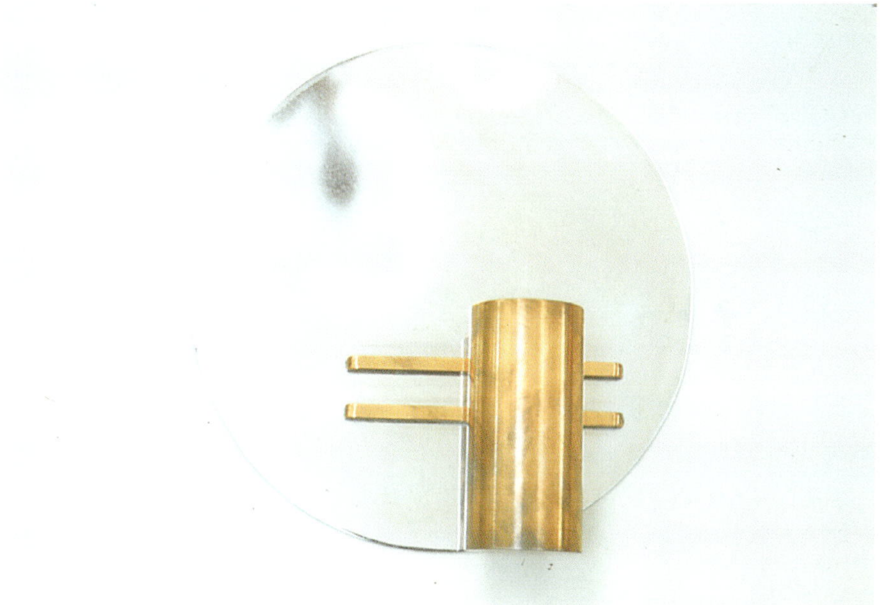

231 Spiegel

USA, 30er Jahre.
Spiegel mit Messingfassung.
D. ca. 25 cm
250,– bis 300,–

Neben den klassischen Bereichen der dekorativen Künste wie Glas, Keramik oder Silber boten im Zeitalter des Art déco innovative Medien und Materialien neue Gestaltungsaufgaben wie etwa hier die Pappschachtel für eine Pudermarke. Vielleicht wird ein künftiges Zeitalter einmal feststellen, daß das Art déco die schönsten Verpackungen aller Zeiten geschaffen hat und daß das, was viele als Müll wegwarfen, zu kostbaren Sammelobjekten aufgestiegen ist.

Ebenso wurden traditionelle Gestaltungsaufgaben, wie die des Spiegels, den man üblicherweise mit einem normalen Bilderrahmen versah, auf so frappant neuartige Weise angepackt, wie es das hier abgebildete Beispiel zeigt.

Die Zukunft wird zeigen müssen, inwieweit solche Ideen zukunftsweisend oder nur zeittypisch waren.

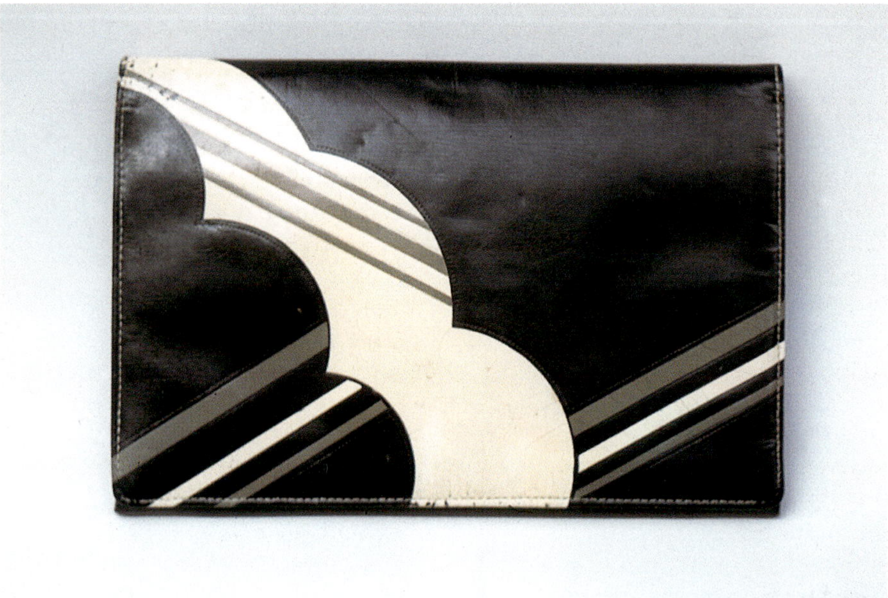

232 Ledertasche

Wohl Frankreich, 20er Jahre.
L. 24 cm, B. 16 cm
100,– bis 200,–

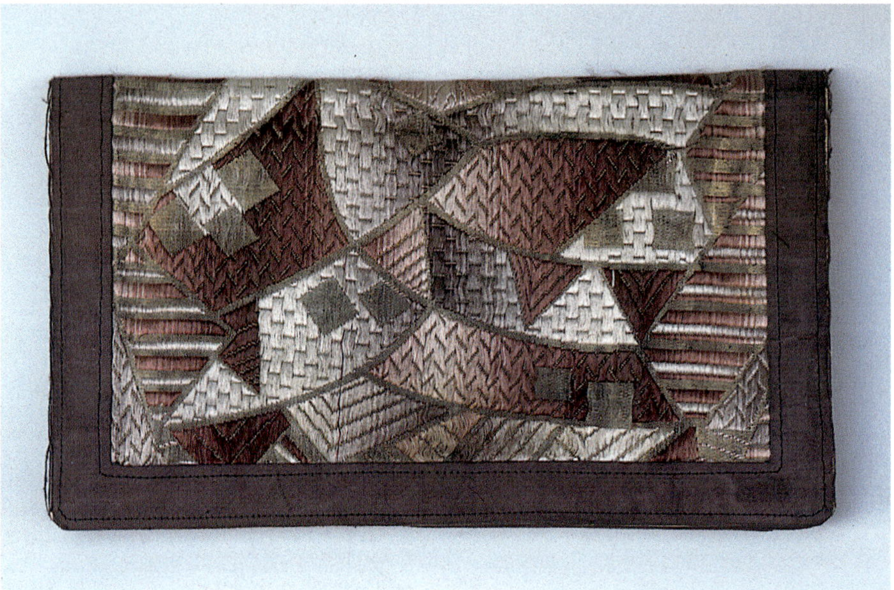

233 Stofftasche

Frankreich, 20er Jahre.
Seidenbestickt.
L. 24 cm, B. 14 cm
200,– bis 250,–

Viereckige Taschen ohne Henkel waren eine modische Neuheit der 20er Jahre. Sie wurden lässig in der Hand und vor allem zu festlichen Gelegenheiten getragen, um die nötigen Schmink-Utensilien wie Puder und Lippenstift, der damals seinen Siegeszug um die Welt antrat, ständig griffbereit zu haben. Zugleich aber trug man damit regelrecht kleine Kunstwerke mit sich herum, die in den jeweils neuesten Dekors gehalten waren und in verschiedenen Materialien ausgeführt und verziert wurden. Für den Tagesgebrauch allerdings waren solche Taschen nicht gerade praktisch, weshalb sich einige von diesen ebenso reizvollen wie zeittypischen Modeartikeln in wenig oder praktisch gar nicht gebrauchtem Zustand erhalten haben.

Infos

Literatur

Allgemeindarstellungen

Art Déco.
Die aufregende Bewegung
Hamburg 1990
Populär gehaltener, doch fundierter, thematisch übersichtlich gegliederter Einführungstext.

Victor Arwas
Art Déco
London 1980
Kompetente Einführung ins Art déco. Mit ausführlichen Künstlerbiographien.

Albrecht Bangert/Gabriele Fahr-Becker
Art Déco.
Möbel und Glas, Schmuck und Malerei
München 1992
Einführung und guter Überblick.

Anne Bony
Les Années 20
Paris 1989
Fast 1300seitiges, zweibändiges Kompendium aller Kulturbereiche. Reich, aber überwiegend schwarzweiß bebildert. In französischer Sprache.

Anne Bony
Les Années 30
Paris 1987
Wie oben.

Paul Maenz
Art déco 1920–1940
Köln 1974
Wiederholt unverändert neu aufgelegt. Sehr geistreicher und amüsant zu lesender, den zeitlichen Hintergrund beleuchtender Text.

Judith und Martin Miller
Art Déco.
Ein Handbuch für Sammler
Diners Club Antiquitäten
Rastatt 1991

Ralph Ströhle
Faszination Art déco
München 1993
Opulent und fast durchgehend farbig bebildertes Prachtwerk über das Art déco.

Tina Volmerstein
Der Stil der Zwanziger.
Art déco – Bauhaus – De Stijl
München 1975
Nach der italienischen Originalausgabe »Lo stile 1925«. Kunsthistorisch kompakter Text.

Speziellere Fachbereiche

Victor Arwas
Art Deco Sculpture
London 1992
Mit Künstlermonographien versehener englischsprachiger Bildband, überwiegend figürliche Kleinplastik.

Victor Arwas
Glas.
Vom Jugendstil zur Art Déco
Stuttgart 1987
Umfangreich und üppig bebildert. Alphabetisch nach den einzelnen Glasherstellern geordnet, mit vielen Signaturangaben usw.

Albrecht Bangert
Glas.
Jugendstil und Art Déco
New York-Amsterdam 1979
Kenntnisreicher und sachdienlicher Text.

Patricia Bayer
Art déco Interieur.
Raumgestaltung und Design der 20er und 30er Jahre
München 1990
Bildband. Kompetenter und detaillierter Text.

Melissa Cabardi
Art Deco Jewelry 1920–1949
Woodbridge 1988
Umfangreich und informativ. In englischer Sprache.

Andrea DiNoto
Art Plastic
Designed for Living
New York 1984
In englischer Sprache.

Maurice Dufrêne
Einleitung von Alastair Duncan
Authentic Art déco Interiors from the 1925 Paris Exhibition
Woodbridge 1989
Bildband. In englischer Sprache.

Alastair Duncan
Art déco.
Die Möbelkunst der französischen Designer
Stuttgart 1986
In alphabetischer Reihenfolge werden alle Möbelentwerfer der Pariser Art déco-Ausstellung biographisch gewürdigt.

Alastair Duncan
American Art Deco
London 1986
Umfangreich in Bild und Text. In englischer Sprache.

Gabriele Fahr-Becker
Wiener Werkstätte 1903–1932
Köln 1994
Bildband, fundierter Text.

Philippe Garner
Möbel des 20. Jahrhunderts.
Internationales Design vom Jugendstil bis zur Gegenwart
München 1989
Fundierter Text mit ausführlicher Berücksichtigung der 20er und 30er Jahre.

Luca Scachi Greco
Pensieri di Plastica.
Plastic Thoughts
Mailand 1986
Zweisprachig (englisch und italienisch) mit vielen farbigen Abbildungen.

Robert Heide und John Gilman
Popular Art Déco.
Depression Era Style and Design
New York-London-Paris 1991
Interessanter Abstecher in die populäre Kultur. In englischer Sprache.

Sylvia Katz
Classic Plastics from Bakelite to High-Tech.
With a Collector's Guide
London 1984
In englischer Sprache.

Patricia Frantz Kery
Art déco-Druckgraphik
Berlin 1986
Bildband, gegliedert nach den verschiedenen Ländern und Aufgabenbereichen, vor allem der kommerziellen Bereiche wie Illustration und Plakat.

Edward Lucie-Smith
Art Déco Painting
New York 1990
Gut lesbarer und kunsthistorisch kompetenter Text. In englischer Sprache.

Jeffrey L. Meikle
Twentieth Century Limited.
Industrial Design in America 1925–1939
Philadelphia 1979
Das Stromliniendesign in Schwarzweiß. In englischer Sprache.

Gilles Néret
Die Kunst der Zwanziger Jahre
Zürich 1986
Bildband.

Vladimir Tostoi
Art Decoratif Sovietique 1917–1937
Paris 1989
Opulenter Bild- und Textband. In französischer Sprache.

Hanna Vollmer-Heitmann
Wir sind von Kopf bis Fuß auf Liebe eingestellt.
Die zwanziger Jahre.
Aus der Reihe »Frauenleben«
Hamburg 1993
Hinter der modischen Fassade des Art déco werden vor allem die allgemein sozialen und Frauenprobleme anschaulich gemacht.

Christiane Weber
Schmuck der 20er und 30er Jahre in Deutschland
Stuttgart 1990
Umfangreiches Standardwerk.

Hans Wichmann
Design contra Art déco, 1927–1932.
Jahrfünft der Wende
München 1993
Sehr kompetentes Werk über den Übergang eines opulenten Kunsthandwerks in ein sachlich zurückhaltendes Industriedesign.

Encyclopédie des Arts Decoratifs et Industriels Modernes au XXème Siècle
New York-London 1977
12bändiger Reprint des Pariser Ausstellungskatalogs von 1925.

Biographien einzelner Künstler

Brian B. Taylor
Pierre Chareau.
Designer and Architect
Köln 1992
Dreisprachiger Bildband (deutsch, englisch, französisch).

Michel Dufet
Architecte Decorateur
Paris 1988
In französischer Sprache.

Félix Mancilhac
Jean Dunand.
Vie et Œuvre
Paris 1991
In französischer Sprache.

Peter Adam
Eileen Gray.
Architektin/Designerin
Schaffhausen 1989
Ausführliche und psychologisch einfühlsame Biographie.

Philippe Garner
Eileen Gray.
Designer and Architect
Köln 1993
Dreisprachiger Bildband (deutsch, englisch, französisch).

Solange Goguel
René Herbst
Paris 1990
Üppige Ausstattung mit überwiegend schwarzweißen zeitgenössischen Abbildungen. In französischer Sprache.

Baronesse Kizette de Lempicka-Foxhall und Charles Phillips
Tamara de Lempicka.
Malerin aus Leidenschaft.
Femme Fatale der 20er Jahre
München 1987
Detaillierte und kenntnisreiche Biographie.

Claude Lepape und Thierry Defert
Georges Lepape.
Illustrationen, Plakate, Modedesign
Frankfurt a. M. 1984
Leben, Person und Werk des bedeutenden Graphikers und Modeillustrators.

Florence Camard
Ruhlmann
Paris 1983
Bildband. In französischer Sprache.

Félix Marcilhac
Édouard Marcel Sandoz.
Sculpteur, Figuriste et Animalieur
1881–1971.
Catalogue Raisonné
de l'Œuvre sculpté
Paris 1993
Umfangreiches und reich bebildertes Werk. In französischer Sprache.

Weltkunst Index

Wer sich für spezielle Künstler (Maler, Bildhauer, Architekten und Schreiner usw.) interessiert, dem sei der WELTKUNST-Abbildungsindex empfohlen.
Die WELTKUNST ist eine führende Kunst- und Antiquitätenzeitschrift. Der von Thomas Leon Heck erstellte Index ermöglicht schnellen Zugriff auf weit über 90.000 Abbildungen nicht nur des redaktionellen Teils, sondern auch der Anzeigen. Allerdings sind nur Werke und Objekte erfaßt, die sich mit einem Künstlernamen verbinden lassen.
Lieferbar auf Diskette oder in Buchform über:
Noũs Verlag
Thomas Leon Heck
Eichhaldenstraße 19
72074 Tübingen
Tel. + Fax 07071/87408

Museen

In folgenden – topographisch geordneten – Museen und Sammlungen finden Sie Exponate aus der Zeit des Art déco:

Kunstgewerbemuseum
Tiergartenstraße 6
10785 Berlin

Museum für Kunst und Gewerbe
Steintorplatz 1
20099 Hamburg

Museum für Angewandte Kunst
An der Rechtschule
50667 Köln

Badisches Landesmuseum
Zweigmuseum (am Markt)
Karl-Friedrich-Straße 6
76133 Karlsruhe

Musée des Arts Décoratifs
Pavillon de Marsan (Louvre)
109, Rue de Rivoli
Paris

Victoria & Albert Museum
Cromwell Road
London SW 7

Sachverständige

Hüten Sie sich vor selbsternannten Gutachtern und Experten! Und seien Sie sich über eines im klaren: Gutachten, Expertisen und Zertifikate gelten immer nur als persönliche Meinungsäußerung desjenigen, der diese Dokumente ausstellt. Juristisch gesehen besitzen sie keine Verbindlichkeit.

Öffentlich bestellte und vereidigte Sachverständige

Wünschen Sie ein seriöses Gutachten, dann wenden Sie sich am besten an Ihre Industrie- und Handelskammer. Dort wird man Ihnen Namen und Adresse eines für Ihr Thema zuständigen Sachverständigen nennen, z. B.:

»Jugendstil/Art déco«
»Europäische Gegenstände der Gold- und Silberschmiedekunst des ausgehenden 19. Jh. und 20. Jh.«
»Europäische Keramik von 1850 bis Gegenwart«
»Europäische Gegenstände aus unedlen Metallen bis 1850«
»Europäische Möbel ab 1850«

Nach einem teuren Kauf kann es beispielsweise sinnvoll sein, sich noch während der sechsmonatigen Frist, binnen der der Verkäufer für die auf der Rechnung gemachten Angaben geradestehen muß (siehe S. 32), von der Korrektheit der Angaben zu überzeugen.

Stichwortregister

Die Zahlen verweisen auf die jeweilige Seite. Kursiv gesetzte Seitenhinweise beziehen sich auf Seiten mit Abbildung.

Anzeigen

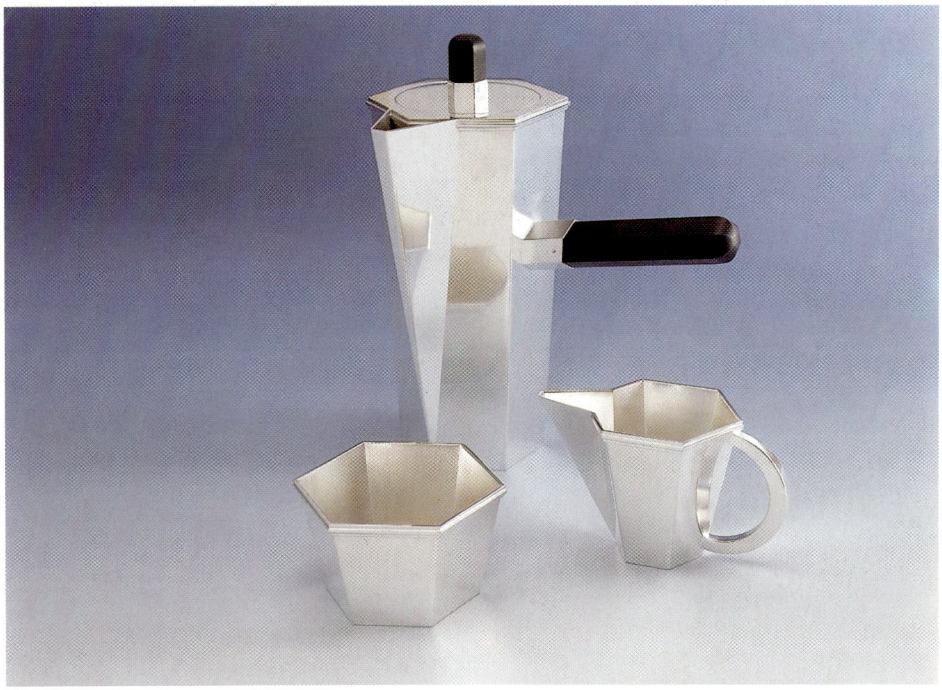

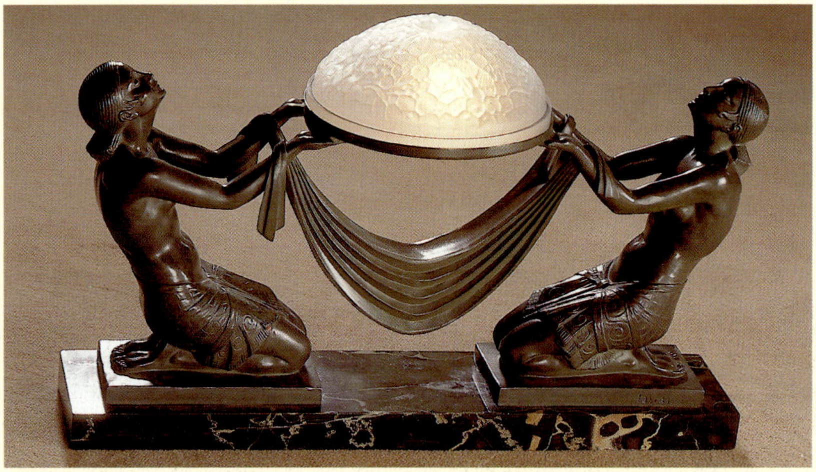

Das aktuelle Fachblatt

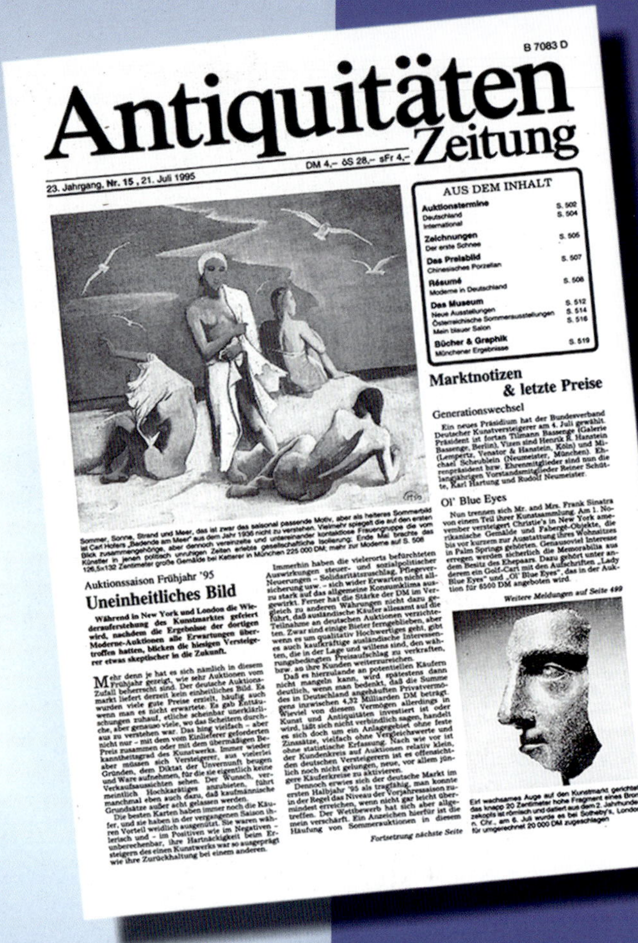

für Sammler, Händler, Kunstauktionatoren, Gutachter, Museen und Bibliotheken erscheint alle 14 Tage, 26 Mal im Jahr.

Wenn Sie wissen wollen...

Was kostet ein Defregger-Gemälde in New York, London oder München?
Die Antiquitäten-Zeitung bringt **Bewertungen**.

Haben Silberleuchter noch einen Markt, der lohnt?
Die Antiquitäten-Zeitung zeigt das **„Preisbild"**.

Wie verkauften sich Biedermeiermöbel im letzten Halbjahr?
Die Antiquitäten-Zeitung bringt das **Résumé**.

Auktionstermine? Ausstellungen in Museen? Ob im Inland oder im Ausland, die Antiquitäten-Zeitung listet sie **übersichtlich** und **ausführlich** auf.
Wer **schnelle und fundierte Informationen** zu allen Fragen des aktuellen Auktionsmarktes für Kunst und Antiquitäten sucht, braucht die **Antiquitäten-Zeitung**.

Ein Jahresabonnement mit 26 Ausgaben kostet z.Z. DM 104.-
zzgl. DM 7,80 Versand (Inland).
Kostenloses Probeexemplar zu beziehen bei:

Antiquitäten-Zeitung Verlag GmbH, Nymphenburger Str. 84, D-80636 München,
Telefon (089) 12 69 90-0,
Telefax (089) 12 69 90-11

Weitere Veröffentlichungen in der Reihe

WELTKUNST
Antiquitäten-Führer

»**Empire- und Biedermeiermöbel**« von Renate Möller
»**Porzellan von Meißen bis zur Gegenwart**« von Renate Möller
»**Antiquitäten von A bis Z**«
»**Modeschmuck**«
»**Uhren**«
»**Alte Postkarten**«
»**Asiatika**«
»**50er Jahre**«
»**Fotografie**«

Deutscher Kunstverlag GmbH München Berlin
Nymphenburger Straße 84 · 80636 München
Tel. 089/121516-24 / Fax 089/121516-16